Direito Fundamental à Saúde

PARÂMETROS PARA SUA EFICÁCIA E EFETIVIDADE

1326

F475d Figueiredo, Mariana Filchtiner
Direito fundamental à saúde: parâmetros para sua eficácia e efetividade / Mariana Filchtiner Figueiredo. — Porto Alegre: Livraria do Advogado Editora, 2007.
236 p.; 23 cm.

ISBN 978-85-7348-494-6

1. Direito à saúde. 2. Direitos econômicos e sociais. I. Título.

CDU - 342.7:614

Índices para o catálogo sistemático:

Direito à saúde
Direitos econômicos e sociais

(Bibliotecária responsável: Marta Roberto, CRB-10/652)

MARIANA FILCHTINER FIGUEIREDO

Direito Fundamental à Saúde

PARÂMETROS PARA SUA EFICÁCIA E EFETIVIDADE

livraria
DO ADVOGADO
editora

Porto Alegre 2007

Capa, projeto gráfico e diagramação de
Livraria do Advogado Editora

Pintura da capa
Jairo Peres Figueiredo
Óleo sobre tela, 76x56 cm

Revisão
Rosane Marques Borba

Livraria do Advogado Editora Ltda.
Rua Riachuelo, 1338
90010-273 Porto Alegre RS
Fone/fax: 0800-51-7522
editora@livrariadoadvogado.com.br
www.doadvogado.com.br

Impresso no Brasil / Printed in Brazil

A meus pais,
Jairo e Rosa Helena,
com carinho.

Agradecimentos

O presente trabalho é resultado de inquietações e reflexões que, surgidas na vivência profissional da Advocacia de Estado, impulsionaram o aprofundamento do estudo e da pesquisa acadêmica e, a final, justificaram a escolha do tema "Objeções e Parâmetros Mínimos à Eficácia dos Direitos Fundamentais Sociais, à Luz do Direito à Saúde" como objeto de dissertação, apresentada como requisito final à obtenção do título de Mestre em Direito, junto ao Programa de Pós-Graduação da Faculdade de Direito da Pontifícia Universidade Católica do Rio Grande do Sul – PUC/RS. Durante todo esse período, pude contar com o incentivo e o apoio de muitas pessoas que, cada uma a seu modo, constituíram arrimo seguro para que esse projeto pudesse se concluir com a presente publicação. Impossível deixar de lembrá-las neste momento.

Agradeço, assim, ao Prof. Dr. Ingo Wolfgang Sarlet, exemplo de excelência na condução científica e acadêmica: o auxílio prestimoso e o incessante estímulo à busca de qualidade na pesquisa foram guias seguros durante o período de orientação e, já depois, na elaboração deste livro. Muito obrigada. Agradeço, ainda, ao Prof. Dr. Juarez Freitas e ao Prof. Dr. Lenio Luiz Streck, que me honraram pelas críticas precisas e pelos questionamentos instigantes, incentivando o aperfeiçoamento do trabalho então apresentado para que, hoje, pudesse ser concretizado nesta publicação.

Agradeço também a minha família e, de modo especial, aos meus pais, Jairo e Rosa Helena; à Luciana, ao Daél e à Daisy: vocês foram sempre presentes, sempre críticos, sempre compreensivos; contar com vocês é meu maior tesouro. Obrigada por tudo.

Não poderia deixar de agradecer aos meus amigos: sem a paciência, a solidariedade, a fraternidade e o "ombro amigo" de vocês, tudo isso teria sido muito mais difícil. Também agradeço aos colegas da Advocacia-Geral da União, por viabilizarem meu afastamento das atividades de todo o dia, permitindo a conclusão da dissertação de Mestrado; bem como pelo inestimável auxílio recebido durante as pesquisas, especialmente da equipe da Biblioteca Ari Bueno de Almeida, da Procuradoria-Regional da União na 4ª Região (meus "anjos-da-guarda").

Agradeço, por fim, embora não menos importante, à Livraria do Advogado Editora, na pessoa do Sr. Walter Abel Filho, cujo desprendimento e competência têm permitido não apenas a consolidação de publicações já tidas como referenciais, mas igualmente à abertura do mercado a autores que empreendem suas primeiras atividades de literatura científica. A publicação "vivifica" e justifica a pesquisa acadêmica, e nosso desenvolvimento como sociedade depende desse arrojo. Obrigada.

Prefácio

A orientação de um trabalho acadêmico, neste caso a dissertação de mestrado apresentada pela Advogada da União e Mestre Mariana Filchtiner Figueiredo perante banca examinadora no âmbito do Mestrado em Direito da Pontifícia Universidade Católica do Rio Grande do Sul, habitualmente envolve um processo dialógico de aprendizado recíproco, com benefícios tanto para quem orienta quanto para quem é orientado. O comprometimento com o tema e a elaboração de um trabalho científico sério e que possa, de algum modo, contribuir para o desenvolvimento da discussão no plano acadêmico e no plano das demais atividades que se dedicam a questões teóricas e práticas ligadas ao tema, constitui certamente uma das virtudes a serem cultivadas por quem opta por percorrer o difícil percurso representado pelas diversas etapas da pós-graduação. Também a dissertação de mestrado ora publicada pela autora após uma série de ajustes e atualizações, cumpriu, com larga margem de folga, estes pressupostos. Com efeito, embora o tema (direito à saúde) não seja em si novo e a despeito da existência já de um número significativo de publicações a respeito, o livro ora lançado pela autora Mariana Filchtiner Figueiredo, não apenas (o que já seria muito) constitui versão revista e atualizada de uma dissertação de mestrado aprovada com nota máxima, mas veio para ocupar um espaço efetivo no âmbito da constelação dos excelentes trabalhos sobre direitos fundamentais sociais e, de modo especial, sobre o direito à saúde.

Além da pesquisa doutrinária e jurisprudencial qualitativamente seletiva empreendida pela autora, contemplando a absoluta maioria dos títulos relevantes sobre o tema publicados em língua portuguesa (bem como espanhola) e pinçando as principais decisões dos nossos tribunais, a autora logrou construir uma argumentação sólida e constitucionalmente adequada sobre o assunto, sem descurar, numa primeira etapa, da devida contextualização do debate. De modo especial, há que destacar a competência da autora no trato equilibrado dos principais pontos controversos, notadamente as diversas objeções esgrimidas contra a possibilidade de efetivação judicial dos direitos sociais (e do direito à saúde, em particular), da problemática da assim designada reserva do possível e do mínimo existencial, tudo mediante uma análise crítico-reflexiva tanto da doutrina quanto da jurisprudência pesquisada. O leitor que tiver tido a sensibilidade de acessar o texto, certamente não restará frustrado e haverá de encontrar na obra – ainda que não o "remédio para todos os males da saúde" no campo do Direito – uma pauta sólida de informações e argumentos para auxiliar de modo produtivo no bom combate em prol da eficácia e efetividade não apenas do direito à saúde, mas da própria dignidade da pessoa humana, que exige – nada mais, nada menos – que cada pessoa possa viver uma vida saudável no sentido físico, psicológico e social.

Mais uma vez podemos afirmar ter sido motivo de orgulho e alegria poder ter acompanhado, desde a formulação do primeiro esboço, a elaboração de uma nova obra, cujos méritos – parcialmente já apontados – pertencem exclusivamente à autora. Que o livro ora publicado venha a ter a merecida aceitação por parte de todos são os nossos votos.

Porto Alegre, maio de 2007.

Prof. Dr. Ingo Wolfgang Sarlet

Professor Titular da Faculdade de Direito e do Programa de Pós-Graduação em Direito da PUCRS.

Sumário

Introdução

É corrente nos noticiários a discussão acerca do papel do Estado na efetivação do direito à saúde, seja pela crítica ao Sistema Único de Saúde – SUS –, seja pelo debate em torno das ações judiciais pleiteando o fornecimento de remédios e a prestação de tratamentos pelo Poder Público. O que poderia ser vertido juridicamente como discussão sobre a eficácia jurídica e a efetividade social dos direitos fundamentais sociais, a partir do enfoque na análise do direito à saúde, é hoje tema comum nas rodas de conversa.

Esse fato indica algumas circunstâncias interessantes. Demonstra, por exemplo, que os direitos fundamentais ganharam as ruas, e – felizmente – já não se tem receio pela crítica acalorada nem pela defesa de posições, pois não se cogita mais de "subversivos". Não é só isso, porém. Uma população que se sente à vontade para julgar o sistema de proteção social instituído é uma população que se sabe titular de direitos, cuja realização imputa principalmente ao Estado, por meio da consecução de uma série de políticas públicas. Cobra dos Poderes Públicos a organização de serviços, a regulamentação dos procedimentos de acesso, a participação nas decisões, o fornecimento adequado e eficiente da "saúde" – ou, pelo menos, de tudo aquilo que possa contribuir para recuperá-la ou mantê-la.

Indica, ademais, o acerto na defesa de uma compreensão unitária dos direitos fundamentais, enquanto reflexo da indivisibilidade e da interdependência estabelecidas pelas normas internacionais de direitos humanos, a reiterar, especialmente, a fundamentalidade dos direitos sociais. O atendimento das necessidades humanas básicas – isto é, alimento, saúde, moradia, educação, trabalho – e, com isso, a garantia efetiva de uma vida com dignidade constituem pressupostos inarredáveis ao exercício de todo direito fundamental. A liberdade e a autonomia individuais dependem, portanto e pelo menos, da concretização de condições mínimas de existência e, frise-se, de existência digna, não de mera sobrevivência. Nesse sentido, a efetividade do direito à saúde abre o debate acerca da realização dos direitos fundamentais, notadamente dos direitos sociais.

Tomadas em conjunto, essas circunstâncias acenam para a denominada crise do Estado Social de Direito e, como leciona Sarlet, para a crise dos direitos fundamentais, cujo resultado é fazer com que os segmentos já excluídos da população não figurem como verdadeiros sujeitos de direitos, uma vez que postos à margem, em menor ou maior grau, do âmbito de proteção dos direitos fundamentais. A crise dos direitos fundamentais não é apenas uma crise de eficácia e efetividade, mas uma crise quanto ao próprio reconhecimento e à identidade dos direitos fundamentais. Trata-se da constatação da insuficiência dos sistemas estatais de proteção dos direitos fundamentais e, em especial, dos direitos sociais, que resulta na nefasta conseqüência de descrença nos direitos,[1] de um mundo que teria voltado a se moldar pelo realismo de Hobbes, e não pelo idealismo de Kant.[2] Pode ser que por isso Canotilho defenda que "talvez fosse útil, nos planos teorético, doutrinal e dogmático, dar centralidade aos métodos de protecção em desfavor dos regimes",[3] ou seja, antes da preocupação com os traços distintivos da disciplina jurídico-constitucional dos direitos fundamentais, dever-se-ia indagar quais instrumentos, mecanismos, categorias e institutos jurídicos são destinados à proteção dos direitos fundamentais. Isso porque, como assinala Morais,[4] o Estado Democrático de Direito é marcado por um deslocamento da esfera de tensão, dos Poderes Executivo e Legislativo, para o Judiciário.

No que concerne à realidade nacional, o regime democrático trouxe uma Constituição generosa em termos de direitos e já não soa estranho cogitar-se de uma política de direitos humanos e fundamentais. "Aderir à gramática dos direitos, no entanto, não significa conjugá-la na prática. Nesse plano material, pouco avanço houve", adverte Vieira. Para ele, a frustração experimentada quanto às promessas feitas pela Constituição de 1988 decorre de uma certa ingenuidade, no sentido de creditar-se à constitucionalização dos direitos a capacidade de concretizá-los. A constitucionalização de um direito é apenas o primeiro passo na luta para que seja implementado; para que os direitos se tornem fato, também é necessário que a sociedade esteja

---

1 SARLET, Ingo Wolfgang. Os direitos fundamentais sociais na ordem constitucional brasileira. *Revista da Procuradoria-Geral do Estado do Rio Grande do Sul*, Porto Alegre, v. 25, n. 55, p. 29-74, 2002b, p. 33-39.

2 ALVES, José Augusto Lindgren. *Os direitos humanos como tema global*. 2 ed. rev. e ampl. São Paulo: Perspectiva, 2003, p. XXIII.

3 CANOTILHO, José Joaquim Gomes. Métodos de protecção de direitos, liberdades e garantias. *Boletim da Faculdade de Direito da Universidade de Coimbra*, Coimbra, p. 793-814, 2003b, número especial, p. 793-794.

4 MORAIS, José Luís Bolzan de. De sonhos feitos, desfeitos e refeitos vivemos a globalização. SARLET, Ingo Wolfgang (Org.). *Direitos fundamentais sociais:* estudos de direito constitucional, internacional e comparado. Rio de Janeiro: Renovar, 2003, p. 57.

disposta a assumir as responsabilidades por viabilizá-los, admitindo que a cada direito corresponde uma obrigação. Ademais, é preciso que as instituições sejam e estejam abertas a transformar os direitos fundamentais em efetivos benefícios à sociedade – determinação que parece ainda não existir no Brasil, o que contribuiria para um processo de erosão da autoridade dos direitos fundamentais.[5] Cuida-se da "*crise de paradigmas que obstaculiza a realização (o acontecer) da Constituição* (e, portanto, dos objetivos da justiça social, da igualdade, da função social da propriedade, etc.)", de que trata Streck, ao destacar que "nosso modo-de-fazer-direito continua sendo o mesmo de antanho, isto é, *olhamos o novo com os olhos do velho, com o agravante de que o novo (ainda) não foi tornado* visível".[6]

Tais considerações introduzem a temática que constituirá o objeto precípuo do texto que se segue: a análise das objeções e dos parâmetros mínimos que balizam a eficácia jurídica e a efetividade social dos direitos fundamentais sociais, a partir do exemplo do direito à saúde. Com respaldo no aporte de alguns elementos históricos, o trabalho começará pela abordagem da proteção internacional dos direitos humanos, enfatizando as características que definem os direitos assim consagrados. Transpostos para o sistema constitucional interno, esses traços se refletem na concepção e na tutela assegurada aos direitos fundamentais. Também positivado em instrumentos internacionais, será examinado o princípio da dignidade da pessoa humana, enquanto premissa teórica indispensável à compreensão do regime jurídico-constitucional dos direitos fundamentais no âmbito da Constituição Federal de 1988. Este, aliás, o item de fechamento da primeira parte do texto, salientando os aspectos que distinguem o regime jurídico dos direitos fundamentais sociais no ordenamento constitucional vigente.

Feitas essas considerações, a pesquisa se dirigirá para a discussão em torno do direito à saúde e de sua eficácia. Num primeiro momento, o foco estará centrado sobre as noções de saúde, o conteúdo e o regime jurídico do direito à saúde, ainda se abordando os principais caracteres do Sistema Único de Saúde – SUS. Na seqüência, tratar-se-á da normatividade dos princípios jurídicos, na condição de pressuposto teórico à afirmação de direitos ou posições subjetivas *prima facie*. Assentadas tais premissas, será então possível problematizar as questões atinentes à exigibilidade judicial do direito fundamental à saúde, passando pelo estudo, entre outros, do princípio da proporcionalidade,

---

[5] VIEIRA, Oscar Vilhena. A conta dos direitos sociais ainda não foi paga pelo governo FHC. *Em tempo:* Revista da Faculdade de Direito de Marília, Marília, v. 3, p. 9-12, ago. 2001, p. 9-11.

[6] STRECK, Lenio Luiz. A crise da hermenêutica e a hermenêutica da crise: a necessidade de uma nova crítica do direito (NCD). In: SAMPAIO, José Adércio Leite (Org.). *Jurisdição constitucional e direitos fundamentais*. Belo Horizonte: Del Rey, 2003, p. 108-109.

das dimensões da reserva do possível, da garantia de proteção ao conteúdo essencial dos direitos fundamentais e da salvaguarda ao mínimo existencial. Finalmente, o trabalho será encerrado pelo cotejamento desses elementos com algumas possíveis concretizações do direito à saúde: a determinação do que seriam prestações mínimas em saúde e a discussão do "caso" da prestação de medicamentos e tratamentos no âmbito do Sistema Único de Saúde.

A análise será empreendida a partir da adoção do método hermenêutico, em que se afirma a interpretação como processo de permanente (re)criação das potencialidades das normas jurídicas e do próprio sistema dentro do qual se inserem, em que a atribuição e produção de sentido se mostram inexoráveis, segundo a lição de Streck.[7] Nesse contexto, a interpretação jurídica será compreendida como processo de aplicação, que necessariamente demanda uma hierarquização axiológica, pautada nos princípios, regras e valores da Constituição e que se direciona, em última análise, à efetivação mais plena do sistema assim constituído. "Assim, *ao se aplicar uma norma, percebe-se estar sendo aplicado e (re)construído o sistema inteiro*", explica Freitas.[8]

Esclareça-se, por fim, que com tal proposta de modo algum se intenta "fechar" o problema em torno "da" solução para a mencionada crise da efetivação dos direitos fundamentais sociais – o que seria absolutamente impossível. Antes disso, o objetivo da pesquisa é investigar questões relacionadas à efetivação dos direitos fundamentais sociais, em especial do direito à saúde, em busca de subsídios que iluminem o debate e possam, oxalá, ampliar o leque de elementos e alternativas apresentados ao aplicador do Direito, à luz ordenamento constitucional pátrio. Presentes tais ressalvas, pode-se passar à exposição da pesquisa desenvolvida.

---

[7] Cfe. STRECK, 1999, p. 208-209.

[8] Consultar FREITAS, 2002, p. 80.

Parte I

OS DIREITOS SOCIAIS COMO DIREITOS FUNDAMENTAIS

1. Dos direitos humanos aos direitos fundamentais[9]

1.1. Apontamentos históricos necessários

Os direitos sociais, como será abordado com mais detalhes no curso deste trabalho, inserem-se no conjunto dos direitos fundamentais e, estes, no tema global dos direitos humanos.[10] Muito embora não constitua objeto específico de estudo, a análise histórica de tais temas se faz necessária, ainda que para explicitar as premissas com respaldo nas quais se desenvolverá a linha de pesquisa aqui adotada.

Em termos gerais, pode-se dizer que os direitos humanos surgiram como direitos da modernidade, atrelados ao ideário das Revoluções Burguesas ocorridas em fins do século XVIII, especialmente a francesa e a norte-americana. As teorias dos direitos humanos são uma conquista da modernidade, como afirma Bobbio.[11] Como lembra Lopes, os primeiros códigos morais e jurídicos, desde os Dez Mandamentos até a Lei das Doze Tábuas, eram conjuntos de regras que estabeleciam obrigações para os indivíduos, mas não direitos. A figura deôntica originária era o dever, e não o direito; "a função primária da lei é a de comprimir, não a de libertar; a de restringir, não a de ampliar, os espaços de liberdade; a de corrigir a árvore torta, não a de deixá-la crescer selvagemente".[12]

---

[9] A expressão "direitos humanos" será utilizada para designar a proteção jurídica outorgada a esses direitos no âmbito do Direito Internacional, ou seja, sem limitações de tempo e espaço, mas presente uma pretensão de validade universal; enquanto "direitos fundamentais" designarão a dimensão interna e nacional desses direitos, uma vez que tenham sido contemplados, material e formalmente, pelo direito constitucional positivo brasileiro vigente. Em sentido semelhante, porém com maiores esclarecimentos, consultar SARLET, Ingo Wolfgang. *A eficácia dos direitos fundamentais*. 5 ed., rev., atual. e ampl. Porto Alegre: Livraria do Advogado, 2005, p. 34-36.

[10] A referência aos direitos humanos como "tema global" é feita por Lindgren Alves, ao apontá-los como um dos grandes problemas que têm tomado lugar central nas discussões internacionais, especialmente após a II Guerra Mundial. Nesse sentido, cfe. ALVES, 2003.

[11] Norberto Bobbio. *A era dos direitos*. São Paulo: Campus, 1994, p. 56, nota 2. apud LOPES, Ana Maria D'Ávila. Os direitos humanos: última tentativa de salvação da teoria do direito subjetivo. *Revista de Informação Legislativa*, Brasília, v. 37, n. 148, p. 127-139, out./dez. 2000, p. 127.

[12] LOPES, 2000, p. 127.

Com o objetivo de concretizar política e socialmente a ascensão econômica já conquistada, a classe burguesa lutou pelo estabelecimento de uma esfera de liberdade, que reconhecesse a si própria uma série de prerrogativas frente ao Estado. O ideário "liberdade, igualdade e fraternidade" representava a síntese dessa luta social. Por sua vez, a lei e o princípio da legalidade – e, mais adiante, a Constituição e o princípio da supremacia constitucional – tornaram-se os instrumentos jurídicos de veiculação do novo pacto social que se afirmava, recuperando a noção de "justo" da antigüidade clássica e da escolástica e, com isso, permitindo a abertura do sistema a uma dimensão ético-valorativa. Ferreira Filho salienta que a questão apresentada literariamente na *Antígona*, por Sófocles, exprimia a idéia prevalecente na época moderna, qual seja, a de que o direito não corresponderia àquilo que o legislador declara, mas a algo que projetaria o justo e, conseqüentemente, independeria, como o justo, da mera vontade dos homens. Para ele, esta seria a raiz mais profunda da doutrina dos direitos fundamentais.[13]

Com essa idéia de justiça, apareceu a concepção de "direitos naturais", tidos como inerentes ao homem, visto que decorrentes da própria condição humana. Seriam, por isso, direitos anteriores ao Estado e por este inderrogáveis; direitos abstratos e universais, pois reconhecidos a todos os homens; imprescritíveis, na medida em que presos à natureza imutável do ser humano; e inalienáveis, pois a ninguém se possibilitaria abrir mão deles.[14]

Dada a anterioridade em relação ao Estado, tais direitos eram apenas declarados, e não propriamente instituídos pela ordem jurídica estatal; eram direitos contra o Estado, que visavam a criar um âmbito de proteção do indivíduo frente à ingerência estatal na esfera privada. Tratava-se de direitos marcadamente individuais, que refletiam exatamente o individualismo do homem das luzes, do comerciante, do proprietário, do *pater familias* que procurava conquistar o espaço jurídico que a economia e o mercado já lhe haviam atribuído.[15]

O principal modelo de positivação desses direitos foi a Declaração de Direitos do Homem e do Cidadão da Revolução Francesa, promul-

---

[13] FERREIRA FILHO, Manoel Gonçalves. A cultura dos direitos fundamentais. In: SAMPAIO, José Adércio Leite (Org.). *Jurisdição constitucional e direitos fundamentais*. Belo Horizonte: Del Rey, 2003, p. 240.

[14] KIST, Dario José. O estado social e o surgimento dos direitos fundamentais de segunda geração. *Revista da AJURIS*, Porto Alegre, n. 80, p. 82-103, dez. 2000, p. 38-39.

[15] Nesse sentido, Patrick Fraisseix sintetiza: "*Le caractère immanent, immutable, atemporel des Droits de l'Homme induit leur universalité intrinsèque, susceptible de concerner l'ensemble des hommes dans leurs relations quotidiennes. [...] Le professeur Jacques Robert avance que les droits de l'Homme* "ont un caractère présocial; les droits du citoyen, au contraire, son liés à l'existence de la Cité'. [...]" FRAISSEIX, Patrick. Les droits fondamentaux, prolongement ou dénaturation des droits de l'Homme? *Revue du Droit Public*, v. 117, n. 2, p. 531-553, mar./abr. 2001, p. 538.

gada em 26 de agosto de 1789. Conforme refere Kist, o grande objetivo da Declaração "era proteger os direitos do Homem contra os atos do governo, sem afastar um caráter pedagógico: instruir os indivíduos de seus direitos fundamentais, 'recordando-os deles'" – direitos naturais e, conforme referido, declarados, não constituídos.[16]

Cuidava-se de direitos a uma ação eminentemente negativa por parte do Estado e de todos os demais indivíduos, que se deveriam abster de qualquer conduta que pudesse interferir no exercício pleno dos "novos" direitos. Direitos oponíveis contra o Estado, tutelando os bens e valores da sociedade liberal: vida, religião, expressão, propriedade, entre outros exemplos.

Delineados como "poderes de agir", esses direitos individuais foram estruturados como direitos subjetivos. Ao Estado cumpria a tarefa de evitar que fossem violados e de restaurá-los quando atingidos, responsabilizando o causador do dano; ou seja, o dever de resguardá-los, dotando-os de coercibilidade e, portanto, de justiciabilidade.[17] Tratava-se de direitos cuja efetivação poderia ser requerida judicialmente, servindo o aparato do Estado-jurisdição como última instância de concretização da liberdade individual.

O espaço e o progresso social obtidos, todavia, mostraram-se insuficientes para assegurar, na prática, a força política requerida pela pequena burguesia e pela incipiente classe operária. A conquista dos direitos individuais sem a correspondente garantia de participação nas decisões políticas da comunidade tornava-se insustentável. Mais ainda, a ascensão dos burgueses proprietários e industriais, aliada aos fenômenos de expansão da economia e dos mercados, inclusive para o Novo Mundo; assim como ao êxodo rural, com crescente urbanização e concentração urbana, constituíram o pano de fundo para o surgimento de uma classe operária em busca da consolidação de âmbitos próprios de intervenção social e política.

A dissonância entre o ideal revolucionário de igualdade para todos e a limitação dos direitos de participação e de sufrágio, por razões econômicas e culturais, evidenciava a fragilidade do sistema de direitos então vigente, dificilmente justificável em termos teóricos. Como salienta Peces-Barba, a conquista dos direitos políticos foi tormentosa, na medida em que neles se manifestava o contraste entre o teor literal genérico e a atuação real dos direitos já assegurados, limitada à participação da burguesia proprietária e instruída, única capaz de ter acesso ao voto censitário. Segundo o mesmo jurista, a consagração ampliada dos direitos políticos resultaria do ingresso de

[16] KIST, 2000, p. 38-39.

[17] KIST, op. cit., p. 38-39.

novos sujeitos políticos que, sobre a base das ideologias liberais progressistas e socialistas democráticas, lograriam alcançar a homogeneidade social por meio da técnica dos direitos, atraídos provavelmente pelo prestígio que esta houvera adquirido com a mensagem salvífica difusa da Revolução Francesa: liberdade, igualdade e fraternidade. A conquista do poder político que permitisse a obtenção de uma maioria parlamentar era a via para aproximar-se de prerrogativas até então somente efetivadas pela e para a classe burguesa.[18]

Nessa mesma direção, Hobsbawn aponta para o fato de que os direitos individuais clássicos já não conseguiam assegurar *de per se* os direitos à dignidade e à liberdade, entendendo que a consciência de si despertara no proletariado a pretensão à conquista da democracia burguesa, sob a forma de direitos de participação. Segundo ele, "os movimentos operários e seus movimentos associados em favor da reforma social e pela transformação social foram movimentos pelos Direitos do Homem, tanto no sentido individual quanto no social", tendo contribuído decisivamente para estabelecê-los e expandi-los. A luta pelos direitos sociais, além do ideal de emancipação do homem, aparece com um sentido maior, enquanto luta pelos direitos tradicionais liberais, como liberdade, igualdade e fraternidade – "lema que os primeiros movimentos socialistas e operários herdaram da Revolução Francesa [...]. A luta contra a opressão social subentendia a luta pela liberdade".[19]

A pretensão ao reconhecimento de direitos sociais pode ser hoje identificada como o passo subseqüente à luta iniciada pela generalização dos direitos políticos para a classe operária. Assegurada a igualdade política, o objetivo passou a ser a concretização da igualdade real, de uma igualdade quanto às condições de vida e às possibilidades de realização de cada indivíduo. A conquista do poder político e a obtenção de uma maioria parlamentar apareceram como formas de aproximação das metas sociais traduzidas, sobretudo, pela satisfação dos necessitados, a fim de que pudessem deter o "grau de humanidade necessário para o exercício dos direitos individuais, civis e políticos", como ressalta Peces-Barba. E finaliza: "[e]ra o Estado social, com a sua função promocional articulada por meio dos direitos econômicos, sociais e culturais".[20] O redimensionamento do papel do Estado tor-

---

[18] PECES-BARBA MARTÍNEZ, Gregorio. Diritti sociali: origini e concetto. *Sociologia del Diritto*, v. 28, n. 1, p. 33-50, 2000, p. 41-42.

[19] HOBSBAWN, Eric J. *Mundos do trabalho: novos estudos sobre história operária*. Tradução Waldea Barcellos e Sandra Bedan. São Paulo: Paz e Terra, 2000, p. 436-437.

[20] Tradução livre do original italiano: *"[...] quel grado di umanità necessario per l'esercizio dei diritti individuali, civili e politici [...]. Era lo Stato sociale, con la sua funzione promozionale articolata per mezzo di diritti economici, sociali e culturali"*. PECES-BARBA MARTÍNEZ, 2000, p. 41-42. O professor espanhol também destaca que o século das luzes teria sido um momento polivalente,

nou-se assim uma evidente necessidade: ao Estado caberia assumir uma série de encargos e atividades até então jamais considerados entre as funções tipicamente estatais (ou públicas), passando a prestar uma série de serviços – saúde, educação, assistência social – e a intervir diretamente na regulação dos mercados, aponta Sarmento.[21]

Para isso, contudo, também se impunha a alteração da forma por que se concebiam as relações entre indivíduo e Estado, até o momento estabelecidas sob as bases do antagonismo e da desconfiança, em que os direitos individuais serviam de barreira à atuação estatal. A equalização das condições de partida, que viabilizaria a todas as pessoas o exercício pleno dos direitos individuais e políticos formalmente positivados, dependia de um voto de confiança nas instituições públicas e da atribuição de um diferente papel ao Estado: atuar como "garante" dos direitos sociais. Esse passo teórico seria dado por socialistas como Louis Blanc, ao propugnarem a confiança no poder estatal como forma de impulsionar desde direitos de crédito até a satisfação das necessidades básicas, quando o indivíduo não as pudesse obter por si mesmo.[22]

Com efeito, Louis Blanc e a restante vertente humanista do socialismo trouxeram uma nova concepção aos direitos humanos, respaldada na noção de liberdade como capacidade, igualdade como satisfação de necessidades básicas e fraternidade como fundamento de obrigações positivas entre os indivíduos. Introduziu-se, assim, a idéia de que os direitos humanos somente seriam respeitados quando o Estado proporcionasse aos indivíduos os recursos necessários à preservação dos bens tutelados pelos direitos e obrigasse os particulares a contribuir no aporte de recursos para tanto.[23] Os direitos sociais tornavam-se instrumento para alcançar a igualdade fática que permitiria a todas as pessoas usufruírem dos demais direitos já antes consagrados.

---

simultaneamente permitindo a formulação da concepção clássica dos direitos humanos e dos direitos sociais, ainda que, quanto aos últimos, por meio de elaborações genéricas e pouco desenvolvidas. Nesse sentido, tal período conteria as chaves para a discussão doutrinária acerca da fundamentalidade dos direitos sociais. Cfe. PECES-BARBA MARTÍNEZ, Gregorio. *Derechos sociales y positivismo jurídico:* escritos de filosofía jurídica y política. Madrid: Instituto de Derechos Humanos Bartolomé de las Casas, Universidad Carlos III de Madrid, Dykinson, 1999, p. 16-17.

[21] SARMENTO, Daniel. A dimensão objetiva dos direitos fundamentais: fragmentos de uma teoria. In: SAMPAIO, José Adércio Leite (Org.) *Jurisdição constitucional e direitos fundamentais.* Belo Horizonte: Del Rey, 2003, p. 252.

[22] Cfe. GONZÁLEZ AMUCHASTEGUI, *Louis Blanc y los orígenes del socialismo democrático*, p. 369-370 apud PECES-BARBA MARTÍNEZ, 1999, nota 93, p. 40.

[23] Ibidem, nota 93, p. 40.

Os direitos sociais, dessarte, passaram a ser responsáveis pela estipulação de prestações a serem fornecidas pelos Poderes Públicos, em favor dos indivíduos, passando a ser compreendidos como "direitos de crédito", exatamente nesse sentido de outorga de direitos a determinadas prestações.[24] Estas, por sua vez, corresponderiam à busca de igualdade real quanto às condições iniciais para exercício dos demais direitos, individuais e políticos, suprindo necessidades básicas e possibilitando o desenvolvimento integral da pessoa. Tratava-se da afirmação da igualdade como condição da liberdade; ou, em outros termos, do estabelecimento de uma relação de reciprocidade e integração entre ambas as categorias de direitos, com a convergência entre os princípios da liberdade e da igualdade. Nesse sentido, Barreto salienta que se tem um novo patamar conceitual, "onde os direitos sociais irão representar a integração dos princípios da igualdade material e da liberdade real" e, com isso, "atuar como núcleos integradores e legitimadores do bem comum".[25]

Traçado esse breve panorama histórico, foram esboçados os pressupostos minimanente necessários à introdução da análise acerca da proteção internacional de direitos humanos, especialmente no que concerne aos atos normativos expedidos pela Organização das Nações Unidas - ONU - e, com arrimo neles, para a explicitação das conseqüências jurídicas advindas dos conceitos jurídicos daí depreendidos. Com efeito, a concepção do que sejam os direitos fundamentais, bem como o exame das condições e possibilidades que a eficácia desses direitos alcança, sobretudo dos direitos sociais a prestações materiais, em muito se alicerça nas noções construídas a partir da Declaração Universal de Direitos Humanos da Organização das Nações Unidas - DUDH/ONU - e dos demais documentos que a essa se seguiram; assim como tomam por parâmetro os desenvolvimentos teóricos e doutrinários no campo dos direitos humanos. Por tais motivos, mister que se proceda à abordagem mais aprofundada desse tema.

---

[24] Conforme ficará melhor esclarecido ao longo deste estudo e na análise do direito constitucional brasileiro, os direitos sociais não contemplam apenas direitos de créditos, que poderiam ser identificados como prestações materiais em sentido estrito; incluem, igualmente, uma importante dimensão defensiva, que abriga as denominadas "liberdades sociais", no âmbito das quais muitos direitos dos trabalhadores estão previstos - como o direito de greve e a liberdade sindical. A menção do texto, no entanto, intenta dar relevância à dimensão prestacional material desses direitos, no sentido de uma nova dimensão reconhecida aos direitos fundamentais.

[25] Cfe. BARRETTO, Vicente Paulo. Reflexões sobre os direitos sociais. In: SARLET, Ingo Wolfgang (Org.). *Direitos fundamentais sociais:* estudos de direito constitucional, internacional e comparado. Rio de Janeiro: Renovar, 2003, p. 118-119.

1.2. A unidade conceitual dos direitos fundamentais a partir das normas internacionais e as conseqüências dessa concepção para a definição do regime jurídico-constitucional dos direitos fundamentais sociais

1.2.1. Documentos internacionais de proteção dos direitos humanos

A Declaração Universal de Direitos Humanos - DUDH - de 1948 e, mais tarde, o Pacto Internacional de Direitos Civis e Políticos - PIDCP - e o Pacto Internacional de Direitos Econômicos, Sociais e Culturais - PIDESC -, ambos de 1966, carregam em si os objetivos que levaram à própria criação da Organização das Nações Unidas - ONU -, após a falência da Liga das Nações na política internacional e o desrespeito genocida cometido contra o ser humano durante a II Guerra Mundial. Com efeito, a criação da ONU procurou atender, entre outros, à construção de uma ordem mundial fundada em novos conceitos de Direito Internacional, que fizessem frente à doutrina da soberania nacional absoluta e à exarcebação do positivismo jurídico. Mencionados documentos firmaram um novo rol de direitos humanos, cuja concretização foi assumida por todos os Estados signatários, ainda que ausente a taxação expressa de medidas punitivas a serem aplicadas em caso de descumprimento dessas normas internacionais. Com o tempo, entretanto, a eficácia de direito costumeiro seria agregada à DUDH e, portanto, o reconhecimento da respectiva vinculatividade enquanto *jus cogens*, a afastar posições mais cautelosas e formais que a viam como mera Recomendação da Assembléia Geral, sem força para gerar direitos subjetivos aos cidadãos, nem tampouco obrigações para os Estados.[26]

Na verdade, a DUDH e a concepção hoje vigente de direitos humanos relativizaram as noções clássicas de soberania e interesse nacionais. Cada vez mais se aceita que, ao subscrever uma convenção internacional, ou ao participar de organizações regionais sobre o assunto, ou ainda pelo mero ingresso na ONU, o Estado abdica de uma parcela da própria soberania e obriga-se a reconhecer o direito da comunidade internacional em observar e opinar acerca da própria situação interna, sem a contrapartida de vantagens concretas - como aconteceria nos acordos internacionais sobre outras matérias. À originária ausência de compulsoriedade da DUDH, por conseguinte, vem-

[26] Defende essa idéia mais restritiva, por exemplo, Carlos Weis. Cfe. WEIS, Carlos. O pacto internacional dos direitos econômicos, sociais e culturais. In: DIREITOS humanos: construção da liberdade e da igualdade. São Paulo: Centro de Estudos da Procuradoria-Geral do Estado, Grupo de Trabalho de Direitos Humanos, 1998, p. 294.

se substituindo uma reconhecida eficácia de *jus cogens*, quer pela ONU, quer pela comunidade internacional que a integra.[27]

Como recorda Rodriguez,[28] a DUDH transformou-se numa espécie de horizonte moral da humanidade, num código de princípios e valores universais, revigorando e reforçando a idéia da universalidade dos direitos humanos como direitos de toda pessoa. Nesse sentido, propiciou a denominada "globalização dos direitos humanos", uma "globalização por baixo", aspirando ao desenvolvimento e à emancipação do ser humano pela conquista concreta desse rol de direitos por todas as pessoas; em contraposição à "globalização por cima", fenômeno típico das estruturas de comunicação, comércio e política, de acordo com a distinção proposta por Bengoa, Relator temático da ONU.[29]

A preeminência dos direitos humanos tem sido crescentemente reiterada. No campo da teoria constitucional mais moderna, por exemplo, propugna-se pela vinculação do poder constituinte originário a uma espécie de "reserva de justiça", consubstanciada em princípios como a dignidade da pessoa humana, a justiça, a liberdade e a igualdade, priorizados a partir da DUDH. Conforme ressalta Canotilho, "torna-se cada vez mais juridicamente vinculativo o complexo de normas internacionais agrupadas sob o nome de *jus cogens*, a ponto de este direito vincular o próprio poder constituinte".[30] O caráter inicial e fundante do poder constituinte originário vem cedendo, assim, em favor da noção de que este poder não se exerce num vácuo histórico-cultural, "não parte do nada", donde se poder cogitar da "bondade ou maldade intrínseca da Constituição", segundo o constitucionalista português. Constituição legítima, por conseguinte, seria somente aquela materialmente justa, respaldada em princípios de justiça supraposi-

---

[27] ALVES, 2003, p. 5. Isso não afasta a importância da positivação dos direitos humanos nos textos constitucionais nacionais, fenômeno também observado ao longo de todo o século XX, por meio do qual se agregou a força normativa da supremacia constitucional à garantia desses direitos. Sobre o caso brasileiro, consultar LOBATO, Anderson Cavalcante. Os desafios da proteção jurisdicional dos direitos sociais, econômicos e culturais. *Estudos Jurídicos*, Porto Alegre, v. 32, n. 86, p. 5-24, set./dez. 1999, p. 7.

[28] RODRIGUEZ, Maria Helena. Os direitos econômicos, sociais e culturais: uma realidade inadiável. *PROPOSTA:* Revista Trimestral de Debate FASE, v. 31, n. 92, p. 18-38, mar./maio 2002, p. 19. Em sentido semelhante, Flávia Piovesan comenta: "No dizer de Hannah Arendt, os direitos humanos não são um dado, mas um construído, uma invenção humana, em constante processo de construção e reconstrução. [...] É neste cenário que se desenha um esforço de reconstrução dos direitos humanos, como paradigma e referencial ético a orientar a ordem internacional contemporânea. [...] Neste sentido, em 10 de dezembro de 1948, é aprovada a Declaração Universal dos Direitos Humanos, como marco maior do processo de reconstrução dos direitos humanos". (PIOVESAN, Flávia. Proteção internacional dos direitos econômicos, sociais e culturais. In: SARLET, Ingo Wolfgang (Org.). *Direitos fundamentais sociais:* estudos de direito constitucional, internacional e comparado. Rio de Janeiro: Renovar, 2003, p. 231-236).

[29] José Bengoa, Relator do tema Distribuição de renda e direitos econômicos, sociais e culturais. E/CN.4Sub2/1997/9 p. 19, citado por RODRIGUEZ, op. cit., p. 19.

[30] CANOTILHO, 2003b, p. 806.

tivos ou supralegais, que assegure relevância à garantia dos direitos humanos. Trata-se do abandono da idéia de ilimitação absoluta do poder constituinte originário, em favor de uma vinculação jurídica, ou juridicização, ou caráter evolutivo desse poder.[31]

Além disso, adverte Lindgren Alves[32] que a afirmação dos direitos humanos como tema internacional prioritário também contemplaria outros interesses. Acentua que, de um ponto de vista estratégico, a globalização dos direitos humanos se teria fundado na percepção de que maciças violações desses direitos podem levar à guerra. Ao mesmo tempo, de um ponto de vista econômico, decorreria da confluência de posturas políticas opostas: enquanto os países ricos utilizariam os direitos humanos como condicionamento à prestação de assistência e cooperação econômica aos países pobres; os países em desenvolvimento buscariam assistência e cooperação econômica exatamente para viabilizar os meios que permitam a si mesmos assegurar tais direitos. Paralelamente a isso, ter-se-ia firmado entre os governados – cidadãos, ativistas e minorias nacionais – a convicção de que somente a proteção dos direitos humanos é capaz de conferir legitimidade aos governantes.

No escopo de explicitar os direitos consagrados na DUDH, assim como os mecanismos de controle da efetivação desses direitos pela comunidade internacional, a Organização das Nações Unidas – ONU – proclamou, em 1966, dois novos e relevantes documentos sobre os direitos humanos. Consoante referido alhures, cuida-se do Pacto Internacional dos Direitos Civis e Políticos – PIDCP – e do Pacto Internacional dos Direitos Econômicos, Sociais e Culturais – PIDESC.

Esclareça-se, primeiramente, que a elaboração de textos distintos, a separar em grupos os direitos humanos até então unitariamente tutelados pela DUDH, adveio da polarização política das relações internacionais e da conseqüente *"leitura ideológica"*[33] que se fazia dos direitos humanos – indicativos do período de Guerra Fria que então já se delineava. Pretendia-se que apenas os direitos civis e políticos

---

[31] CANOTILHO, José Joaquim Gomes. *Direito constitucional e teoria da constituição.* 3ª ed. Coimbra: Almedina, 1998, p. 62 apud GLANZ, Aída. Os direitos sociais e a moderna teoria da constituição. *Cidadania e Justiça*, v. 5, n. 12, p. 109-114, jul./dez. 2002, p. 113.

[32] ALVES, 2003, p. 3.

[33] Também assim Celso Albuquerque de Mello, para quem: "A divisão dos direitos humanos em duas áreas diferentes não é um problema jurídico, mas meramente ideológico, ou ainda de dominação". Cfe. MELLO, Celso Albuquerque. A proteção dos direitos humanos sociais nas Nações Unidas. In: SARLET, Ingo Wolfgang (Org.). *Direitos fundamentais sociais:* estudos de direito constitucional, internacional e comparado. Rio de Janeiro: Renovar, 2003, p. 220-223. E Celso Lafer, para quem as polaridades inerentes a um mundo dicotomizado – direitos de primeira geração/EUA, direitos de segunda geração/URSS e direitos de terceira geração/Terceiro Mundo – dificultou, porém não impediu, que os direitos humanos se tornassem um tema global, com a superação da aparente dicotomia decorrente da respectiva positivação em dois Pactos diversos. Cfe. LAFER, Celso. Prefácio. In ALVES, José Augusto Lindgren. *Os direitos humanos como tema global.* 2 ed. rev. e ampl. São Paulo: Perspectiva, 2003, p. XLII.

fossem tutelados como verdadeiros direitos, porque passíveis de justiciabilidade; em contraposição a uma propalada eficácia mitigada dos direitos econômicos, sociais e culturais, decorrente da necessidade de interposição legislativa e de organização administrativa dos governos nacionais, além da conformação a restrições de índole financeiro-orçamentária – como esclarece Lindgren Alves.[34]

Para Abramovich e Courtis, essa separação não resultaria necessariamente na limitação da eficácia dos direitos econômicos, sociais e culturais em detrimento dos direitos civis e políticos. Asseveram que tal distinção teria utilidade enquanto reflexo do funcionamento de dois paradigmas, ou matrizes político-ideológicas diferentes de relação jurídica; bem como por permitir situar, num contexto histórico determinado, o modo por que foram concebidos e positivados os diversos direitos humanos. Nesse senso, os direitos civis e políticos estariam ligados ao paradigma do direito privado clássico, em que o Direito não se atém à regulação da economia, campo deixado para o mercado, mas volta-se à disciplina de uma ampla gama de setores da vida humana – direitos da personalidade, relações afetivas, cultura, política, religião, expressão de idéias, arte, ócio. As relações jurídicas desse modelo são pautadas pela ênfase ao papel da vontade, donde a respectiva tutela jurídica estruturar-se sob a forma de direitos subjetivos, muitas vezes configurados como liberdades ou faculdades – e, portanto, alheios, ao menos tendencialmente, à possibilidade de ingerência estatal – e dirigidos precipuamente à salvaguarda de direitos patrimoniais.[35]

Já os direitos econômicos, sociais e culturais, em vez de uma substituição, teriam mais propriamente buscado corrigir as disfunções que o paradigma privatista possuía. Dessa maneira, apareceriam como posições jurídicas subjetivas, individuais ou coletivas, configuradas segundo a lógica de um paradigma diverso, caracterizado como: (a) um direito de grupos, isto é, do homem situado ou qualificado pelo grupo a que pertence, e não apenas de indivíduos isoladamente considerados; (b) um direito de desigualdades, que pudesse operar como instrumento de equiparação, igualação ou compensação – o que rechaçaria a igualdade formal do direito privado clássico; (c) um direito ligado a uma específica sociologia, orientada a assinalar quais são as relações sociais pertinentes e as necessidades ou aspirações daqueles grupos,

---

[34] Cfe. ALVES, 2003, p. 104-105. Aliás, refere o diplomata que tal argumento não encontra respaldo nem mesmo em Locke, para quem o estado civil deveria servir para a proteção contra a guerra, mas também à garantia dos direitos naturais fundamentais. "Conforme argumenta o próprio filósofo no Segundo Tratado sobre o Governo: 'Onde não existe mais a administração de justiça, para assegurar os Direitos dos Homens... certamente não há mais Governo'." Para maiores esclarecimentos, consultar ALVES, 2003, p. 104-105.

[35] ABRAMOVICH, Víctor; COURTIS, Christian. *Los derechos sociales como derechos exigibles*. Madrid: Trotta, 2002b, p. 47-56.

com isso afastando a filosofia e a moral que fundamentariam o direito privado clássico. Todas essas características convergiriam para o uso do poder estatal enquanto instrumento de equilíbrio das situações de disparidade – pela garantia de *standards* de vida mínimos, melhores oportunidades a grupos sociais preteridos e, ainda, compensação das diferenças de poder entre particulares. Daí por que o valor que normalmente se destaca nos direitos sociais é a igualdade, numa vertente material ou fática.[36]

De acordo com Weis, em realidade, o PIDESC visou a estabelecer, sob a forma de direitos, as condições sociais, econômicas e culturais para a vida digna. Uma vez que essa dignidade fundamental da pessoa estiver sendo violada, haverá de admitir-se um direito subjetivo de buscar, inclusive em juízo, a alteração de tal situação de fato, tanto pela abstenção dos atos danosos, quanto pela prestação material eventualmente negada. Nesse sentido, o leque de deveres pressupostos à consecução dos direitos econômicos, sociais e culturais é bastante amplo, originando diferentes obrigações e políticas públicas, bem como demandando ações judiciais as mais diversas.[37]

Quanto à efetivação dos direitos, o artigo 2º do PIDCP prevê a auto-aplicabilidade dos direitos civis e políticos, de modo que sejam exigíveis de plano. Diversamente, aos direitos econômicos, sociais e culturais, o artigo 2º do PIDESC estabeleceu uma obrigação de realização progressiva, a significar o dever estatal de tomar todas as providências possíveis, nos limites dos recursos disponíveis, com escopo de alcançar crescentemente a mais completa realização desses direitos.[38] Ressalve-se com Weis, entretanto, que essa distinção entre normas auto-executáveis e normas de implantação progressiva não deve ser compreendida "como de tipo dualista (mutuamente excludente), mas pluralista, que procura classificar e combinar realidades complexas e distintas", visto que a finalidade de ambos grupos de direitos, embora diversa, não é oposta[39] – e sim complementar, acrescente-se.

Outrossim, cumpre atentar que o artigo 5º dos Pactos cria uma regra de inteligência própria dos direitos humanos, que se sobrepõe aos demais critérios hermenêuticos tradicionais. Segundo esse cânone, a interpretação dos direitos expressos indistintamente no PIDCP e no PIDESC deve ser a mais ampliativa possível, voltada à máxima eficácia

---

[36] Ibidem, p. 47-56.

[37] WEIS, 1998, p. 303-305. De forma semelhante, conferir ABRAMOVICH; COURTIS, 2003, p. 6; e também ABRAMOVICH; COURTIS, 2002b, p. 36.

[38] Cfe. PIOVESAN, Flávia. A desconstitucionalização dos direitos sociais na América Latina. *Genesis:* Revista de Direito do Trabalho, Curitiba, v. 16, n. 92, p. 213-223, ago. 2000, p. 215-206. A auto-aplicabilidade e a efetivação progressiva constam do artigo 2º de ambos os Pactos.

[39] Nesse sentido, WEIS, 1998, p. 311.

dos preceitos que contêm.[40] Trata-se da maximização dos direitos humanos, da primazia da norma mais favorável às vítimas, seja norma proveniente do direito internacional, seja prevista pelo direito nacional. Tal diretriz hermenêutica importa – ou deveria importar, pelo menos – na superação das controvérsias entre monistas e dualistas a respeito da vigência da norma de direito internacional, dando prevalência à concreta tutela dos direitos humanos de ambas as categorias.[41]

Tudo isso demonstra, portanto, que a coexistência de dois pactos – PIDCP e PIDESC – não engendra a distinção dos direitos em espécies absolutamente separadas, nem tampouco justifica a implementação de políticas públicas visando à tutela de uns direitos em detrimento dos demais. Os direitos humanos formam um conjunto único e indivisível, em que a falência das medidas de concretização de um direito inevitavelmente repercute na fruição plena do conjunto restante, havendo interação e inter-relação dos direitos civis e políticos com os direitos econômicos, sociais e culturais.

Trata-se, pois, da indivisibilidade e interdependência dos direitos humanos, assentadas pela DUDH como parâmetros de interpretação e vigência de todos os direitos, sejam civis e políticos, sejam econômicos, socais e culturais, dotando-os de mesma hierarquia e relevância. Isso porque, tal como prescrito pelo artigo 1° da DUDH, os direitos humanos guardam fundamento no princípio da dignidade da pessoa humana, que pressupõe a realização tanto da liberdade, quanto da igualdade. Com a DUDH torna-se inequívoco que não há liberdade sem igualdade, nem tampouco igualdade sem liberdade.[42]

Tais características de indivisibilidade e interdependência dos direitos humanos também foram posteriormente corroboradas por outros documentos internacionais. Na Convenção de Teerã, em 1968, a ONU reafirma a universalidade e interdependência de todos os direitos humanos, nada obstante a explicitação e as peculiaridades inerentes a cada espécie. Essa diretriz seria reiterada em outros momentos,[43] culminando com a Declaração de Viena de 1993, já num mundo unificado, quando a ampla gama de países participantes ratifica os

---

40 No direito interno, essa norma guarda semelhança àquela consagrada no artigo 5°, § 1°, da Constituição Federal e ao princípio da máxima efetividade dos direitos fundamentais daí dessumido.

41 Nesse sentido, WEIS, 1998, p. 302.

42 RODRIGUEZ, 2002, p. 19-20.

43 Resolução n° 32/130 da Assembléia Geral, adotada em 16 de dezembro de 1977, sobre os critérios e meios para melhorar o gozo efetivo dos direitos e das liberdades fundamentais. A indicação é feita por ESPIELL, Hector Gros. *Los derechos económicos, sociales y culturales en el sistema interamericano*. San Jose: Libro Libre, 1986, p. 16-17, citado por PIOVESAN, 2003, p. 240. "Esta resolução de n° 32 é uma das mais importantes da AG e afirma: a) os direitos humanos são indivisíveis; b) são inalienáveis; c) afirma a obrigatoriedade dos direitos econômicos e sociais, etc.", segundo MELLO, 2003, p. 220-223.

princípios da DUDH de 1948. Destaca Habermas que com a ratificação da DUDH por diferentes Estados – assim como pelo consenso obtido em Viena, acresça-se – pode-se dizer que os direitos humanos constituem o único fundamento de legitimidade política reconhecido pela comunidade internacional.[44]

A Conferência de Viena constituiu, desse modo, o ápice de um processo de consagração dos direitos humanos como tema da comunidade internacional, bem como de prevalência de uma concepção universalizante, a exceder relativismos e etnocentrismos culturais. O artigo 1° desse diploma reafirma o caráter universal dos direitos humanos, enquanto o artigo 5° ressalva que as particularidades históricas, culturais e religiosas devem ser tomadas em conta apenas quando da aplicação dos direitos nos diferentes países signatários. A todos se impõe o dever de promoção e proteção da totalidade dos direitos. Outrossim, há de se observar que "o estabelecimento da interdependência entre democracia, desenvolvimento e o respeito aos direitos humanos, definido no Artigo 8°, é o dado novo essencial que inspira e orienta todo o documento", nas palavras de Lindgren Alves.[45]

Hoje fala-se numa interdependência entre todos os direitos e, destacando a função precípua a cada um,[46] pode-se relacioná-los à dialética de complementaridade da tríade de valores da Revolução Francesa, como propõe Vasak: direitos civis e políticos como direitos de liberdade; direitos econômicos, sociais e culturais como direitos de igualdade; e direitos de terceira geração, como o direito ao desenvolvimento e à paz, como direitos de fraternidade, no sentido de solidariedade.[47] Em virtude da relevância que assume para uma adequada compreensão dos direitos sociais a prestações materiais, assim como dos limites possíveis à efetividade desses direitos no ordenamento brasileiro – especialmente no que concerne ao direito à saúde, objeto do presente estudo – o detalhamento das características que se atribuem à concepção de direitos humanos da ONU, antes indicadas, será objeto de análise no tópico seguinte.

---

[44] Cfe. HABERMAS, Jürgen. Sobre a legitimação baseada nos direitos humanos. Tradução Gisele Guimarães Cittadino e Maria Celina Bodin de Moraes. *Direito, Estado e Sociedade*, v. 9, n. 17, p. 190-208. ago./dez. 2000, p. 196-198.

[45] ALVES, 2003, p. 27 e 30. Original grifado.

[46] Também assim Bernd Schulte: "Os direitos fundamentais são originária e primacialmente direitos individuais de defesa contra ingerências na e ameaças à liberdade pessoal por parte do Estado ou de outros poderes. No decorrer do tempo essa sua função defensiva foi complementada por uma função participativa e uma função prestacional". Cfe. SCHULTE, Bernd. Direitos fundamentais, segurança social e proibição de retrocesso. In: SARLET, Ingo Wolfgang (Org.). *Direitos fundamentais sociais:* estudos de direito constitucional, internacional e comparado. Rio de Janeiro: Renovar, 2003, p. 301.

[47] LAFER, Celso. Prefácio. In ALVES, José Augusto Lindgren. *Os direitos humanos como tema global.* 2 ed. rev. e ampl. São Paulo: Perspectiva, 2003, p. XLII. A menção a Vasak é feita por Celso Lafer; sem referências, contudo.

1.2.2. *Universalidade, indivisibilidade e interdependência dos direitos humanos e dos direitos fundamentais*

A Declaração Universal de Direitos Humanos da Organização das Nações Unidas - DUDH/ONU -, conforme asseverado anteriormente, consolidou o processo de universalização dos direitos humanos, com duplo impacto nas concepções tradicionais do direito internacional, por meio da crescente relativização da soberania nacional em prol da internacionalização desses direitos e da consolidação do indivíduo como sujeito de direito no âmbito internacional.[48] Fixou-se a concepção contemporânea dos direitos humanos, lastrada nos caracteres de universalidade, porque tais direitos decorrem da dignidade inerente a toda e qualquer pessoa; bem como de indivisibilidade, interdependência e inter-relação, uma vez que os direitos humanos compõem uma só unidade, em que os direitos civis e políticos atuam conjugadamente aos direitos econômicos, sociais e culturais. Nesse sentido, a DUDH superou as concepções parciais anteriores, que ora ressaltavam o aspecto liberal da cidadania, como nas Declarações francesa e norte-americana, de fins do século XVIII; ora o aspecto social, de que é exemplo a Declaração do povo trabalhador e explorado da República Soviética Russa, do início do século XX. Como referido, a DUDH colmatou o hiato até então existente, estipulando que não há liberdade sem igualdade, nem igualdade sem liberdade;[49] enquanto coube à Conferência de Direitos Humanos realizada em Viena superar definitivamente o embate internacional e consagrar a indivisibilidade, interdependência e inter-relação entre os direitos humanos.

Por indivisibilidade, deve-se compreender a idéia de que a violação de algum direito econômico, social ou cultural sempre acarretará a infringência aos direitos civis e políticos, porquanto a hipossuficiência econômico-social conduz à vulnerabilidade no gozo dos direitos civis e políticos. "A negação da liberdade econômica, sob a forma da pobreza extrema, torna a pessoa vulnerável a violações de outras formas de liberdade", assinala Amartya Sen. E arremata: "[a] negação da liberdade econômica implica na negação da liberdade social e política";[50] a recíproca também é verdadeira. A existência real e concreta de cada um

---

48 Até então, somente se reconheciam como sujeitos de direitos os Estados e os organismos internacionais. Com a universalização dos direitos humanos, observa-se uma crescente ampliação desse rol, incluindo-se, entre outros, o indivíduo e as organizações não-governamentais.

49 PIOVESAN, 2000, p. 214. No mesmo sentido, ver PIOVESAN, 2003, p. 231-236. Também Lindgren Alves: "Conforme assinala Etienne Balibar, com seu conceito [...] de *égaliberté*, a tríade da Revolução Francesa, e dos direitos humanos, não pode ser desmembrada. Sem o mínimo de condições de igualdade, a liberdade é fictícia. E sem a fraternidade, construída ou conquistada pela própria sociedade, a igualdade é inviável". In ALVES, 2003, p. 27 e 30. Original grifado.

50 A referência é trazida por PIOVESAN, 2003, p. 260. Também consta em PIOVESAN, 2000, p. 220. Em sentido semelhante, conferir ESPIELL, Hector Gros. *Los derechos económicos, sociales y culturales en el sistema interamericano.* San Jose: Libro Libre, 1986, p. 16-17, apud PIOVESAN, 2003, p. 240-241.

dos direitos humanos depende do reconhecimento e da proteção integral de todo o conjunto deles.

Já a interdependência dos direitos humanos explicita que nenhum direito, mesmo se concebido segundo o "arquétipo liberal" das liberdades, pode ser realizado sem a simultânea consecução dos demais; ou seja, há uma relação de reciprocidade e mútua dependência que une os direitos humanos uns aos outros, sejam direitos civis e políticos, sejam direitos econômicos, sociais e culturais.[51] Formou-se um consenso na comunidade internacional, enfim, de que "para querer alcançar o bem-estar, é indispensável garantir a liberdade e, para assegurar a liberdade, é indispensável construir o bem-estar".[52] Mais recentemente, tais noções têm sido enriquecidas com o reconhecimento de direitos voltados à proteção de bens de interesse de toda a humanidade, enquanto pressupostos das condições de vida necessárias ao respeito dos demais direitos humanos: meio ambiente, patrimônio genético, desenvolvimento sustentado, paz.[53]

Como pontua Barreto, autores como Höffe e Cortina vêm identificando na formulação do segundo imperativo da moralidade de Kant – "seres racionais estão pois todos submetidos a esta lei que manda que cada um deles jamais se trate si mesmo ou aos outros simplesmente como meios, mas sempre simultaneamente como fins" – uma fundamentação que destaca a natureza social do ser humano. Isso viabilizaria a abertura metodológica necessária para desenvolver a idéia de que os direitos sociais possuem obrigatório caráter de universalidade, por serem direitos que se encontram nas origens da sociedade humana, ao representarem a dimensão da pessoa como *bios politikòn*. Esse raciocínio situa os direitos sociais numa dimensão ética que garante aos mesmos, assim como já o fez em relação aos direitos civis e políticos, a imprescindível universalidade.[54] Nessa linha, mas já trazendo a discussão para o âmbito do direito interno (constitucional), Sarlet igualmente refere a existência, ao lado da função originária de instrumentos de

---

51 Cfe. WEIS, 1998, p. 296-299.

52 RODRIGUEZ, 2002, p. 20.

53 WEIS, op. cit., p. 300.

54 Cfe. HÖFFE, Otfried. *Principes du droit*. Paris: Cerf, 1993; CORTINA, Adela. *Ciudadanos del mundo:* hacia una teoria de la ciudadania. Madrid: Alianza, 1998; KANT, Immanuel. *Fundamentação da metafísica dos costumes*. Lisboa: Edições 70, 1960, p. 76; todos citados por BARRETTO, 2003, p. 113-114 e 133. Essa dimensão ética também é gizada por Alexy, ao tratar dos direitos humanos como direitos morais: "Para a validez ou existência de um direito moral basta que a norma, que está na sua base, valha moralmente", o que acontece "quando ela, perante cada um que aceita uma fundamentação racional, pode ser justificada". Dessa forma, os direitos humanos existiriam e seriam válidos enquanto direitos morais exatamente quando passíveis de justificação perante cada pessoa. Consultar ALEXY, Robert. Direitos fundamentais no estado constitucional democrático. Tradução Luís Afonso Heck. *Revista de Direito Administrativo*, Rio de Janeiro, n. 217, p. 55-66, jul./set. 1999, p. 60.

defesa da liberdade individual, de uma dimensão valorativa dos direitos fundamentais, como "elementos da ordem jurídica objetiva, integrando um sistema axiológico que atua como fundamento material de todo o ordenamento jurídico".[55]

No que tange ao objeto precípuo deste estudo, deve-se salientar que tais características de universalidade, indivisibilidade e interdependência respaldam a afirmação de inexistência de hierarquia entre os diversos direitos humanos; bem como sustentam que eventuais diferenças quanto à eficácia e à efetividade social, de uns direitos em relação aos outros, devem guardar restrita observância às peculiaridades do direito em causa. Transportados para a ordem jurídica interna, mencionados caracteres consolidam um primeiro argumento em favor da interpretação que reconhece a unidade do sistema constitucional de direitos fundamentais, indicando a universalidade, indivisibilidade e interdependência de todos os direitos assegurados pela Constituição Federal de 1988 e excluindo, por conseguinte, entendimento que procure apartar os direitos fundamentais sociais a prestações materiais do regime de proteção constitucional fundamental.

As notas de universalidade, indivisibilidade e interdepedência também acarretam a revisão de classificações arraigadas na teoria dos direitos humanos, que adiante serão examinadas com mais vagar. Primeiramente, importam numa precisão conceitual acerca da concepção geracional dos direitos humanos; em segundo lugar, demonstram a insuficiência e a vulnerabilidade da distinção tradicional entre direitos positivos e negativos. Justificam, em função disso, a adoção de outro critério classificatório, centrado na função principal desempenhada por cada direito, assim de defesa ou de prestação. As considerações pertinentes a tais pontos serão feitas a seguir.

1.2.3. *Direitos de defesa e direitos a prestações: por um critério funcional de classificação dos direitos fundamentais*

A admissão da universalidade, indivisibilidade e interdependência dos direitos humanos, quer pela eticidade que lhes é intrínseca, quer pelo referendo positivado nos atos normativos da Organização das Nações Unidas – ONU –, implicou a revisão de conceitos e classificações até então bastante difundidos na teoria dos direitos humanos. Nessa linha, tais pressupostos de universalidade, indivisibilidade e interdependência levam, entre outros, a um necessário redimensionamento da concepção geracional dos direitos humanos.

Pode-se observar que, criticamente examinada, a "teoria das gerações dos direitos" dá margem a um primeiro equívoco de com-

[55] SARLET, 2005, p. 70.

preender os direitos humanos em categorias que se sucedem, como se houvesse nelas um aprimoramento constante e crescente, em que os "novos" direitos tomam o lugar dos precedentes, assim desvalidados e prescindíveis de efetivação. A classificação geracional dos direitos humanos, ao desconsiderá-los de forma conjunta, na verdade é "historicamente incorreta e juridicamente infundada", ademais de fomentar a visão atomizada dos direitos humanos, como acentua Cançado Trindade. "O fenômeno que testemunhamos em nossos dias", sustenta o internacionalista, "não é o de uma fantasiosa e indemonstrável sucessão 'geracional' de direitos [...], mas antes o da expansão, cumulação e fortalecimento dos direitos humanos consagrados, todos essencialmente complementares e em constante interação".[56]

As diferenças, que servem de critério para agrupar os direitos humanos em sucessivas gerações, também perdem muito de sentido quando submetidas ao exame dos custos financeiros e orçamentários dispendidos pelo aparato estatal na realização de todos os direitos – ponto que é comum a qualquer das gerações, na arguta observação de Holmes e Sunstein. Esses autores demonstram que os direitos da primeira, da segunda e da terceira gerações dependem das contribuições recolhidas da coletividade e podem ser vistos como investimentos de recursos públicos escassos. Além disso, apresentam um componente aspiracional, motivo por que jamais nenhum dos direitos será perfeita ou completamente efetivado, não importa a que geração pertença. Com base nisso, concluem os juristas que, apesar das distinções, as similitudes entre as gerações são fortes o bastante para demonstrar que os direitos mais recentemente propostos e introduzidos no ordenamento jurídico norte-americano – os direitos sociais em sentido lato – remontam ao mesmo espírito básico que teria norteado a Constituição daquele país.[57]

A análise dos custos dos direitos é interessante por demonstrar a interdependência entre os direitos civis e políticos e os direitos econômicos, sociais e culturais. A tese central dos juristas norte-americanos é a seguinte: todos os direitos demandam custos para serem assegurados e efetivados, sejam os antigos (direitos civis e políticos) ou novos direitos (direitos econômicos, sociais e culturais). Assim, quer os *welfare rights*, quer os *property rights*, acarretam custos públicos: a liberdade contratual tem custos públicos não menos que a assistência à saúde; a liberdade de expressão, não menos que o direito à moradia. Todos os direitos fazem reivindicações ao erário e, nessa medida, até mesmo o argumento de que as nações pobres poderiam assegurar os

---

56 CANÇADO TRINDADE, Antônio Augusto. Apresentação. In ALVES, José Augusto Lindgren. *Os direitos humanos como tema global*. 2 ed. rev. e ampl. São Paulo: Perspectiva, 2003, p. XXX.

57 HOLMES; SUNSTEIN, 1999, p. 131-132.

direitos de primeira, mas não os de segunda geração, mostra-se impreciso e por demais singelo.[58]

Com a aquiescência a tais argumentos, esclareça-se, não se intenta contrariar a historicidade ínsita aos direitos humanos, como plenamente alicerçado em doutrina. No entanto, deve-se admitir que uma classificação somente se justifica enquanto seja útil e, no caso da concepção geracional dos direitos, nem sempre isso tem acontecido. A ausência de consenso quanto ao número de gerações e, assim, ao enquadramento dos direitos em cada uma delas,[59] já seria motivo para certa confusão, aconselhando cuidado na aplicação desse critério. O que se intenta sublinhar, contudo, é que a historicidade dos direitos não pode servir de empecilho a que sejam desprezadas a universalidade, a indivisibilidade e a interdependência que encontram fundamento, desde 1948, na Declaração Universal dos Direitos Humanos da Organização das Nações Unidas - DUDH/ONU - e que, com a nova integração do mundo pós-Guerra Fria, foram reafirmadas pela ampla gama de países participantes da Conferência de Viena em 1993. Busca-se salientar que a historicidade não deve ser tida num sentido darwinista, mas, diversamente, deve pontuar as funções que precípua, embora não isoladamente, caracterizam cada um dos direitos civis, políticos, econômicos, sociais e culturais, evitando que seja usada como argumento para escapar à garantia efetiva de qualquer deles.

O fundamento dos direitos humanos, como recorda Peces-Barba, é comum à totalidade deles e está na pretensão ao desenvolvimento da pessoa humana, numa concepção de prevalência da dignidade de cada indivíduo. Nessa linha, todas as gerações contemplam direitos de liberdade, uma vez que todos os direitos pretendem facilitar a autonomia e o desenvolvimento integral das pessoas, criando as condições para o exercício da liberdade individual. E no exercício da liberdade individual também se encontra a dimensão moral dos direitos humanos, na medida em que todos eles contribuem para a autonomia moral da pessoa - que passa pela liberdade psicológica e pela liberdade social, concebendo-se como livres os indivíduos que estejam dispensados da satisfação das próprias necessidades básicas, porque já atendidas. Dessa forma, tanto os direitos de liberdade quanto os direitos

---

[58] Ibidem, p. 15-16 e 119-120.

[59] Sem adentrar na temática dos "novíssimos" direitos ligados a questões de bioética, genética humana e animal, propriedade interespacial, apenas para citar alguns exemplos ao acaso; refira-se que ainda pendem discussões quanto aos direitos albergados sob as primeiras gerações. Peces-Barba, por exemplo, entende que conquanto hoje apresentem traços comuns, os direitos políticos não poderiam ser incluídos na mesma geração dos direitos individuais ou civis, correspondendo à segunda geração de direitos - e deixando os direitos sociais, então, para uma terceira geração. Cfe. PECES-BARBA MARTÍNEZ, 2000, p. 41-42; e, também, PECES-BARBA MARTÍNEZ, 1999, p. 57-58.

sociais são anteriores ao Estado e integram, nas mesmas condições, o conceito geral de direitos humanos.[60]

Outra distinção comumente aceita e que se desfaz frente aos pressupostos de universalidade, indivisibilidade e interdependência dos direitos humanos diz respeito à classificação dos direitos em positivos e negativos. A própria terminologia já é suficiente para causar imprecisões: primeiro, não há direitos positivos e negativos, mas os deveres impostos pelos direitos é que poderiam ser eventualmente qualificados como positivos ou negativos; segundo, não há correspondência entre "direitos positivos e negativos" e "gerações de direitos", como se os direitos civis e políticos reclamassem apenas abstenções, enquanto os direitos sociais sempre obrigassem a prestações positivas. Tais assertivas demandam, entretanto, alguns esclarecimentos.

Abramovich e Courtis, em crítica à mencionada distinção, afirmam que a contraposição dos direitos, como se os civis e políticos fossem direitos negativos, enquanto os econômicos, sociais e culturais correspondessem a direitos positivos, está baseada numa visão de Estado mínimo que não encontra guarida nem mesmo nos teóricos clássicos da economia política, como Adam Smith ou David Ricardo. Na verdade, essa diferenciação se esvazia, na medida em que os direitos taxados de "negativos" exigem, para serem assegurados e efetivados, uma intensa atividade estatal, pelo menos no que se refere à proteção, a cargo do Estado, contra a interferência de terceiros – por meio, por exemplo, das funções de polícia, segurança, defesa e justiça. Por mais que se atrelem à concepção de "liberdades públicas", dependem sempre da manutenção de condições mínimas que viabilizem sejam exercidos.[61] Ao mesmo tempo, os "direitos positivos" também podem ser reconduzidos a obrigações de não-interferência, pois tanto ao Estado quanto à comunidade corresponde o dever de respeito à fruição dos direitos econômicos, sociais e culturais pelos respectivos titulares.

Nesse sentido, aliás, muitas vezes se pretende separar ambos os grupos de direitos segundo a espécie de obrigação conferida ao Estado em cada caso. Aos direitos civis e políticos seriam imputadas obrigações de resultado, disso decorrendo que eventuais violações se dariam por atos estatais comissivos. Já os direitos econômicos, sociais e culturais se traduziriam em obrigações de meio ou conduta, cuja efetivação seria dependente da instauração de uma ordem social justa – o que somente se obtém progressivamente; a violação dos direitos,

[60] PECES-BARBA MARTÍNEZ, 1999, p. 201-202.

[61] ABRAMOVICH; COURTIS,.2003, p. 2. Cfe., ABRAMOVICH; COURTIS, 2002b, p. 23-24. A distinção, contudo, ainda pode ser usada – e normalmente o é – para fins didáticos.

nesse caso, ocorreria apenas por atos estatais omissivos, muitas vezes justificados pela ausência de recursos orçamentários disponíveis.[62]

Tal distinção mostra-se equivocada e carente de cientificidade, visto que os direitos civis e políticos, bem como os direitos econômicos, sociais e culturais podem ser efetivados por uma gama simultânea de obrigações, cujo descumprimento acarreta infringência ao direito por atos comissivos e/ou omissivos do Estado. Van Hoof propõe uma teoria a respeito dos diferentes níveis de obrigações impostas ao Estado: respeitar, proteger, assegurar e promover qualquer dos direitos humanos, nenhuma das quais corresponderia à pretensa equiparação entre deveres negativos e obrigações de resultado, deveres positivos e obrigações de meio.[63] Essa teoria reforça a indivisibilidade, ou unidade, entre todos os direitos, que em certas ocasiões pressupõem do Estado obrigações de garantia e respeito e, em outras ou ao mesmo tempo, obrigações de promoção.

A noção de direitos positivos e negativos também cai frente à mencionada análise de custos econômico-financeiros que, como antes frisado, são consubstanciais à realização de todos os direitos fundamentais. O atrativo da manutenção de um tal entendimento, segundo Holmes e Sunstein, estaria numa espécie de garantia ou promessa moral na qual conviria acreditar: enquanto os "direitos positivos" (*welfare rights*) seriam potencialmente infantilizadores e exercidos na base de recursos alcançados gratuitamente pelo Estado; os direitos liberais clássicos seriam exercidos de maneira autônoma, no *American-style*, por indivíduos fortes e auto-suficientes, que rejeitam o paternalismo e as esmolas estatais.[64] Daí a preferência pela efetivação dos "direitos negativos" em detrimento dos "direitos positivos".

A escassez de recursos e os custos com a efetivação dos direitos sociais também aparecem transmudados em argumentos mais elabora-

---

62 ABRAMOVICH; COURTIS, 2003, p. 2 e 32. Cfe ABRAMOVICH; COURTIS, 2002, p. 22.

63 VAN HOOF, G. H. J. The legal nature of economic, social and cultural rights: a rebuttal of some traditional views. In: THE RIGHT to food. Utrecht, 1984, p. 99 apud ABRAMOVICH; COURTIS, 2003, p. 3-4; e ABRAMOVICH; COURTIS, 2002, p. 28-29. Em sentido semelhante, adverte EIDE que, se o indivíduo é o sujeito ativo de todo o desenvolvimento econômico e social, como estabelece o artigo 2° da Declaração sobre o Direito ao Desenvolvimento da ONU, haveria, num primeiro nível, uma obrigação de respeito, por parte do Estado, em relação ao uso que o indivíduo ou comunidade fariam dos próprios recursos para a auto-satisfação de necessidades econômicas e sociais. Num segundo nível, existiria a obrigação estatal de assegurar essa liberdade de ação e uso dos recursos frente a terceiros, constituindo-se no mais importante dos deveres estatais no que concerne à efetividade dos direitos previstos pelo PIDESC. Enfim, apenas num terceiro nível existiriam obrigações de assistência e satisfação, podendo consistir na provisão direta de meios para atendimento de necessidades básicas (alimento, saúde, moradia), frente à ausência de outros recursos.

64 Essas, aliás, seriam as premissas para o debate entre conservadores e progressistas na política norte-americana. HOLMES; SUNSTEIN, 1999, p. 40. Sobre o referido debate, consultar p. 41 *et seq*.

dos, por vezes identificados com a chamada "reserva do possível".[65] Entretanto, o estabelecimento de uma necessária relação de continuidade entre custos e concretização dos direitos sociais acaba comprometendo a existência dos direitos humanos como um todo, além de supor que o sistema jurídico atenda apenas à solução de conflitos em situação de igualdade absoluta. "Não podemos nos esquecer do alto custo do aparelho estatal administrativo-judicial necessário para garantir os direitos civis e políticos", alerta Barreto.[66]

O problema da classificação dos direitos em negativos e positivos parece encontrar-se, na verdade, no sentido que se atribua ao termo jurídico "prestação", normalmente usado para qualificar e identificar apenas os deveres decorrentes de direitos sociais *lato sensu*. Numa interpretação menos simplista, todavia, verifica-se que o conteúdo da expressão abrange não somente a prestação de bens e serviços, mas também o estabelecimento de normas e o desenvolvimento de técnicas de promoção de certas atividades, convertendo o caráter prestacional em uma característica já não mais exclusiva dos direitos sociais, senão comum a todos os direitos, humanos e fundamentais. Isso advém da mencionada interdependência e indivisibilidade, uma vez que todos os direitos geram um leque de obrigações positivas e negativas para o Estado, todas elas essenciais para que sejam assegurados na prática, "de tal modo que não cabe encontrar uma possível distinção conceitual nítida na causa do tratamento jurídico diferente que existe entre ambos tipos de direitos", lembra Ariza.[67]

Além da conexão estrutural quanto ao complexo de obrigações geradas por quaisquer dos direitos, salienta o jurista haver uma intensa relação de conteúdo entre direitos civis e políticos e os direitos econômicos, sociais e culturais. Deveras, estes últimos aspiram a desenvolver, completar ou realizar algumas exigências já contidas nos direitos individuais (civis e políticos), encontrando fundamento na igualdade substancial, na liberdade, na autonomia e na dignidade humana e, assim, levando ao aperfeiçoamento dos mesmos direitos individuais. "O que se quer ressaltar é que não é suficiente o reconhecimento jurídico-formal dos direitos individuais, pois as condições materiais de existência condicionam em grande medida o uso e fruição dos direitos". Se os direitos individuais se firmaram como garantias

---

65 O tema da "reserva do possível" insere-se entre as objeções à efetivação dos direitos fundamentais a prestações sociais, como se verá na parte final deste estudo. Por isso, a referência feita aqui não contém maior profundidade. Se necessário, consultar item 5.3., adiante.

66 BARRETTO, 2003, p. 121.

67 Tradução livre do original espanhol: "de tal modo que no cabe encontrar en una posible distinción conceptual tajante la causa del tratamiento jurídico diferente que existe entre ambos tipos de derechos". Cfe. ARIZA, Santiago Sastre. Hacia una teoría exigente de los derechos sociales. *Revista de Estudios Políticos*, Madrid, n. 112, p. 253-270, abr./jun. 2001, p. 256-257.

frente ao absolutismo estatal, os direitos econômicos, sociais e culturais constituem uma garantia para a democracia, isto é, para o efetivo desfrute das liberdades civis e políticas. Assim, a luta por esses direitos se converte na luta por uma noção de democracia capaz de levar a sério a constitucionalização dos direitos econômicos, sociais e culturais.[68]

O cotejo de todos esses argumentos demonstra, na realidade, a necessidade de adoção de outra classificação, que melhor traduza a natureza e defina o regime jurídico dos direitos humanos e fundamentais, pois, no contexto brasileiro e como será visto mais adiante, não há distinções, neste aspecto, entre os clássicos direitos de liberdade e os direitos sociais *lato sensu*. Diante disso, parece mais adequada a classificação que, segundo a função principal que exerçam, divide-os em direitos de defesa e direitos a prestações e que se reporta, entre outros, à proposta formulada por Alexy e desenvolvida por Canotilho, adaptada ao contexto constitucional brasileiro por Sarlet. Segundo o jurista português, o direito a prestações se reconduz à idéia geral de "direito de qualquer cidadão a um acto positivo (*facere*) dos poderes públicos (Estado)", que pode consistir (a) num ato de proteção perante outros cidadãos – por exemplo, por meio das normas penais; (b) num ato que atribua ao indivíduo uma posição organizatória e procedimentalmente relevante para a defesa ou exercício de outros direitos – como na garantia de participação em órgãos colegiais, ou no procedimento administrativo; ou, ainda, (c) em prestações propriamente fáticas (subvenções, vagas em universidades, postos de trabalho, serviços de saúde), quando então se entende como direito a prestações em sentido restrito (*Leistungrechten im engeren Sinne*).[69]

Esclarece Sarlet que os direitos fundamentais, na função de direitos de defesa, operam como limites ao poder estatal, tutelando a esfera de liberdade dos indivíduos, por meio da outorga de um direito subjetivo ao titular, para que possa atuar contra ingerências indevidas, quer praticadas pelo Estado, quer por outros particulares. Na condição de direitos de defesa, impõem uma obrigação de abstenção e respeito a

---

[68] Tradução livre do original espanhol: "Lo que se quiere resaltar es que no es suficiente el reconocimiento jurídico formal de los derechos individuales, pues las condiciones materiales de existencia condicionam en gran medida el uso y disfrute de los derechos". Ibidem, p. 257-258. Demais referências, Ibidem p. 262-263.

[69] "Já por esta diferenciação que se verifica que a dificuldade de *subjectivação de um direito a um facere do Estado* não é apenas um fenómeno do moderno Estado Social, pois o *direito à protecção jurídica* através do Estado (= acesso ao direito e à via judiciária) constituiu sempre um dos *leit motiv* fundamentais do *Rechstaat* e da compreensão liberal dos direitos fundamentais. Consequentemente, e ao contrário do que por vezes se afirma, alguns dos típicos direitos liberais apresentam problemas semelhantes aos dos modernos "direitos a prestações". CANOTILHO, José Joaquim Gomes. Tomemos a sério dos direitos económicos, sociais e culturais. *Boletim da Faculdade de Direito da Universidade de Coimbra*, Coimbra, p. 460-500, 1991, número especial p. 479-480.

bens e interesses da pessoa humana, uma omissão quanto a intervenções na esfera de liberdade pessoal – apenas admitida em hipóteses excepcionais e sob fundamentação restrita. E observa que nessa função defensiva da autonomia individual é que poderiam ser identificados como "direitos negativos".[70]

Já os direitos a prestações objetivam proteger não apenas esse âmbito individual de liberdade e autonomia frente ao Estado, mas demandam a atuação estatal justamente para que a liberdade seja assegurada por intermédio do Estado. Partem da premissa de que a conquista e a manutenção da liberdade ou, em outros termos, a fruição dos clássicos direitos de liberdade depende em grande medida de uma postura ativa dos Poderes Públicos. Correspondem, assim, ao *status positivus* de Jellinek, em que o Estado se encontra obrigado a colocar à disposição dos indivíduos prestações de natureza jurídica e material (fática) e nesse aspecto é que poderiam ser concebidos como "direitos positivos". Ressalve-se, contudo, que "os direitos a prestações não se restringem aos chamados direitos sociais, entendidos como direitos a prestações fáticas, englobando também os direitos à proteção e direitos à participação na organização e procedimento". De modo simples, pode-se dizer que os direitos a prestações são gênero, de que os direitos sociais constituem espécie.[71]

Sobre esses direitos, a doutrina separa-os em direitos originários e direitos derivados a prestações, em atenção à fonte normativa da qual decorre o reconhecimento da posição subjetiva que permite ao titular exigir a prestação material que constitua o objeto do direito fundamental em causa. Em termos simples, há direito fundamental originário a prestações materiais quando a norma constitucional seja bastante, por si só, para afirmar a existência de uma posição subjetiva, em favor do titular do direito, que o autorize a exigir imediatamente a prestação material correspondente, inclusive judicialmente; ou seja, há direito originário sempre que o indivíduo possa exigir a prestação material, que consubstancia o objeto de tutela do direito, prescindindo de intervenção legislativa conformadora, pois o fundamento jurídico da pretensão encontra-se na própria norma constitucional. Os direitos fundamentais derivados a prestações, ao contrário, pressupõem exatamente a regulação, em nível ordinário, da norma constitucional que consagra o direito pretendido, só havendo falar-se em posição subjetiva na medida em que prevista e conformada pela legislação infraconstitucional. O fundamento da pretensão, nesse caso, é a lei regulamentadora e, apenas mediatamente, a Constituição.[72]

---

70 SARLET, 2002, p. 43-45.

71 Ibidem, p. 43-45.

72 Nesse sentido, consulte-se SARLET, 2005, p. 208-209 e 224.

Aos direitos derivados correspondem tanto o direito de igual acesso, obtenção e utilização de todas as instituições criadas pelos Poderes Públicos quanto o direito de igual participação nas prestações que tais instituições dispensem à comunidade. Já os direitos originários a prestações traduzem os direitos dos cidadãos ao fornecimento de prestações estatais, independentemente da existência de um sistema prévio de oferta destes bens e/ou serviços por parte do Estado, permitindo, portanto, que sejam deduzidos diretamente das normas constitucionais que os consagram.[73] Ainda refere o jurista gaúcho que "tanto pode haver direitos a prestações em sentido amplo (direitos a proteção e organização e procedimento), quanto em sentido estrito (direitos a prestações materiais sociais)", seja para direitos fundamentais originários, seja para direitos fundamentais derivados.[74]

Importante aduzir, finalmente, que tanto os direitos de defesa, quanto os direitos a prestações formam o sistema unitário e aberto dos direitos fundamentais na ordem constitucional brasileira.[75] Se entre ambos os tipos verifica-se certa tensão, pode-se também afirmar que a relação aí existente não é de antagonismo, mas de complementaridade, visto que os direitos de defesa e os direitos a prestações se baseiam na concepção de que a dignidade humana apenas poderá ser plenamente realizada com maior liberdade para todos e menos privilégios.[76] Este, na verdade, é o problema dos direitos fundamentais, e dos direitos sociais em especial: concretizar adequadas condições de vida para as pessoas dentro de um quadro social e jurídico que, nem tenda para a jusfundamentalização da vida social, nem deixe carente de força normativa os preceitos constitucionais.[77]

O "tomar a sério" os direitos, e especialmente os direitos fundamentais sociais, reconhecendo a "plataforma emancipatória" inerente aos direitos humanos,[78] demonstra a necessidade de admitir-se a

---

[73] SARLET, Ingo Wolfgang. Algumas considerações em torno do conteúdo, eficácia e efetividade do direito à saúde na Constituição de 1988. *Revista Diálogo Jurídico*, Salvador, n. 10, p. jan. 2002b, p. 8-9. Disponível em: http://www.direitopublico.com.br. Acesso em: 04 ago. 2003.

[74] SARLET, 2005, p. 209.

[75] O sistema dos direitos fundamentais no ordenamento constitucional brasileiro será tratado no próximo capítulo, motivo por que se remete a leitura do item 3 do presente trabalho.

[76] SARLET, 2002, p. 51-52.

[77] Nesse senso, Canotilho acentua que "[o] problema actual dos 'direitos sociais' (*Soziale Grundrechte*) ou direitos a prestações em sentido restrito (*Leistungrechten im engeren Sinn*) está em 'levarmos a sério' o reconhecimento constitucional de direitos como o direito ao trabalho, o direito à saúde, o direito à educação, o direito à cultura, o direito ao ambiente", pois, "não podemos considerar como simples 'aleluia jurídico' (C. SCHMITT) o facto de as constituições (como a portuguesa de 1976 e a espanhola de 1978) considerarem certas posições jurídicas de tal modo fundamentais que a sua garantia ou não garantia não pode ser deixada aos critérios (ou até arbítrio) de simples maiorias parlamentares". Conferir: CANOTILHO, 1991, p. 481-483.

[78] "Não obstante a historicidade dos direitos humanos, traduzem a todo tempo uma plataforma emancipatória, consagrando uma gramática de inclusão, em relação às formas de opressão, exclusão e desigualdade". PIOVESAN, 2000, p. 213.

abertura axiológica que propiciam os direitos fundamentais e de explorar os deveres que podem surgir das opções valorativas feitas pelo constituinte quando da consagração de um certo sistema de direitos fundamentais, e não outro. Isso concerne à explicitação das dimensões subjetiva e objetiva dos direitos fundamentais, adiante examinada.

1.2.4. Dimensões subjetiva e objetiva dos direitos fundamentais

A concepção clássica dos direitos fundamentais, que se reporta ao período das primeiras Declarações de Direitos no século XVIII, tinha por preocupação central as pretensões que o indivíduo poderia exigir do Estado em razão de titular um dado direito, assim positivado pela ordem jurídica nacional. Foi o momento da construção das teorias do "direito subjetivo", notadamente sob o enfoque jusprivatista e com base nas premissas do *Code Napoléon*, elevado a estatuto individual do homem burguês. Os direitos declarados foram densificados sob a forma de direitos subjetivos – fato que, ademais de demonstrar o diálogo entre os grandes ramos público e privado do Direito, trouxe para a teoria dos direitos fundamentais, que se desenvolveria a partir de então, o paradigma, as teorias e as concepções elaborados a partir do prisma do direito privado. Exemplo disso, e que talvez tenha representado a contribuição mais significativa já no âmbito do direito público, foi a teoria do *status* de Georg Jellinek, que se arrimou exatamente nos pressupostos de subjetivismo e individualismo, típicos do direito privado.[79]

Na verdade, importa salientar, no que respeita à dimensão subjetiva que se lhes reconhece, que os direitos fundamentais dão origem a uma série de posições jurídicas diversas, outorgando ao titular do direito pretensões de defesa, proteção e prestação, quer perante o Estado, na concepção clássica; quer diante de particulares, tanto como destinatários diretos das normas jusfundamentais – caso da grande maioria dos direitos fundamentais sociais dos trabalhadores previstos pela Constituição de 1988, por exemplo – seja de modo indireto, mediante interpretação extensiva do texto constitucional. Em síntese, a noção de direitos fundamentais como direitos subjetivos geralmente indica o poder que o titular tem de exigir ou impor judicialmente a efetivação do direito que possui; "o direito subjetivo consagrado por uma norma de direito fundamental se manifesta por meio de uma relação trilateral, formada entre o titular, o objeto e o destinatário do direito".[80]

---

[79] Para maiores esclarecimentos sobre a teoria de Jellinek cite-se, entre outros, SARMENTO, 2003, p. 258-259. Quanto ao desenvolvimento da teoria dos direitos fundamentais a partir do paradigma do direito subjetivo, consultar CANOTILHO, 1991, p. 474-478.

[80] SARLET, 2005, p. 167.

De acordo com Sarmento, as "primeiras fissuras" na concepção estritamente individualista – e, portanto, subjetivista – dos direitos fundamentais apareceriam durante o constitucionalismo de Weimar. Pela teoria das garantias constitucionais, Carl Schmitt defendia que, para além dos direitos fundamentais de índole individual, as Constituições também resguardavam de supressões ou ofensas ao conteúdo essencial certas instituições de direito público ou institutos de direito privado, principalmente frente ao Estado-legislador. Note-se que aí já não se cuidava da salvaguarda de direitos de titularidade individual, mas da proteção de bens jurídicos coletivos, reputados essenciais pelo ordenamento constitucional. Rudolf Smend, de seu turno, postulava que o papel primordial da Constituição estaria em promover a integração da comunidade, o que só seria possível pela tutela dos valores vividos e socialmente compartilhados. "Para ele, o mais essencial numa Constituição são os valores fundamentais em que esta se apóia, e a principal fonte desses valores encontra-se nos direitos fundamentais". A partir dessa concepção axiológica, a teoria da Constituição como integração permitiu admitir que os direitos fundamentais desempenhassem novas funções na ordem jurídica, referentes à legitimação do Estado e à hermenêutica em geral, uma vez que proclamavam o sistema de valores sobre o qual repousaria a ordem jurídica, tornando-se então sustentável que passassem também a irradiar efeitos sobre o ordenamento como um todo. É nesse ambiente cultural "que vai se forjar a idéia da Constituição como 'ordem vinculada a valores que, na proteção da liberdade e da dignidade humana, reconhece o mais alto fim do Direito'".[81]

Conquanto se contraponham severas críticas a uma noção puramente valorativa da Constituição, notadamente pela perda da necessária força normativa e pela insegurança gerada por um puro "decisionismo" na jurisdição constitucional, não há dúvida de que a Constituição consagra e juridiciza os valores considerados mais relevantes na comunidade, em determinado contexto histórico. Os fundamentos em que se alicerça, os objetivos a que se propõe, a estrutura principiológica com que se normatiza, entre outros, dota a Constituição de um caráter axiologicamente relevante,[82] em que os princípios ganham importância e aplicação.

Com a abertura axiológica das normas constitucionais e a afirmação dos direitos fundamentais enquanto "tradutores" de tais valores, a doutrina começou a reconhecer uma nova dimensão a esses direitos: delineou-se a dimensão objetiva dos direitos fundamentais que, sem

---

[81] SARMENTO, 2003, p. 259-260 e 270.

[82] Ibidem, p. 272-275.

correspondência a algum direito subjetivo, permitia que dela se extraíssem deveres, para o Estado e os particulares, decorrentes da irradiação de efeitos do conjunto dos direitos fundamentais e dos valores por estes priorizados. De meros limites ao poder estatal, os direitos fundamentais passaram a fixar as diretivas para as políticas públicas – um Estado guiado pelos direitos fundamentais.[83] Como acentua Vieira de Andrade, a generalidade dos autores "alude à existência de uma 'dupla dimensão', de uma 'dupla natureza', de um 'duplo carácter' ou de uma 'dupla função' (em qualquer dos casos, subjectiva e objectiva, individual e comunitária) dos direitos fundamentais".[84]

A dimensão objetiva dos direitos fundamentais pode ser compreendida como o espaço normativo dos preceitos constitucionais, preenchido com valores ou interesses humanos que configuram as bases objetivas da ordenação da vida social. É, também, uma estrutura produtora de efeitos jurídicos, complementar relativamente à dimensão subjetiva, por permitir que se retirem, das normas jusfundamentais, efeitos que não estejam diretamente vinculados às posições jurídicas subjetivas de que gozam os titulares, inclusive para o estabelecimento de deveres e obrigações, a que não correspondam necessariamente "direitos". Em sentido estrito, a dimensão objetiva dos direitos fundamentais alcança apenas aqueles efeitos que complementam ou transcendem o âmbito específico da noção de "direito subjetivo", que não tenham correspectividade em pretensões individuais – permanecendo o direito subjetivo como a dimensão principal dos direitos fundamentais, abrangente de todas as faculdades suscetíveis de referência individual.[85]

Entre os efeitos decorrentes do reconhecimento da dimensão objetiva dos direitos fundamentais, dois merecem especial destaque. Primeiro, a tutela das denominadas garantias institucionais, referida por Vieira de Andrade segundo a linha propugnada por Carl Schmitt, correspondendo ao complexo jurídico-normativo na sua essência, e não à realidade social em si, e desse modo vinculando o espaço de conformação legislativa. Normalmente tratar-se-ia de imposições de legislar associadas aos direitos fundamentais, embora possam produzir efeitos segundo uma lógica própria de conjunto e sejam protegidas

---

[83] Ibidem, p. 253-254.

[84] ANDRADE, José Carlos Vieira de. *Os direitos fundamentais na Constituição Portuguesa de 1976*. 2. ed. Coimbra: Almedina, 2001, p. 110.

[85] ANDRADE, 2001, p. 111-113. Mais adiante refere o constitucionalista luso que, nada obstante a centralidade da estruturação dos direitos fundamentais enquanto direitos subjetivos, tal idéia não explicaria todas as conseqüências resultantes da consagração de preceitos constitucionais de direitos fundamentais. "É precisamente a esses restantes efeitos, a essa 'mais-valia' jurídica que se pode dar o nome de dimensão objectiva em sentido *funcional*", então se considerando os efeitos que ampliam as relações jurídicas daí decorrentes. Ibidem, p. 138.

como realidades objetivas concretas. No que respeita ao direito à saúde, por exemplo, o Sistema Único de Saúde traçado pela Constituição brasileira de 1988, assim como o Sistema Nacional de Saúde previsto em Portugal, poderiam ser identificados como garantias institucionais, uma vez que vão além do âmbito de proteção imediata do direito (subjetivo) à saúde.[86]

O outro efeito decorrente da dimensão objetiva dos direitos fundamentais diz respeito à admissão de deveres, para e entre particulares, decorrentes dos direitos fundamentais. Como sustenta Sarmento, "a dimensão objetiva catapulta os direitos fundamentais para o âmbito privado, permitindo que estes transcendam o domínio das relações entre cidadão e Estado".[87] Embora a eficácia das normas de direitos fundamentais nas relações entre particulares não constitua o objeto central deste trabalho, não se poderia deixar de mencionar tal ponto, mormente porque cada vez mais se reconhece a existência desses deveres resultantes dos direitos fundamentais no âmbito das relações tipicamente de direito privado.[88]

Pressuposta a dupla dimensão subjetiva e objetiva dos direitos fundamentais e assumida a abertura axiológica do sistema, o princípio da dignidade da pessoa humana tem sido reconhecido exatamente como o fio que trama a unidade de sentido e fornece o critério de interpretação do sistema constitucional de direitos fundamentais. A dignidade humana consiste no elo de ligação entre os direitos de defesa e os direitos a prestações, entre os princípios da liberdade e da igualdade. Trata-se do pressuposto teórico que, mais do que qualquer outro, justifica o regime jurídico constitucional reforçado atribuído aos direitos fundamentais, sobremodo quanto às possibilidades de superação das objeções impostas à eficácia dos direitos sociais a prestações materiais. Dada a evidente importância de que se reveste, portanto, o princípio da dignidade da pessoa humana configurará objeto de exame em capítulo próprio, logo a seguir.

---

[86] Ibidem, p. 138-141.

[87] SARMENTO, 2003, p. 254-256. Sobre os efeitos mínimos das normas constitucionais, conferir SARLET, 2005, p. 296ss.

[88] Sobre o assunto, consultar SARLET, Ingo Wolfgang (Org.). *Constituição, Direitos Fundamentais e Direito Privado.* Porto Alegre: Ed. Livraria do Advogado, 2003; SARMENTO, Daniel. *Direitos Fundamentais e Relações Privadas.* Rio de Janeiro: Lumen Juris, 2004; CANARIS, Claus-Wilhelm. *Direitos Fundamentais e Direito Privado.* Tradução Ingo Wolfgang Sarlet e Paulo Mota Pinto. Coimbra: Almedina, 2003.

2. Dignidade humana como fundamento da ordem constitucional

Um dos poucos consensos teóricos do mundo contemporâneo diz respeito ao valor essencial do ser humano. Ainda que muitas vezes restrito ao discurso, ou que albergue concepções as mais diversas – e eventualmente até contraditórias – o fato é que a dignidade da pessoa humana, o valor do homem como um fim em si mesmo, é hoje um axioma da civilização ocidental e talvez a única ideologia remanescente. Presentes tais considerações, passar-se-á ao exame do princípio da dignidade da pessoa humana.

2.1. Origens do princípio da dignidade da pessoa humana

A noção de dignidade da pessoa humana se originou a partir de diferentes referenciais filosóficos, que procuravam identificar elementos que fossem próprios à natureza humana. Como salienta Peces-Barba,[89] a tradição oriental de Lao-Tse, Confúcio e outros profetas já fazia referência a uma idéia de homem como "grande e perfeito", que se distingue da natureza e dos restantes animais, isto é, um homem soberano, auto-suficiente e que tem em si mesmo o princípio das próprias ações – noção precedente à idéia kantiana de autonomia, que está na raiz da dignidade humana. "Surpreende a modernidade desses textos de Confúcio que se vinculam diretamente com o que será a tradição ocidental",[90] conclui o jurista.

Relativamente à tradição do Ocidente, Sarlet[91] indica dois principais aportes teóricos à concepção de dignidade da pessoa humana. O

---

89 PECES-BARBA MARTÍNEZ, Gregorio. *La dignidad de la persona desde la filosofía del derecho*. Madrid: Dykinson, 2002, p. 21-22.

90 Tradução livre do original espanhol: "*Sorprende la modernidad de estos textos de Confucio que se vinculan directamente con lo que será la tradición occidental*". (Ibidem, p. 21-22).

91 SARLET, Ingo Wolfgang. *Dignidade da pessoa humana e direitos fundamentais na Constituição Federal de 1988*. Porto Alegre: Livraria do Advogado, 2001, p. 30-31.

primeiro deles teria origem na filosofia estóica, quando a dignidade foi compreendida como qualidade inerente ao ser humano, capaz de distingui-lo das demais criaturas, a justificar a tese de que todos os seres humanos seriam dotados de igual dignidade. O segundo estaria na concepção cristã de dignidade humana: se o homem foi criado à imagem e semelhança de Deus, é igualmente dotado de valor próprio e intrínseco, que impede seja tomado como objeto. A expressão *dignidade da pessoa humana* é assim cunhada para diferenciá-la da *dignidade das pessoas divinas*.

Como adverte Peces-Barba, no entanto, a noção cristã de dignidade humana, preservada até os séculos XIII e XIV, tinha caráter heterônomo, pois externa ao homem, na medida em que decorrente da imagem de Deus ou, já durante o medievo, resultante da imagem que a cada um se reconhecia na vida social, em função da honra, do cargo ou do título que ostentasse. A dimensão pessoal da dignidade era obscurecida por esses elementos exógenos e, numa sociedade tipicamente estamental, a valorização excessiva da classe ou da hierarquia privava de dignidade os homens "inferiores", não se cogitando da idéia de "igual dignidade".[92]

A modernidade quebraria a lógica dessa dignidade "derivada", na medida em que o humanismo característico desse período revalorizaria o homem, colocando-o no centro do mundo – antropocentrismo.[93] Desenvolve-se a crença no poder e na razão humanos, num homem capaz de raciocínio e de autonomia:[94] a modernidade "estabelece assim a aparição de um sistema jurídico que se atribui os meios de pensar o 'homem' desembaraçado dos pressupostos da fé, de seus costumes e das instituições que fazem sua história concreta", como acentua Pavia, a partir do direito francês.[95]

Tais concepções viriam ao encontro do processo de racionalização e laicização do pensamento jusnaturalista durante os séculos XVII e XVIII, apontado por Sarlet[96] como responsável pela manutenção da

92 PECES-BARBA MARTÍNEZ, 2002, p. 27-28.

93 Com certo exagero, distinguiu-se o homem como o único ser que, participando da criação divina, ficaria entre os homens e os animais, motivo por que não poderia jamais ser tratado como meio (ver referência em PECES-BARBA MARTÍNEZ, 2002, p. 31 e 36-37). No entanto, tal idéia já não pode ser aceita hoje sem ressalvas, visto que impossível negar a absoluta necessidade de proteção e tutela dos animais e mesmo dos ecossistemas. Com razão, pois, Sarlet, ao afirmar sempre haverá uma dignidade da vida de modo geral. SARLET, 2001, p. 34-35.

94 Ibidem, p. 29-30.

95 Tradução livre do original francês: "Elle [a modernidade] marque donc l'apparition d'un système juridique qui si donne les moyens de penser 'homme' débarassé des présupposés de la foi, de ses coutumes et des institutions qui font son histoire concrète". PAVIA, Marie-Lucie. La dignite de la personne humaine. In:CABRILLAC, Rémy; FRISON-ROCHE, Marie-Anne; REVET, Thierry (Org). *Libertés et droits fondamentaux*. 6 ed. rev. e ampl. Paris: Dalloz, 2000, p. 121.

96 SARLET, 2001, p. 32.

noção fundamental de igualdade de todos os homens em dignidade e, portanto, em liberdade. Tratava-se da afirmação da igual dignidade de todos, porque todos os homens são moralmente iguais – isto é, todos gozam de autonomia moral, no sentido de independência de agir apenas de acordo com a própria consciência, sem influência de outros homens. O reconhecimento de que a natureza e a essência humanas seriam comuns a todos os homens permitiu que o Direito Natural fosse também concebido como um direito universal, explica Peces-Barba.[97]

A concepção mais conhecida de dignidade, como registra a doutrina, parte da idéia kantiana de autonomia ética do ser humano, que consistiria no fundamento da dignidade humana e sustentaria a vedação de que o homem seja tratado como objeto, inclusive por si mesmo. Como dizia Kant,[98] a liberdade da vontade consiste na "propriedade que tem de dar-se ela mesma a sua lei", em que a vontade constitui uma espécie de causalidade dos seres vivos racionais, e a liberdade, uma propriedade que teria essa causalidade de poder atuar independentemente de causas externas que a determinem. Dessas noções, extraiu Kant a idéia de "dignidade de um ser racional que não obedece a outra lei senão àquela que institui, ao tempo e ele mesmo". A moralidade seria a conclusão dessa seqüência, da liberdade que conduz à autonomia e que situa a todos os homens no mundo dos fins, convertendo as pessoas em seres dignos e que não têm preço: "[...] no reino dos fins tudo tem um preço ou uma dignidade. [...] quando uma coisa está acima de todo o preço, e portanto não permite equivalente, então ela tem dignidade".[99]

Ainda em Kant, a dignidade é conectada à noção de alteridade, pois a dignidade existe e se realiza na vida social, necessitando da moralidade pública que, por meio do Direito, configura os fins e os objetivos para a concretização da dignidade. "Essa colocação exige reconhecimento do outro como tal e o respeito a sua dignidade como ser livre e autônomo", pondera Peces-Barba, com respaldo em Kant; e acrescenta que "[c]areceria de credibilidade uma defesa da dignidade própria que negasse a dos demais ou a de um setor dos demais":[100]

Com a universalização dos direitos humanos após a II Grande Guerra e a proclamação da Declaração Universal de Direitos Humanos

---

97 PECES-BARBA MARTÍNEZ, op. cit., p. 41-44.

98 Tradução livre do espanhol: "[...] la libertad de la voluntad consiste en '*la propriedad que tiene de darse ella misma su* ley'". Consultar, com os demais comentários, PECES-BARBA MARTÍNEZ, op. cit., p. 55.

99 SARLET, 2001, p. 34, onde se encontra a menção ao original de Kant.

100 Tradução livre do original espanhol: "Este planteamiento exige reconocimiento del otro como tal otro y respeto a su dignidad como ser libre y autónomo. Carecería de credibilidad una defensa de la dignidad propia que negase la de los demás o la de un sector de los demás". Cfe. PECES-BARBA MARTÍNEZ, op. cit., p. 57.

da Organização das Nações Unidas - DUDH/ONU - em 1948, consagrou-se a dignidade da pessoa humana como valor fundamental da ordem jurídica, a significar a garantia última da pessoa humana em relação a uma total disponibilidade por parte do poder estatal e/ou social: "'a dignidade da pessoa humana' vai se tornar o conceito jurídico operativo para designar o que há de humanidade nos homens. É porque ela é inerente a todos os membros da família humana, que tudo o que tenda a desumanizar o homem será considerado como um atentado a esta dignidade", resume Pavia.[101] A dignidade humana foi assim elevada a "máximo dos valores" ou "princípio jurídico supremo" e, enquanto garantia constitucional, na medida em que positivada pelos ordenamentos nacionais, tornou-se o "princípio constitucional supremo" - nas expressões colacionadas por Hofmann.[102]

Para o jurista alemão, contudo, o ponto mais débil da idéia de dignidade humana está onde deveria encontrar-se o ponto maior de força: na concepção da unidade da subjetividade humana, conceito este que pretende auferir uma validade universal, ultrapassando a tradição ocidental européia. Isso porque a dignidade é concebida sobretudo como uma qualidade ou propriedade que tem o indivíduo humano. Contrapõe o jurista que, na verdade, a dignidade estaria fundada no reconhecimento social, isto é, na valoração positiva de pretensões de respeito social. Disso decorreria que, em sentido jurídico, a dignidade não poderia ser definida com base num conteúdo ou qualidade, mas somente na relação e na comunicação, porque categoria que pressupõe o "próximo", a comunhão com o outro que é todo indivíduo - retomando-se aqui o aspecto de "alteridade" que Kant já reconhecia na dignidade. O bem sujeito à tutela jurídica, portanto, deveria ser a solidariedade entre os semelhantes, não se podendo pensar a dignidade humana desvinculada de uma comunidade concreta de reconhecimento e significação.[103]

Ademais do respeito recíproco à vida, à inviolabilidade e à liberdade em sentido negativo, dignidade ainda significa o reconheci-

---

[101] Tradução livre do original francês: "[...] 'la dignité de la personne humaine' va devenir le concept juridique opératoire pour désigner ce qu'il y a d'humain dans l'homme. C'est pourquoi elle est inhérente à tous le membres de la famille humaine et tout ce qui tend à deshumaniser l'homme sera considéré comme une atteinte à cette dignité". PAVIA, 2000, p. 123.

[102] HOFMANN, Hasso. La promessa della dignità umana. La dignità dell'uomo nella cultura tedesca. Tradução para o italiano de Simona Rossi. *Rivista Internazionale di Filosofia del Diritto*, n. 76, p. 620-650, 1999, p. 623-624.

[103] HOFMANN, 1999, p. 633-634. Peces-Barba também sustenta que: "En este caso, la sociabilidad en sí no nos diferencia de los demás animales, que viven en muchos casos formas de sociabilidad primaria. Lo que nos diferencia son las formas de racionalidad que adquiere nuestra sociabilidad, y las formas de comunicación que llevan a la cultura, que es el ámbito relacional de nuestros conocimientos y de nuestras expresiones estéticas." Cfe. PECES-BARBA MARTÍNEZ, 2002, p. 68.

mento do outro por parte de cada um, na sua particularidade e na sua singularidade, com tudo aquilo que traz consigo para o todo. Hofmann destaca que é isso que constitui o "ser pessoa" de um homem, ou seja, aquilo que, como individualidade, é-nos próprio de maneira específica, nada obstante tais particularidades não pertençam a nós mesmos. Esse ato de reconhecimento recíproco que funda o Estado, o direito de todo homem a ser respeitado enquanto pessoa humana, une as convicções individualístico-liberal e igualitário-democrática que sustentam a legitimação da Lei Fundamental alemã – e da Constituição brasileira, pode-se acrescentar. No ato constituinte, seja como comunidade de valores assim como comunidade de vontades, reside a unidade normativa do povo que se torna Estado, em que a dignidade humana é elevada a fundamento da comunidade solidarística.[104]

A tese de Hofmann salienta dois pontos essenciais à análise do conceito de dignidade humana. Primeiro, ressalva a existência de um certo relativismo cultural na concepção de dignidade, enquanto tutela fundada no reconhecimento social; porém, nos mesmos termos da universalidade reconhecida no âmbito internacional aos direitos humanos, isso não retira a pretensão de validade universal do conceito, mas acentua apenas que, na garantia prática da dignidade, busque-se adequá-la e contextualizá-la à comunidade de que se cuide. Segundo, ao atentar para a alteridade, o jurista alemão liga a dignidade humana com o terceiro valor da tríade da Revolução Francesa, mostrando como a dignidade de cada um pode ser resguardada reciprocamente pelo outro, nisso salientando que o indivíduo somente se reconhece como tal se estiver em comunhão com o outro, diante do *alter*, e assim também só reconhecerá e preservará a própria dignidade perante o outro, a sociedade.[105]

Tais pontos são importantes para afastar o excessivo relativismo atribuído aos direitos fundamentais sociais a prestações materiais, principalmente como argumento para não efetivá-los, já que se atrelam, à semelhança dos demais direitos, ao mesmo pressuposto teórico de dignidade humana. Já as noções de solidariedade e alteridade

---

[104] HOFMANN, 1999, p. 641-642.

[105] Refira-se, ainda, que a alteridade fundamenta a noção de respeito recíproco, princípio jurídico fundamental do "Direito justo" proposto por Larenz, enquanto pressuposto básico de toda relação jurídica, em que duas ou mais pessoas se reconhecem reciprocamente como tais, impedindo, por isso, que qualquer delas se submeta à outra. Pondera o jurista alemão que se trata de princípio fundamental, porque é desse reconhecimento da dignidade pessoal do *alter* que deriva a noção de indenidade da pessoa do outro, em tudo o que concerne à existência exterior deste no mundo visível (vida, integridade física, saúde) e à própria existência como pessoa (liberdade, prestígio pessoal). A paz jurídica, objetivo desse Direito justo, passaria a consistir naquele estado segundo o qual as relações entre os homens não se regem pelo "direito do mais forte", senão pelo princípio do respeito recíproco, cujo cumprimento é então assegurado. LARENZ, Karl. *Derecho justo:* fundamentos de ética jurídica. Tradução e apresentação Luis Díez-Picazo. Madrid: Civitas, 2001, p. 55-60.

reforçam a relação entre a dignidade humana e a obtenção de prestações materiais de auxílio social, por meio das quais a sociedade procura superar a desigualdade de condições fáticas entre os indivíduos e, com isso, permitir a todos alcançarem a própria emancipação.

2.2. Características e definição do princípio da dignidade da pessoa humana

Postas tais premissas, pode-se compreender que a dignidade, como qualidade intrínseca de todo o ser humano, é irrenunciável e inalienável, qualificando-o como tal e dele não podendo ser destacada. Todos são iguais em dignidade, como explicita a DUDH/ONU logo no artigo 1°. Inadmissível cogitar-se de uma pessoa sem dignidade, por mais ultrajantes que sejam os atos praticados pela mesma, por mais graves que sejam as deficiências pessoais, ou ainda evidentes que tenham sido os atos tendentes à renúncia da própria dignidade. Trata-se de uma capacidade potencial de autodeterminação, independendo de efetiva realização no caso concreto.[106] Tal idéia poderia ser sintetizada na fórmula consignada pelo Tribunal Constitucional da Espanha, registrada por Sarlet: "a dignidade é um valor espiritual e moral inerente à pessoa, que se manifesta singularmente na autodeterminação consciente e responsável da própria vida e que leva consigo a pretensão ao respeito por parte dos demais".[107]

Enquanto dimensão existencial, não-patrimonial, a dignidade da pessoa humana liga-se fundamentalmente à proteção da pessoa, da personalidade humana e daquilo que se lhe reconhece como atributo específico, ou a qualidade de "ser humano", conforme Martins-Costa. "[A] dignidade da pessoa, como princípio jurídico, vai designar não apenas o 'ser da pessoa', mas a 'humanidade da pessoa'", afirma Bernard Edelman, citado pela jurista gaúcha.[108]

---

[106] Talvez se possa aqui compreender a noção firmada pela jurisprudência do Conselho de Estado francês, ao acentuar que a dignidade da pessoa humana faz parte da ordem pública, sendo por isso irrenunciável – fundamento da decisão no paradigmático caso dos anões, que eram lançados em casas de diversões. Nessa decisão, estabeleceu-se para o Estado um dever de proteção da pessoa contra si mesma, isto é, de proteção da dignidade, mesmo que o indivíduo tenha a esta renunciado. O caso é analisado, por Marie-Lucie Pavia, entre outras decisões do tribunal francês. PAVIA, 2000, p. 135.

[107] A última citação reporta-se a Canotilho. Ambas foram retiradas de SARLET, 2001, p. 43-44.

[108] EDELMAN, Bernard. La dignité de la personne humaine, un concept nouveau. In LA PERSONNE en danger. Paris: PUF, 1999, p. 507 apud MARTINS-COSTA, Judith. A universidade e a construção do biodireito. *Revista de Direito Sanitário*, v. 2, n. 2, p. 61-81, jul. 2001, p. 70-71. E segue a jurista: "[p]or isso é que, mais do que uma 'vazia expressão'" [...] significa que a personalidade humana não é redutível, nem mesmo por ficção jurídica, apenas à sua esfera patrimonial, possuindo dimensão existencial valorada juridicamente, uma vez que a pessoa, considerada em si e em (por) sua humanidade, constitui o 'valor fonte' que anima e justifica a própria existência de um ordenamento jurídico". Ibidem, p. 70-71.

A dignidade da pessoa humana, ademais, é pré-jurídica, não existindo apenas quando e na medida em que corroborada pelo Direito, já que constitui um dado prévio, um conceito *a priori*.[109] Portanto, não se cogita nem de pretensão jurídica, nem tampouco de direito fundamental à dignidade humana;[110] o que há são pretensões jurídicas a direitos subjetivos decorrentes da dignidade da pessoa humana, ou ainda uma pretensão de respeito e proteção que dela pode decorrer. Não há direito fundamental à dignidade da pessoa humana – embora se possa pensar num direito à existência digna, ou na proteção de um mínimo existencial, como se verá mais adiante.

Refira-se que a dignidade há de ser considerada concretamente, ou seja, importa a dignidade de determinada pessoa, não se falando em dignidade da pessoa humana em abstrato. Cuida-se de um atributo de uma pessoa individualmente considerada, não de um ser ideal. Não se há de descartar, todavia, uma dimensão social ou comunitária da dignidade humana, seja porque os homens são iguais em direitos e dignidade, nos termos da Declaração Universal dos Direitos Humanos - DUDH –; seja porque é na condição de participantes de uma coletividade, que vivem e se desenvolvem.[111] Nessa senda, Novais alerta que a dignidade da pessoa humana é hoje circunstancial e temporalmente determinada, própria de um indivíduo comunitariamente integrado e condicionado, " socialmente vinculado ao cumprimento dos deveres e obrigações que a decisão popular soberana lhe impõe como condição da possibilidade de realização da dignidade e do direito de todos".[112]

Sarlet enumera três funções precípuas da dignidade da pessoa humana no ordenamento jurídico, quais sejam: (a) atuar como limite dos poderes estatais, numa dimensão defensiva, como algo que pertence a cada um e que não pode ser alienado; (b) consistir tarefa dos poderes estatais, com caráter prestacional e assistencial, devendo o Estado – e se poderia acrescentar, a própria ordem comunitária, ou sociedade civil – promover as condições que possibilitem o pleno desenvolvimento da pessoa humana, quando então se há de pensar em termos de políticas públicas mais amplas; (c) permitir o reconhecimento, que se poderia compreender na noção de alteridade, conforme proposto por Hofmann, pois "[...] a dignidade significaria o reconhecimento recíproco do outro no que diz com sua especificidade e suas peculiaridades como indivíduo [...]".[113]

---

109 SARLET, op. cit., p. 41.

110 Como acontece na Alemanha, por exemplo, em que a dignidade da pessoa humana está prevista no catálogo dos direitos fundamentais. (Ibidem, nota 98, p. 68).

111 SARLET, 2001, p. 53.

112 NOVAIS, 2004, p. 53.

113 NOVAIS, 2004, p. 47-48.

Em sentido complementar, Novais sustenta que, enquanto fundamento da República Portuguesa – e o argumento é aplicável à ordem constitucional pátria – o princípio da dignidade da pessoa humana opera simultaneamente como tarefa ou obrigação jurídica a cargo do Estado, que deve promover e proteger a dignidade humana contra todo tipo de intervenções, seja por particulares, seja por outras entidades; e enquanto limite e parâmetro da atividade estatal – ou seja, como critério de valoração último de legitimidade dos atos estatais. Tais dimensões da dignidade humana, protetiva e defensiva, afastam qualquer pretensão de um Estado como fim em si mesmo, fixando como finalidade última do Estado o ser humano. Trata-se do indivíduo concreta e autonomamente considerado, em função de cuja dignidade, autonomia, liberdade e bem-estar deve o Estado organizar todo um aparato de proteção. Nesse sentido, "a consagração constitucional de um elenco de direitos fundamentais de que o Estado não dispõe, mas que respeita, garante e promove, corresponde", como conclui Novais, "ao desenvolvimento e atribuição de força normativa, vinculativa e concretizada, a essa ideia de República baseada na dignidade da pessoa humana".[114]

A dimensão protetiva da dignidade humana ganhou especiais contornos na sociedade de consumo, comenta Maranhão,[115] especialmente no que pertine à tutela das necessidades básicas da pessoa humana – a que corresponderiam muitos dos direitos fundamentais. No campo da saúde, o autor aponta a proteção conferida pelo dever, legalmente imposto às operadoras, de prorrogação imediata dos planos privados de saúde – exemplo de toda uma legislação intervencionista e dirigista do mercado, especificamente no setor da saúde. Na relação consumeirista, cuida-se normalmente da salvaguarda da dignidade humana contra agressões dos denominados "poderes sociais ou privados"; logo, na medida em que se estende a eficácia dos direitos fundamentais para as relações entre particulares, pode-se concluir pela existência de um dever da sociedade civil, e portanto não somente do Estado, em garantir a dignidade da pessoa humana, conclui Sarlet.[116]

No interior dos esforços dogmáticos em busca de uma conceituação do princípio da dignidade da pessoa humana segundo a fórmula adotada pela Lei Fundamental alemã, Josef Wintrich e Günther Dürig

---

[114] NOVAIS, Jorge Reis. *Os princípios constitucionais estruturantes da República Portuguesa*. Coimbra: Coimbra, 2004, p. 52-53.

[115] MARANHÃO, Clayton. *Tutela jurisdicional do direito à saúde:* (arts. 83 e 84, CDC). São Paulo: Revista dos Tribunais, 2003, p. 208 e 212-213.

[116] Aliás, Sarlet parece não discordar desse ponto de vista quando afirma que além do Estado, a dignidade da pessoa humana vincula *"a ordem comunitária e, portanto, todas as entidades privadas e os particulares encontram-se diretamente vinculados pelo princípio"*, inclusive nas suas relações recíprocas. (SARLET, 2001, p. 109).

desenvolveram o que ficou conhecido como a fórmula do "homem-objeto", que definia a dignidade humana de forma negativa e em função de casos concretos. Por tal concepção, considerava-se que a dignidade da pessoa humana seria atingida sempre que uma pessoa fosse concretamente rebaixada à condição de objeto, coisa ou mero instrumento; sempre que fosse descaracterizada ou desconsiderada como sujeito de direitos, segundo a tradição kantiana. Adotada pelo Tribunal Constitucional alemão, a "fórmula-objeto" passou a ser utilizada na definição da dignidade humana em termos negativos, por meio da descrição dos atos capazes de lesioná-la: degradações, estigmatizações, persecuções, proscrições, entre outros; ou, em contexto diverso, condenações cruéis, desumanas ou degradantes.[117] [118]

Mais recentemente, a Corte Interamericana de Direitos Humanos – CIDH –, no importante precedente de "Niños de la calle", teria dado o primeiro passo rumo à construção de um Tribunal Social Internacional, orientado à proteção e garantia dos direitos fundamentais sociais – avalia Arango. Na decisão, a Corte identifica o direito à vida com dignidade: "[o] direito à vida implica não apenas a obrigação negativa de não privar a ninguém da vida arbitrariamente, senão também a obrigação positiva de tomar as medidas necessárias para assegurar que não seja violado aquele direito básico". E segue o acórdão: "Tal privação arbitrária da vida não se limita, pois, ao ilícito de homicídio; estende-se igualmente à privação do direito de viver com dignidade", concluindo, com isso, que o direito à vida pertence simultaneamente "ao domínio todos direitos civis e políticos, assim como ao dos direitos econômicos, sociais e culturais, ilustrando assim a inter-relação e indivisibilidade de todos os direitos humanos".[119]

---

[117] Ibidem, p. 628. No Brasil, a fórmula homem-objeto encontra-se positivada no artigo 5º, inciso III, da Constituição Federal de 1988: "ninguém será submetido à tortura e a tratamento desumano ou degradante".

[118] Consultem-se, por exemplo, as decisões que foram colacionadas por Hofmann: "BVerfGE 9, 89 (95): 'la dignità della persona richiede, che non si possa disporre improvvisamente dei suoi diritti per motivi di potere; il singolo non deve essere solo oggetto della decisione giurisdizionale, ma egli deve prendere parola in una decisione che riguarda i suoi diritti, per potere influenzare il procedimento e il suo risultato'. BVerfGE 50, 166 (175): 'All'uomo spetta nella comunità un diritto ad essere considerato e rispettato; perciò lede la dignità dell'uomo, rendere l'uomo mero oggetto dello Stato[...]'." (HOFMANN, 1999, p. 628-629, nota 31.)

[119] Tradução livre do original espanhol: "El derecho a la vida implica no sólo la obligación negativa de no privar a nadie de la vida arbitrariamente, sino también la obligación positiva de tomar las medidas necesarias para asegurar que no sea violado aquel derecho básico. [...] La privación arbitraria de la vida no se limita, pues, al ilícito del homicidio; se extiende igualmente a la privación del derecho de vivir con dignidad. Esta visión conceptualiza el derecho a la vida como perteneciente, al mismo tiempo, al dominio de los derechos civiles y políticos, así como al de los derechos económicos, sociales y culturales, ilustrando así la interrelación e indivisibilidad de todos los derechos humanos". Corte Interamericana de Derechos Humanos, caso Villagrán Morales y otros (caso de los "Niños de la calle"), sentencia de 19 de noviembre de 1999, voto concurrente de los doctores Antonio Augusto Cançado Trindade y Alirio Abreu Burelli – cfe.

Feitas essas considerações, pode-se compreender que a dignidade da pessoa humana abrange a qualidade inerente a todo ser humano, no sentido de que não possa ser tratado como objeto, disso resultando o reconhecimento de direitos, a que correspondem deveres do Estado e da sociedade, quer de cunho defensivo, visando à proteção da dignidade contra atos de violação; quer por meio de prestações positivas, que viabilizem os meios e implementem as medidas de proteção e concretização da dignidade de todas as pessoas, visando ao desenvolvimento de cada uma.[120] Tanto a garantia de níveis mínimos de existência digna, quanto os direitos referidos à participação do homem nas decisões da comunidade tornam real a dignidade tutelada pela ordem constitucional. "Em tal sentido, a garantia de liberdade do homem da *Grundgesetz* é um início aberto, mas paradoxalmente ao mesmo tempo também um fim, um epílogo e uma exclusão, por meio da qual é constituída uma comunidade jurídica específica, separada da outra",[121] nas palavras de Hofmann, válidas para a Constituição brasileira, no que concerne à compreensão da dignidade da pessoa humana como fundamento e fim do Estado.

2.3. A dignidade humana como fundamento da ordem constitucional

As considerações feitas anteriormente corroboram a posição adotada pelo constituinte pátrio, no sentido de alçar o princípio da dignidade da pessoa humana a fundamento do Estado Democrático de Direito brasileiro (CF, art. 1°, III), coadunando-se a um fenômeno de positivação verificado também em outros países ao longo do século XX, e notadamente após a II Guerra Mundial, com a universalização dos

---

ARANGO, Rodolfo. Estado social de derecho y derechos humanos. Disponível em: http://www.revistanumero.com/39sepa6.htm. Acesso em: 28 mar. 2005.

120 Adota-se, pois, o conceito de dignidade da pessoa humana cunhado por Sarlet, *verbis*: "Temos por dignidade da pessoa humana a qualidade intrínseca e distintiva de cada ser humano que o faz merecedor do mesmo respeito e consideração por parte do Estado e da comunidade, implicando, neste sentido, um complexo de direitos e deveres fundamentais que assegurem a pessoa tanto contra todo e qualquer ato de cunho degradante e desumano, como venham a lhe garantir as condições existenciais mínimas para uma vida saudável, além de propiciar e promover sua participação ativa e co-responsável nos destinos da própria existência e da vida em comunhão com os demais seres humanos" (SARLET, 2001, p. 60).

121 Tradução livre do original italiano: "En tale senzo, la garanzia della dignità delluomo del *Grundgesetz* è un inizio aperto, na paradossalmente allo stesso tempo anche un fine, un epilogo ed una esclusione, attraverso la quale si è constituita una comunità giuridica specifica, separata delle altre". Cfe. HOFMANN, 1999, p. 637-638. Em direção semelhante, vendo a dignidade humana como ponto de partida e ponto de chegada da ética pública, jurídica e política, como fundamento e limite do Estado, conferir Cfe. PECES-BARBA MARTÍNEZ, 2002, p. 49 e, mais adiante, p. 63-65.

direitos humanos e a consagração do princípio da dignidade humana na Declaração Universal de Direitos Humanos da Organização das Nações Unidas - DUDH/ONU.[122] Nesse sentido, destaca Piovesan que "[o] valor da dignidade humana impõe-se como núcleo básico informador do ordenamento jurídico brasileiro" e, juntamente com os direitos fundamentais, confere suporte axiológico e ético ao sistema constitucional.[123] Para Glanz, ter a dignidade da pessoa humana como fundamento da República significa o reconhecimento de que o indivíduo constitui o limite e o fundamento do domínio político do Estado.[124]

No contexto do constitucionalismo brasileiro, a dignidade da pessoa humana não configura um direito fundamental, mas vige como princípio e valor fundamental - ou princípio jurídico-constitucional fundamental, na lição de Sarlet.[125] Serve a dignidade da pessoa humana como valor-guia de toda a ordem jurídica, constitucional e infraconstitucional, mais até do que os direitos fundamentais - sobremodo em função das muitas polêmicas que os cercam. Por isso há autores que a têm como o princípio constitucional de maior hierarquia axiológico-normativa - Klaus Stern é um exemplo, no direito alemão[126] - nada obstante essa posição traduza certo absolutismo.

Concorda-se, pois, com Sarlet, ao afirmar que, numa dimensão principiológica,[127] "a dignidade da pessoa atua [...] como um mandado de otimização, ordenando algo (no caso, a proteção e promoção da dignidade da pessoa) que deve ser realizado na maior medida do possível, considerando as possibilidades fáticas e jurídicas existentes [...]".[128] Esclareça-se, ademais, que a dupla dimensão princípio-regra da norma constitucional brasileira (CF, art. 1º, III) não permite que se

---

122 Nesse senso, pode-se consultar a abordagem feita por Marie-Lucie Pavia a respeito da consagração, em texto escrito, da dignidade da pessoa humana. Cfe. PAVIA, 2000, p. 125-128.

123 PIOVESAN, 2000, p. 217.

124 GLANZ, 2002, p. 109-110. Sobre o papel da dignidade humana como limite à atuação estatal, a partir da análise do constitucionalismo alemão e brasileiro, consultar HECK, Luís Afonso. O modelo das regras e o modelo dos princípios na colisão de direitos fundamentais. *Direito e Democracia*, Canoas, v. 1, n. 1, p. 113-122, 1. sem. 2000, especialmente nota 2, p. 115.

125 SARLET, 2001, p. 68.

126 Ibidem, nota 108, p. 72.

127 Embora este tema vá constituir objeto de exame ulterior, cumpre referir a posição por nós adotada acerca da natureza principiológica das normas jusfundamentais, tal como proposta por Robert Alexy, Canotilho e, no Brasil, Ingo Sarlet. Nesse sentido, compreende-se que as normas jurídicas são gênero, do qual princípios e regras são espécies. Ademais de diferenças estruturais quanto ao grau de abstração, densificação, proximidade à idéia de justiça, entre outros, insta dizer que a principal distinção estaria na aplicação, pois enquanto regras colidentes excluem-se, de modo que apenas uma dela seja vigente e aplicável ao caso concreto, numa lógica de "tudo ou nada"; os princípios convivem sempre no ordenamento, sendo aplicado aquele que, no caso real, mostrar-se prevalente, após uma ponderação concreta entre os valores em jogo, sem, contudo, excluir-se a validade do princípio afastado que, em outra hipótese, poderá ser tido como preferente. Essa questão será abordada com mais detalhes na última parte deste estudo, ao tratar-se das objeções à efetividade dos direitos sociais, com ênfase no direito à saúde; conferir item 5.1, adiante.

128 SARLET, 2001, p. 74-75.

compartilhe da posição que vê na dignidade da pessoa humana um princípio absoluto.[129] Da mesma forma não se pode concordar, pelo menos num juízo *a priori*, que em favor da dignidade nunca possa haver dúvidas,[130] nem que essa constitua o princípio e valor de maior hierarquia na ordem jurídica.[131] A ponderação e/ou hierarquização de bens jurídicos é juízo efetuado *in concreto*, e admitir-se a prevalência absoluta da dignidade da pessoa humana contradiz com a natureza principiológica que lhe foi pressuposta. A dignidade da pessoa humana, ademais de ponderações com outros princípios, como o Estado de Direito; ou com normas jusfundamentais, como o direito à vida; relativiza-se sobremodo no cotejo intersubjetivo, em que se deve assegurar e proteger, ao mesmo tempo, a dignidade de diferentes pessoas humanas. Daí a insubsistência de *standards* apriorísticos em favor da dignidade, numa posição totalizante.

O que se pode afirmar com certeza, aderindo à posição defendida por Sarlet,[132] é que a dignidade, enquanto valor intrínseco da pessoa humana, jamais poderá ser sacrificada, uma vez que em si mesma insubstituível. No entanto, isso não quer dizer que o princípio da dignidade da pessoa humana não possa ser realizado em diferentes graus.[133] A presunção, todavia, será sempre favorável à solução concreta que melhor reflita o respeito à dignidade humana pois, se a finalidade última do ato de julgar consiste em fazer justiça, pode-se dizer que uma decisão que negue a dignidade humana é imoral e juridicamente insustentável, como sugere Silveira Neto.[134]

---

129 Defende a dignidade da pessoa humana como princípio absoluto, entre nós, SANTOS, Fernando Ferreira. *Princípio constitucional da dignidade da pessoa humana*. São Paulo: Celso Bastos, 1999, especialmente p. 94 *et seq*.

130 Nesse sentido, cfe. FREITAS, Juarez. *A interpretação sistemática do direito*. 3 ed. rev. e ampl. São Paulo: Malheiros, 2002, p. 207.

131 Assim compreende J. Gonzáles Pérez *apud* SARLET, op. cit., p. 85.

132 SARLET, 2001, p. 77.

133 Os diferentes graus guardariam pertinência às distintas dimensões que pode assumir o princípio da dignidade da pessoa humana, como explica Sarlet. Aduz ele às "dimensões da dignidade humana" para referir-se, num primeiro momento, à complexidade da própria pessoa humana e do meio no qual desenvolve sua personalidade. Nesse sentido, menciona que, para abranger a heterogeneidade e riqueza da vida, a noção de dignidade da pessoa humana integra um conjunto de fundamentos e uma série de manifestações que, mesmo diferenciados entre si, guardam um elo comum, em especial o fato de comporem o núcleo essencial do conceito de dignidade da pessoa humana. A partir daí, indica a existência de diferentes dimensões do princípio, a saber: ontológica (e não meramente biológica nem especista), comunicativa ou relacional (em que sublinhado o aspecto da intersubjetividade, ou alteridade), histórico-cultural (pois indispensável a contextualização do conceito), negativa e positiva (ou seja, enquanto limite e tarefa do Estado e da sociedade) e analítica, aberta e complexa (excedendo à perspectiva negativa da fórmula homem-objeto). Para tanto, consultar SARLET, Ingo Wolfgang. "As dimensões da dignidade da pessoa humana: construindo uma compreensão jurídico-constitucional necessária e possível". In: SARLET, 2005, p. 13/43.

134 Cfe. SILVEIRA NETO, Antônio. Limites da tutela antecipada em face dos direitos humanos. *Revista Nacional de Direito e Jurisprudência*, v. 29, n. 3, p. 35-54, maio 2002, p. 42.

Em direção semelhante, sustenta Novais[135] que o conflito de bens constitucionais não pode ser resolvido antecipadamente, nem em favor da liberdade, nem tampouco da dignidade da pessoa humana. Esta última não pode ser considerada ilegitimamente afetada pelo só-fato de a (possibilidade de) restrição dos direitos fundamentais pelos quais se desenvolve e concretiza, com vista à garantia de outros valores igualmente dignos de proteção. Na verdade, admite o jurista português que há fatores de relativização do alcance do princípio da dignidade da pessoa humana, como a natural limitabilidade dos direitos fundamentais nos quais se materializa, assim como a dificuldade na determinação de um conteúdo concretizado do princípio de forma intersubjetivamente incontestável.

De outra banda, tem-se atribuído à dignidade da pessoa humana o papel de elemento que confere unidade de sentido e legitimidade à ordem constitucional: unidade de sentido, por operar como elemento de integração e critério hermenêutico, enquanto referencial axiológico de hierarquização da ordem jurídica; e elemento de legitimidade, por dizer respeito à razão de ser do próprio poder estatal – conforme lição de Miranda.[136] A Constituição, a despeito de seu caráter compromissório, confere uma unidade de sentido, de valor e de concordância prática ao sistema de direitos fundamentais, que, por sua vez, repousa na dignidade da pessoa humana, isto é, na concepção que faz da pessoa fundamento e fim da sociedade e do Estado.

Configura a dignidade humana, por conseguinte, elemento extraconstitucional e transpositivo dos direitos fundamentais, donde a dimensão filosófica ou jusnaturalista que se admite e a importância para a compreensão do sentido dos direitos fundamentais que à mesma se confere. Torna-se relevante para a ponderação de bens jurídicos necessária à resolução de conflitos normativos, assim como constitui critério irrenunciável à determinação do conteúdo essencial dos preceitos – servindo, portanto, como limite dos limites, que a estes podem ser impostos ou reconhecidos. O princípio da dignidade da pessoa humana contribui para a abertura material do sistema jurídico dos direitos fundamentais. Apesar dessa natureza principiológica, não configura mera abstração, mas vigora por meio de normas positivas e realiza-se mediante o consenso social que suscita, inclusive na consciência jurídica constituinte da comunidade.[137]

Consiste em elemento fundante e informador de todos os direitos fundamentais, muito embora não se confunda, ao menos no sistema

---

[135] NOVAIS, 2004, p. 55-56.

[136] MIRANDA, Jorge. *Manual de direito constitucional.* 2 ed. Coimbra: Coimbra, 1998, v. 4: Direitos Fundamentais, p. 166.

[137] Ibidem, p. 45-47.

constitucional brasileiro, com o núcleo essencial dos direitos fundamentais.[138] Em realidade, a grande maioria dos direitos e garantias fundamentais se reporta, ainda que em modo e intensidade variáveis, à noção de dignidade da pessoa humana, enquanto fonte ética desses direitos – argumenta Miranda.[139] Também assim Vieira de Andrade, para quem os direitos fundamentais traduzem de maneira mais ou menos direta o princípio da dignidade da pessoa humana, realizando-o de forma mais plena ou matizada. "Mas, ainda aí, é o princípio da dignidade da pessoa humana que está, nos tempos actuais, na raiz da sua previsão constitucional e da sua consideração como direitos fundamentais".[140]

Do arcabouço da dignidade da pessoa humana podem depreender-se outras concretizações, ou mesmo direitos fundamentais autônomos, como o direito ao livre desenvolvimento da personalidade. Também se fala num pressuposto de isonomia entre os indivíduos; bem como na proteção da integridade física e emocional (penas corporais e experiências científicas – inclusive com uso de medicamentos e tratamentos de saúde), da identidade pessoal (privacidade, intimidade, honra e imagem), do direito de propriedade (direito à moradia, não necessariamente própria), dos direitos fundamentais sociais a prestações materiais (dever do Estado em assegurar condições mínimas de subsistência, inclusive por meio de prestações diretas).

Nessa linha, argumenta Sarlet[141] que a dignidade da pessoa humana aparece como critério para a construção de um conceito materialmente aberto de direitos fundamentais na ordem constitucional brasileira. De forma mais clara: a dignidade da pessoa humana consiste em critério aferidor da fundamentalidade de outros direitos, sejam aqueles previstos em normas fora do catálogo, mas dentro do texto constitucional; sejam aqueles positivados em tratados internacionais; sejam ainda direitos não-escritos, mas decorrentes do regime e dos princípios da Constituição, na forma do artigo 5°, § 2°, da Constituição de 1988; sejam, finalmente, direitos implícitos, subentendidos naqueles expressamente consagrados pelo texto constitucional.[142] Sempre que possível detectar estar-se diante de uma posição jurídica diretamente embasada e relacionada, no sentido essencial da proteção,

---

[138] O conteúdo ou núcleo essencial dos direitos fundamentais será objeto de tópico próprio, enquanto parâmetro mínimo de eficácia das normas jusfundamentais. Para maiores esclarecimentos, consultar item 5.4. deste estudo.

[139] MIRANDA, 1998, v. 4, p. 167.

[140] ANDRADE, 2001, p. 98-99.

[141] SARLET, op. cit., p. 101.

[142] A fundamentalidade dos direitos sociais e a exegese do artigo 5°, § 2° da Constituição Federal serão objeto de análise mais adiante. Para tanto, consultar itens 3.1 e 3.2, adiante.

à dignidade da pessoa humana, inequivocamente estar-se-á perante uma norma de direito fundamental.[143] Segundo o constitucionalista, a relação entre dignidade da pessoa humana e direitos fundamentais teria caráter *sui generis*, pois aquela assume simultaneamente a função de elemento e medida destes, de tal sorte que comumente – embora não sempre, saliente-se – a violação de um direito fundamental acarretará uma ofensa ao princípio.[144]

No caso dos direitos sociais, a aplicação do princípio da dignidade da pessoa humana fundamenta juízos de inconstitucionalidade, assim como respalda o reconhecimento de um direito fundamental ao mínimo existencial – anota Novais.[145] Nesse sentido, a dignidade da pessoa humana pode impor o fornecimento de prestações materiais pelo Estado, que permitam uma existência autodeterminada, "sem o que a pessoa, obrigada a viver em condições de penúria extrema, se veria involuntariamente transformada em 'mero objecto do acontecer' estatal e, logo, com igual violação do princípio", defende o jurista lusitano.[146]

Na verdade, a exigibilidade judicial dos direitos fundamentais sociais, pelo menos quanto ao conteúdo de dignidade humana que possa encerrar-se no direito em causa, acaba por introduzir, no que pertine ao presente estudo, a problemática a ser enfrentada adiante. Com efeito, a afirmação da existência de pretensões originárias decorrentes de direitos fundamentais sociais, passíveis de exigibilidade perante o Estado, demanda uma investigação acerca da disciplina normativa dos direitos fundamentais sociais no ordenamento constitucional brasileiro, considerando-se as intrincadas questões que a envolvem e as peculiaridades que a caracterizam de modo especial. Cuida-se, pois, do exame do regime jurídico a que se submetem os direitos fundamentais sociais – matéria que, conforme aludido, será objeto do próximo capítulo.

---

143 Cfe. SARLET, 2001, p. 100.

144 Cfe. SARLET, 2001, p. 103-104. O autor ressalva, contudo, que nem todos os direitos fundamentais sociais previstos pela Constituição Federal têm fundamento na dignidade humana, e os que possuem, não o são da mesma forma.

145 NOVAIS, 2004, p. 64.

146 O mínimo existencial constituirá objeto de análise em tópico próprio, justificando uma menção apenas superficial neste momento. Para outros esclarecimentos, remete-se o leitor ao item 5.5 deste estudo.

3. O regime jurídico-constitucional dos direitos fundamentais sociais

A consagração de direitos sociais no ordenamento constitucional brasileiro ocorreu de forma ampla com a Constituição Federal de 1988. Muito embora possam ser citados textos constitucionais anteriores – como a Constituição de 1946, por exemplo – verdade é que a reabertura democrática trouxe consigo a inauguração de um novo momento constitucional, com evidente relevo à proteção dos direitos humanos, de modo geral, e dos direitos fundamentais, em particular. O amplo Título II, dedicado à proteção dos direitos e garantias fundamentais, dá indicativo disso, assim como toda a série de dispositivos que, nesse catálogo e ao longo do texto constitucional, reconhecem aos brasileiros um conjunto de direitos fundamentais sociais bastante rico e diversificado, pretendendo abarcar os mais diferentes aspectos da vida humana. Como ponto de fechamento e equilíbrio de todo o sistema constitucional, o princípio da dignidade da pessoa humana foi elevado a fundamento do Estado e, juntamente com o restante das normas constitucionais, explicita a prevalência da pessoa sobre outros valores.

No contexto do ordenamento constitucional vigente, os direitos fundamentais sociais não se prendem necessariamente à garantia de posições subjetivas a pretensões ao fornecimento de prestações materiais por parte do Estado, nem tampouco à titularidade outorgada a uma determinada categoria social – como o seriam os direitos dos trabalhadores, *e.g.*, tradicionalmente enquadrados pela doutrina como direitos sociais, ainda que apareça neles mitigado o cunho prestacional, como esclarece Sarlet.[147] À semelhança dos demais direitos, mas talvez de modo mais direto, os direitos sociais visam ao estabelecimento da igualdade material e da liberdade real,[148] seja por meio de prestações normativas e materiais, seja pela proteção e manutenção do equilíbrio

147 SARLET, 2002a, p. 50.

148 Ressalve-se que a liberdade real não é sinônimo de total independência do indivíduo, o que é evidentemente impossível. A liberdade (desejável) somente se obtém por intermédio de um governo que assegure as pré-condições para que seja exercida, numa dependência que encoraje a iniciativa pessoal, a cooperação social e o auto-desenvolvimento do indivíduo. Nesse sentido, conferir HOLMES; SUNSTEIN, 2000, p. 204-205.

de forças nas relações sociais e privadas – trabalhistas, consumeiristas, etc. Trata-se de direitos vinculados à concepção de igualdade, mesmo que para estabelecê-la se façam necessárias discriminações, pois se cuida de direitos dos homens reais, e não do sujeito abstratamente considerado pelas primeiras Declarações de Direitos, como abordado alhures. Nesse sentido, acolhe-se também a lição de Faria, para quem "os direitos sociais não configuram um *direito de igualdade*, baseado em regras de julgamento que implicam um tratamento uniforme"; ao contrário, são "um *direito das preferências e das desigualdades*, ou seja, um direito discriminatório com propósitos compensatórios".[149] Com a garantia dos direitos e a prescrição de instrumentos para protegê-los, o texto de 1988 procurou fornecer os meios para que se pudessem realizar as promessas não cumpridas da modernidade, notadamente no que se refere à igualdade material e ao desenvolvimento do ser humano, num contexto de democracia política e social – como lembra Streck.[150]

Nesse contexto, o regime jurídico-constitucional dos direitos fundamentais sociais aponta três pontos essenciais para a análise que se intenta empreender como pressuposto, a final, para as considerações acerca das objeções e dos parâmetros mínimos de eficácia, passíveis de oposição aos direitos sociais a prestações materiais. Primeiramente, então, é necessário que se trate da natureza jusfundamental dos direitos sociais no sistema constitucional pátrio vigente, ou seja, da consagração constitucional dos direitos sociais como espécie de direitos fundamentais. Em segundo lugar, impende que se examine o alcance das normas constitucionais que dispõem sobre direitos fundamentais, com escopo de determinar a quais direitos pode ser outorgada a fundamentalidade constitucional. E por fim, o terceiro ponto consistirá na interpretação da cláusula que estipula a aplicabilidade imediata de tais direitos, contida no artigo 5º, § 1º, da Constituição Federal.

Assim expostas as linhas por que se conduzirão os próximos tópicos, pode-se passar à abordagem da fundamentalidade dos direitos sociais no contexto do constitucionalismo brasileiro vigente.

3.1. A fundamentalidade material e formal dos direitos sociais

Um dos méritos da Constituição Federal de 1988 foi ter acolhido expressamente os direitos sociais, a esses dedicando todo o artigo 6º,

---

149 FARIA, José Eduardo. O judiciário e os direitos humanos e sociais: notas para uma avaliação da justiça brasileira. In FARIA, José Eduardo (Org.) *Direitos humanos, direitos sociais e justiça*. São Paulo: Malheiros, 1994, p. 105. A referência também é feita por SARLET, 1998, p. 257.

150 STRECK, Lenio Luiz. O papel da jurisdição constitucional na realização dos direitos sociais-fundamentais. In: SARLET, Ingo Wolfgang (Org.). *Direitos fundamentais sociais*: estudos de direito constitucional, internacional e comparado. Rio de Janeiro: Renovar, 2003b, p. 171.

ademais de outros dispositivos dispersos no texto, e, com isso, positivando-os como autênticos direitos fundamentais. Os direitos sociais respondem pelo fornecimento dos recursos fáticos indispensáveis ao efetivo exercício das liberdades e dos demais direitos fundamentais, buscando assegurar a liberdade efetiva pela igualdade material. Os direitos sociais são tão fundamentais quanto os demais "direitos e garantias" reconhecidos constitucionalmente.

A afirmação da fundamentalidade dos direitos sociais dependeria, segundo Peces-Barba,[151] da observação do fim ou objetivo último atribuído ao direito em causa pela ética pública ou justiça, porque nesse âmbito é que se lhe estabelece o conteúdo. Os direitos fundamentais têm por desiderato, justificação e fundamento, favorecer o protagonismo da pessoa na organização da vida em sociedade, do homem como centro do mundo e do homem centrado no mundo, para que possa desenvolver plenamente a potencialidade da própria condição e dignidade humanas, ainda assevera o jurista espanhol.[152] A verificação desse conteúdo num determinado direito permitiria, portanto, reconhecê-lo como direito fundamental e, para isso, tanto os clássicos direitos de liberdade, quanto os direitos políticos e de participação, assim como os direitos sociais, colaboram na mesma intensidade, ainda que guardadas as características peculiares a cada uma dessas categorias.[153]

A diferença entre direitos fundamentais estaria na forma de articulação que cada qual faz a respeito da universalidade e da igualdade: enquanto aquela refere-se ao fundamento e ao objetivo final de um direito, no sentido de que deve ser estendido a todas as pessoas; os critérios de igualdade têm uma raiz moral, derivada do próprio fim dos direitos fundamentais, qual seja, a pretensão de organizar a vida em sociedade segundo esses mesmos direitos – qualidade específica da sociedade democrática, como explica Peces-Barba.[154] Nesse senso, os direitos individuais e civis se caracterizariam pelas idéias de igualdade como equiparação e universalidade *ab initio* – sentido que se depreende, de fato, do artigo 1° da Declaração Francesa de 1789 ("todos homens nascem e permanecem livres e iguais em direitos"). Nos direitos individuais e civis há, portanto, uma igualdade entre os indivíduos no ponto de partida; isto é: presume-se que sejam todos iguais, não sendo por isso admissível nenhum tipo de tratamento discriminatório; ao contrário, vige o princípio da não-discriminação. Se

---

[151] Cfe. PECES-BARBA MARTÍNEZ, 2000, p. 46.

[152] Ibidem, p. 46.

[153] Vieira de Andrade propõe um critério material tríplice para identificação do que sejam direitos fundamentais. Cfe. ANDRADE, 2001, p. 78-79.

[154] Cfe. Ibidem, p. 46-47. Cfe. também PECES-BARBA MARTÍNEZ, 1999, p. 62-65.

há igualdade, há também universalidade, que assim aparece como condição essencial desses direitos, exigindo igualdade de tratamento a todos os indivíduos, equiparados sem ter em conta as reais circunstâncias em que se encontrem.[155]

Já os direitos políticos não teriam nascido dessa generalização *a priori*, mas da tentativa burguesa de restringir a cidadania apenas aos setores sociais que possuísssem meios econômicos e um suficiente nível de instrução e cultura. Não eram "direitos do homem", mas dos cidadãos. Como já examinado, o tempo e a áspera luta pela participação resultaram na ulterior equiparação do homem ao cidadão, e assim os direitos políticos seriam hoje direitos de todos,[156] caracterizados pela universalidade *ab initio* e pela igualdade como equiparação – posição análoga àquela dos direitos individuais e civis quanto à universalidade e à igualdade.

Os direitos econômicos, sociais e culturais, contudo, não seriam reconduzíveis a esse esquema teórico, pois não há igualdade de todos no "ponto de partida", mas a desigualdade fática de condições entre as pessoas, que as impossibilita de autonomamente satisfazerem as próprias necessidades. A relevância dessas diferenças move as discriminações de fato, econômicas, sociais e culturais, exatamente para oferecer instrumentos, normalmente direitos fundamentais de tipo prestacional, a quem se encontre em situação de inferioridade. Nota-se, então, que a universalidade dos direitos sociais opera como objetivo a ser alcançado no ponto de chegada; ou seja, não se trata de um pressuposto, mas do fim a que se dirige o direito. Daí também não se falar de igualdade como equiparação, porquanto necessário discriminar-se diante da reais situações de desigualdade para que, a final, obtenha-se a igualdade. Nesse sentido, devem ser titulares de direitos econômicos, sociais e culturais somente aquelas pessoas que tenham necessidade de ajuda, jamais quem assim não se apresente.[157] Igualdade como diferenciação e universalidade no ponto de chegada são os caracteres que contradistinguem os direitos sociais. Isso, todavia, em nada lhes retira

---

155 Esta referência e o raciocínio que se segue reportam-se a PECES-BARBA MARTÍNEZ, 2000, p. 46-47. Cfe. também PECES-BARBA MARTÍNEZ, 1999, p. 62-65. Ressalve-se que a idéia do autor não impede a inclusão dos direitos sociais de dimensão individual, notadamente as liberdades sociais, assim como as garantias fundamentais, de caráter marcadamente processual. Para tanto, consultar SARLET, 2005, p. 192-193, 218 e 277, sobre as liberdades sociais; e p. 198, sobre as garantias fundamentais.

156 As eventuais restrições ao exercício dos direitos fundamentais por parte de estrangeiros, notadamente quanto aos direitos políticos, por fugirem do objeto desta pesquisa não serão aqui tratadas. Registre-se, apenas, que também nesse caso vem-se constatando uma progressiva extensão dos direitos de votar e de ser votado, sobremodo no contexto de intregação comunitária, como na União Européia.

157 A limitação do acesso aos direitos sociais, notadamente ao direito à saúde, constará de exame na parte final deste estudo, motivo por que se remete à leitura do capítulo 5.

a fundamentalidade de que se revestem; a fundamentalidade dos direitos sociais, para além de uma base naturalística, respalda-se no favorecimento do desenvolvimento da pessoa humana, finalidade última da ética pública da modernidade e critério material de justiça.[158]

A fundamentalidade material dos direitos sociais, no sentido de serem passíveis de referência a uma idéia de justiça, ou dimensão axiológica, ou fundamento extranormativo, é corroborada em doutrina. Gabardo,[159] criticando o entendimento de que todos os direitos arrolados num texto constitucional seriam, apenas por isso, fundamentais, defende que a fundamentalidade de um direito depende da legitimação, ponto extranormativo, embora não meramente filosófico, que deriva da existência de uma convenção sociologicamente estabelecida, segundo critérios racionais e dialógicos. Salienta, assim, que os direitos humanos surgiriam do consenso social em torno de determinados valores considerados imprescindíveis, em certa época e lugar, em função dos quais podem ser qualificados como humanos. O adjetivo "fundamental" apenas se agregaria para denotar a positivação constitucional desses direitos humanos, então chamados "direitos humanos fundamentais". Sarlet[160] também concorda com essa idéia, asseverando a existência de uma fundamentalidade material compartilhada pelos direitos humanos e os direitos fundamentais, "pois ambos dizem com o reconhecimento e proteção de certos valores, bens jurídicos e reivindicações essenciais ao seres humanos em geral ou aos cidadãos de determinado Estado". A expressão "direitos humanos fundamentais" indicaria a recíproca correlação entre as esferas internacional e nacional de positivação desses direitos. Em diretriz semelhante, Alexy[161] confirma a fundamentalidade material dos direitos do homem, por dizerem respeito à tutela de interesses ou carências, cuja agressão causa a morte ou o sofrimento, ou atinge o núcleo essencial da autonomia.[162] De direitos abstratos e morais, os direitos humanos

---

158 Cfe. PECES-BARBA MARTÍNEZ, 2000, p. 46-47. Cfe. Também PECES-BARBA MARTÍNEZ, 1999, p. 62-65.

159 Cfe. GABARDO, Emerson. Os direitos humanos fundamentais em face das reformas neoliberais. *A & C:* Revista de Direito Administrativo e Constitucional, n. 3, p. 75-116, [s.d.], p. 84-85.

160 SARLET, 2002b, p. 40.

161 ALEXY, 1999, p. 61-62.

162 O jurista alemão admite a fundamentalidade dos direitos de defesa e dos direitos sociais, mas quanto a estes somente em relação à parcela que constitua o mínimo existencial. Sublinhe-se, contudo, que, de acordo com as posições defendidas neste trabalho, não se pode concordar com tal restrição. Há de se considerar, primeiro, que os direitos fundamentais, sociais ou não, apresentam dimensões funcionais diversas – defesa, proteção, organização e procedimento, prestações materiais *stricto sensu* – não havendo motivo, com base nisso, para restringir-se o mínimo existencial apenas às prestações materiais mínimas. Ademais, e em função da mencionada multifuncionalidade dos direitos fundamentais, cumpre admitir que demandam prestações várias, a cargo do Estado e da sociedade, para que possam ser efetivados. Outrossim, conforme definido desde 1948 pela Declaração Universal de Direitos Humanos da ONU, e reiterado nas

passam a direitos positivados, acrescendo-se à validade moral a validade jurídico-positiva. "*A espada torna-se afiada*", na plástica expressão do jurista.

A identificação da fundamentalidade material de um direito, portanto, passa pela definição de elementos que possam redirecioná-lo à ordem de valores dominante e consensualmente aceita em certa comunidade, bem como às demais circunstâncias de caráter social, político, econômico e cultural consagradas pelo sistema constitucional de que se trate.[163] No ordenamento constitucional brasileiro, esse quadro valorativo pode ser depreendido, entre outros, dos princípios fundamentais (CF, art. 1º), dos objetivos fundamentais (CF, art. 3º), dos princípios das relações internacionais (CF, art. 4º) e dos valores contidos no Preâmbulo do texto constitucional. Numa interpretação mais extensa e sistemática, pode-se sustentar que as normas do próprio catálogo de direitos fundamentais (notadamente, arts. 5º a 9º da CF), os princípios e as normas gerais do Sistema Tributário Nacional (CF, arts. 145 a 150), os princípios gerais da atividade econômica (sobretudo, art. 170 da CF), assim como diversos preceitos contidos no Título VIII, da "Ordem Social", em que previstos e regulados direitos de cunho eminentemente social e solidário, operam como diretriz de aferição da fundamentalidade material de direitos não expressamente positivados na Constituição Federal.

A fundamentalidade formal, de seu turno, concerne à positivação constitucional dos direitos, por meio da qual se outorgam a supremacia e a força normativa da Constituição ao objeto abrangido pela norma constitucional de que se trate. No sistema vigente, essa proteção se dá especialmente pelo disposto no artigo 5º, § 1º, que impõe a aplicabilidade imediata das normas de direitos fundamentais; bem assim pelas normas pertinentes ao processo dificultado de reforma constitucional, em termos materiais e procedimentais, ambos consolidados no artigo 60 da Constituição Federal.

De ressaltar, finalmente, que, no ordenamento constitucional brasileiro, os direitos são definidos como fundamentais em presença dos critérios formal e material, interpretados de maneira complementar e portanto não excludente. Nesse sentido, os direitos fundamentais são "posições jurídicas concernentes às pessoas, que, do ponto de vista do direito constitucional positivo, foram, por seu conteúdo e importância (fundamentalidade material), integradas ao texto da Constituição e, portanto, retiradas da esfera de disponibilidade dos poderes constituí-

---

Convenções de Teerã (1968) e Viena (1993), os direitos humanos devem ser considerados como um todo, donde as características de universalidade, indivisibilidade e, sobretudo, interdependência recíproca entre todos – e, por conseqüência, entre todos os direitos fundamentais.

163 SARLET, op. cit., p. 92.

dos (fundamentalidade formal)", ademais daquelas que, "pelo seu objeto e significado, possam lhe ser equiparados, tendo, ou não, assento na Constituição formal", nos termos do artigo 5°, § 2°, do texto constitucional, na fórmula de Sarlet.[164]

Dentre as normas que definem o regime jurídico reforçado dos direitos fundamentais, inclusive sociais, duas cláusulas gerais merecem realce: a que admite a integração da Constituição Federal por outros direitos, implícitos ou decorrentes do regime e dos princípios, assim como de atos normativos internacionais; e aquela que assegura, em termos de eficácia jurídica, a aplicabilidade imediata de todas as normas de direitos fundamentais. Trata-se da interpretação das normas insertas no artigo 5°, §§ 1° e 2°, do texto constitucional, que será objeto das considerações que se seguem.

3.2. A abertura material do catálogo – artigo 5°, § 2°, da Constituição Federal

Premissa essencial à compreensão da norma contida no artigo 5°, § 2°, do texto constitucional, e a partir da qual se pode afirmar a existência de uma abertura material do catálogo de direitos fundamentais, é a concepção da Constituição Federal como sistema aberto de regras e princípios e, por conseqüência, a admissão de que também os direitos fundamentais formam um sistema aberto de normas. Com base nas ponderações de Hesse sobre a Lei Fundamental alemã, Sarlet exclui desde logo a possibilidade de reconhecimento de um sistema fechado e autônomo de direitos fundamentais no ordenamento brasileiro, porquanto "a existência de direitos fundamentais dispersos no texto constitucional, a ausência de uma fundamentação direta de todos os direitos fundamentais no princípio da dignidade da pessoa humana e o restante das normas constitucionais",[165] assim não o permitem.

Com base nisso, podem-se então retomar as considerações lançadas a respeito da fundamentalidade material, ou seja, daquilo que define um direito como fundamental, independentemente de estar assim mencionado em referência explícita do texto constitucional. Nesse sentido, lembre-se que são fundamentais os direitos que agasalham a ordem de valores dominantes e aceitos em dada sociedade,

---

164 SARLET, 2002b, p. 41.

165 Nesse sentido, assenta o jurista: "em se reconhecendo a existência de um sistema dos direitos fundamentais, este necessariamente será, não propriamente um sistema lógico-dedutivo (autônomo e auto-suficiente), mas, sim, um sistema aberto e flexível, receptivo a novos conteúdos e desenvolvimentos, integrado ao restante da ordem constitucional, além de sujeito aos influxos do mundo circundante", concepção que condiz, segundo agrega, ao entendimento dominante de que também a Constituição é um sistema aberto de regras e princípios. SARLET, 2005, p. 82/84.

ademais das circunstâncias de índole política, social, econômica, cultural, ambiental assim consagradas pela ordem constitucional em causa.

Assentados tais pressupostos teóricos, pode-se passar ao exame das possíveis compreensões inferidas do artigo 5°, § 2°, da Constituição de 1988. Desde logo, esclarece Sarlet que se cuida de regra tradicional no constitucionalismo brasileiro, inspirada na IX Emenda à Constituição norte-americana, por meio da qual se admite a existência de outros direitos que, pelo conteúdo que apresentam, pertencem ao corpo fundamental da Constituição de um Estado, ainda que não previstos explicitamente. Trata-se da vedação à aplicação do princípio hermenêutico *inclusio unius alterius est exclusius*, a significar que "na Constituição também está incluído o que não foi expressamente previsto, mas que implícita e indiretamente por ser deduzido".[166] Na síntese de Freitas, o artigo 5°, § 2°, consubstanciaria "autêntica norma geral inclusiva".[167]

Com base nisso, defende Sarlet a existência de duas grandes categorias de direitos fundamentais, também subdivididas internamente. De um lado, há os direitos fundamentais expressamente positivados, abrangendo os direitos previstos no catálogo (Título II da Constituição Federal) e aqueles positivados fora deste, quer em outras partes do texto constitucional (direitos com *status* constitucional material e formal), quer direitos insculpidos em tratados internacionais de que o Brasil faça parte. De outro lado, há os direitos fundamentais não-escritos, ou seja, que não constam de previsão explícita do direito positivo, constitucional nem internacional, compreendendo os direitos implícitos, "no sentido de posições fundamentais subentendidas nas normas definidoras de direitos e garantias fundamentais", e os assim denominados direitos decorrentes do regime e dos princípios.[168] [169]

O reconhecimento de direitos fundamentais não-escritos (implícitos) dependerá, como aduzido, das referências aos critérios de fundamentalidade material, pois somente serão afirmados como tais os direitos que traduzam a ordem de valores consensualmente aceitos como prevalecentes em determinada comunidade. O processo de "descoberta" desses direitos depende, assim, dos critérios de substância e importância que devam apresentar.[170] Substância, no sentido de que o direito cogitado deve possuir a mesma relevância atribuída pela comunidade, em dado momento histórico, aos demais direitos funda-

---

166 SARLET, 2005, p. 90-91.

167 Cfe. FREITAS, 2002, p. 206.

168 SARLET, op. cit., p. 100.

169 Considerando as inúmeras divergências doutrinárias acerca do § 3° do artigo 4° da Constituição Federal, recentemente introduzido no texto de 1988 e cujo exame detalhado foge ao objetivo do presente estudo, tal ponto deixará de ser aqui abordado.

170 SARLET, 2005, p. 106-107.

mentais consagrados explicitamente, enquanto valores consensuais dessa mesma comunidade. Portanto, os direitos fundamentais implícitos devem guardar correspondência aos elementos comuns que possam ser depreendidos do conjunto dos direitos fundamentais expressos no catálogo constitucional, tido este como unidade e desconsiderado, assim, o conteúdo isolado de certo direito fundamental. No que concerne aos direitos decorrentes do regime e dos princípios, esclareça-se que por regime se entende aquele consagrado na Constituição, qual seja, a democracia social; enquanto o termo "princípios" relaciona-se à forma de governo, à forma de Estado e ao sistema de governo adotado – no Brasil, a república federativa presidencialista.[171]

Por todo o exposto, não se pode deixar de concordar com Lobato e confirmar que a exegese do artigo 5º, § 2º, do texto constitucional pátrio é elemento que reitera a fundamentalidade formal e material dos direitos sociais.[172] As possibilidades normativas decorrentes da interpretação da norma contida no artigo 5º, § 2º, da Constituição de 1988 viabiliza, para além da abertura material do catálogo de direitos fundamentais expressamente positivados, a abertura do próprio sistema constitucional, colocando-o em permanente diálogo com o espaço e o tempo, em constante atualização e complementação por meio de normas de outros sistemas, nacional e estrangeiros.[173]

3.3. Aplicabilidade imediata – artigo 5º, § 1º, da Constituição Federal

A aplicabilidade imediata dos direitos fundamentais, explicitada nos textos constitucionais do pós-II Guerra, tem por escopo reforçar a normatividade desses direitos, evidenciando a natureza de direitos constitucionais e a força normativa autônoma, que os autoriza a irradiarem efeitos a despeito da carência de lei concretizadora – como salienta Canotilho.[174] Trata-se de cláusula que objetiva assegurar determinabilidade às normas jusfundamentais na maior medida possível, dotando-as de uma normatividade reforçada.

No sistema jurídico brasileiro, a aplicabilidade imediata dos direitos fundamentais está consagrada pelo artigo 5º, § 1º, da Constituição Federal – que, relativamente a essa especial normatividade, deve ser interpretado de modo conjugado às normas do processo legislativo dificultado das emendas constitucionais, seja quanto às questões proce-

171 Nesse sentido, Ibidem, p. 99.

172 LOBATO, 1999, p. 11-12.

173 Defendendo a fundamentalidade dos direitos previstos em tratados internacionais, consultar RODRIGUEZ, 2002, p. 25.

174 CANOTILHO, 2003b, p. 801-802.

dimentais (em sentido amplo, art. 60, *caput* e §§ 1° a 3° da CF), seja no que concerne aos limites materiais ao poder de reforma (CF, art. 60, § 4°). Pela garantia de aplicabilidade imediata torna-se claro que "são as leis que se movem dentro dos direitos fundamentais e não os direitos fundamentais que se movem no âmbito das leis", na síntese do constitucionalista lusitano.[175]

Afirma Lobato que o artigo 5°, § 1°, da Constituição Federal comporta interpretação "no sentido da afirmação ou reconhecimento de verdadeiros direitos subjetivos, estando o poder público obrigado a atuar no sentido de sua realização, superando obstáculos, organizando serviços públicos, editando leis", enfim, realizando as ações necessárias à plena efetivação dos direitos fundamentais.[176] Consoante Sarlet, trata-se de um mandado de otimização ou maximização, de natureza principiológica, que impõe ao aplicador do direito a tarefa de atribuir a maior eficácia possível às normas definidoras de direitos fundamentais, devidamente sopesadas as circunstâncias do caso em questão. Em função disso, a cláusula gera uma presunção *juris tantum* em favor da aplicabilidade imediata e da plena eficácia de todas as normas jusfundamentais, a determinar um dever de argumentação ampla para respaldar eventual entendimento diverso, no caso concreto.[177] Por outro prisma, o artigo 5°, § 1°, ainda representa uma cláusula de vinculação aos direitos fundamentais, deixando-os fora da esfera de alcance dos Poderes Públicos e dos particulares e aplicando-se, por isso, tanto aos órgãos dos três Poderes do Estado (Legislativo, Executivo e Judiciário), como às relações entre pessoas privadas.[178]

No que pertine à dimensão defensiva dos direitos fundamentais, pode-se afirmar que a norma goza de eficácia plena, gerando direito subjetivo originário para o titular do direito fundamental e evidenciando, assim, que a edição de lei conformadora não é absolutamente indispensável à fruição desses direitos. Nesse sentido, alberga não só a tutela dos denominados "direitos de liberdade", mas de grande parte dos direitos sociais, sobretudo das daqueles previstos na forma de "liberdades sociais".[179] Tais direitos apresentam precipuamente função defensiva, sendo reconduzíveis a um *status negativus socialis* ou *status libertatis socialis*, protegendo o indivíduo contra ingerências indevidas do Estado e de pessoas privadas detentoras de poder social.

A presunção de aplicabilidade imediata vale também para os direitos fundamentais a prestações em sentido amplo (direitos à prote-

---

175 Ibidem, p. 802-803.

176 LOBATO, 1999, p. 15-16.

177 SARLET, 2002b, 58-59.

178 SARLET, 2005, p. 361-363 e 379.

179 Nesse sentido, SARLET, 2005, p. 192-193 e 218.

ção, por meio de organização e procedimentos) e em sentido restrito (direitos a prestações materiais). Nesse ponto, impende recordar a distinção feita a respeito de direitos originários e direitos derivados a prestações, estabelecida em relação ao reconhecimento de posições subjetivas exigíveis com fundamento imediato na norma constitucional, prescindindo, portanto, de norma reguladora – caso dos direitos originários; ou de posições jurídicas que se tornam justiciáveis somente mediante a atuação conformadora do legislador infraconstitucional – hipótese dos direitos derivados.[180]

Entende Canotilho que, em termos teóricos, é plenamente possível a cogitação de um direito subjetivo originário prestacional *lato sensu*, como direito ao procedimento, citando a tese de Goerlich, para quem todo direito material demandaria uma dimensão procedimental ou processual, de modo que "reconhecer um direito material constitucional implica necessariamente reconhecer um direito subjectivo do procedimento/processo indispensável para garantir a eficácia do direito material". Adverte, entretanto, que talvez não se mostre legítimo afirmar, pelo menos em termos abstratos, que "a um dever do Estado, no sentido de 'criar' e 'assegurar', sob o ponto de vista processual/procedimental, a eficácia (efectividade) de um direito, corresponda sempre um direito subjectivo do particular ao processo e procedimento" – mormente porque a realização do direito pode dar-se, ou por outras prestações não procedimentais, ou pela intervenção de particulares.[181]

No que tange aos direitos sociais a prestações materiais, doutrina e jurisprudência brasileiras tendem a admitir, embora ainda não totalmente, a existência de um direito originário às prestações que integrem o mínimo existencial,[182] estabelecido *in concreto* e por meio da ponderação entre as condições do titular do direito e o estágio de desenvolvimento social e econômico alcançado pela sociedade, superando, com isso, a noção de mínimo à subsistência (mínimo vital). Para além disso, a jurisprudência pátria parece inovar bastante em relação à tutela concedida em outros ordenamentos, pelo menos quanto a prestações na área da saúde. É visível o reconhecimento de um direito originário a prestações referentes a fornecimento de medicamentos, obtenção de tratamento médico, reserva de leito em hospital, entre outros.[183]

---

180 Nesse sentido, Ibidem, p. 224.

181 Cfe. CANOTILHO, José Joaquim Gomes. Constituição e défice procedimental. In: ——. *Estudos sobre direitos fundamentais*. Coimbra: Coimbra, 2004, p. 78-79.

182 O mínimo existencial será tratado no item 5.5 deste estudo. Assim, para evitar repetições, remete-se à consulta desse tópico indicado.

183 A jurisprudência citada, assim como maiores considerações acerca da justiciabilidade dos direitos sociais, com foco no direito à saúde, constam do item 5.6, adiante, ao qual se reporta para maiores esclarecimentos.

Mesmo ausentes a legislação e os procedimentos de implementação dos direitos fundamentais sociais a prestações materiais, e a despeito dos custos financeiro-orçamentários envolvidos, as normas definidoras de direitos fundamentais sempre geram efeitos mínimos, muitos dos quais decorrentes da dimensão objetiva que se lhes reconhece. Sarlet arrola alguns desses efeitos mínimos das normas jusfundamentais, a saber: (a) revogação do direito infraconstitucional anterior contrário ao conteúdo explicitado pelas normas; (b) vinculação do legislador ordinário, no que concerne à edição das normas conformadoras dos direitos fundamentais assegurados, bem assim no que respeita à observância das novas pautas e *standards* estabelecidos; (c) fundamento de declaração de inconstitucionalidade por ação do direito infraconstitucional superveniente incompatível com o conteúdo jusfundamental, e por omissão, ante a carência de legislação conformadora que inviabilize o exercício do direito fundamental assegurado; (d) parâmetro de interpretação, integração e aplicação das demais normas jurídicas, constitucionais e infraconstitucionais; (e) posição jurídico-subjetiva defensiva, que embora não possa ser identificada como direito subjetivo a determinada prestação, mostra-se suficiente para o reconhecimento da existência de um direito de cunho negativo, a impor os deveres de abstenção e respeito e a vedar condutas opostas ao disposto na norma constitucional de direitos sociais; (f) proibição de retrocesso no que pertine às prestações dos direitos sociais já asseguradas pelo direito infraconstitucional, coibindo que possam ser abolidas posições subjetivas já criadas – inclusive porque se tornam típicos direitos de defesa.

Frente a toda essa gama de efeitos, não se pode negar às normas constitucionais definidoras de direitos fundamentais sociais a presunção de aplicabilidade imediata, nem tampouco a normatividade reforçada de que falavam Canotilho e Sarlet. Diferentemente do direito português, em que foram claramente delineados regimes jurídico-constitucionais diversos para os direitos, liberdades e garantias e para os direitos econômicos, sociais e culturais; no ordenamento brasileiro, conquanto assumidas as particularidades de cada grupo de direitos, a mesma conclusão não pode ser admitida. Os direitos sociais comungam, em termos gerais, do mesmo regime jurídico-constitucional atribuído aos demais direitos fundamentais, não havendo razão, consoante expendido, para que se entenda de forma diversa.

Uma vez que restou examinado o regime jurídico-constitucional dos direitos fundamentais sociais num sentido amplo, com abordagem das principais divergências doutrinárias existentes e das possíveis propostas de solução para as mesmas, pode-se passar à análise das especificidades atinentes ao direito fundamental à saúde. O próximo capítulo, portanto, cuidará da evolução do conceito de saúde até a afirmação de um direito fundamental à saúde; em seqüência, serão trabalhados o conteúdo e o regime jurídico do direito à saúde; e, encerrando essa parte do estudo, serão examinadas as principais características do Sistema Único de Saúde – SUS.

Parte II

O DIREITO À SAÚDE E SUA EFICÁCIA

4. O direito à saúde

4.1. Do conceito de saúde ao direito à saúde

A noção de que a saúde constitui um direito humano e fundamental, passível de proteção e tutela pelo Estado, é resultado de uma longa evolução na concepção não apenas do direito, mas da própria idéia do que seja a saúde, em si mesma considerada. Muito embora o objeto do presente trabalho não se confunda com uma análise eminentemente cronológica desses conceitos, convém que se assinalem algumas referências da pesquisa histórica, a fim de permitir uma compreensão mais abrangente do que hoje se define como direito à saúde e, sobretudo, do conteúdo desse direito.

Nesse sentido, a literatura especializada indica que a primeira acepção de saúde apareceu estreitamente ligada a uma explicação mágica da realidade, em que os povos primitivos viam o doente como "vítima de demônios e espíritos malignos, mobilizados talvez por um inimigo", nas palavras de Scliar.[184] Essa concepção seria questionada na antigüidade grega, sobretudo com os estudos de Hipócrates, cujas observações empíricas não se limitaram apenas ao paciente, estendendo-se ao ambiente onde vivia. A partir disso, introduziu ele a discussão dos fatores ambientais ligados à doença e defendeu o que hoje poderia ser chamado de um "conceito ecológico" de saúde-enfermidade, enfatizando a multicausalidade na gênese das doenças.[185] Os rituais deram

---

[184] SCLIAR, Moacyr. *Do mágico ao social:* A trajetória da saúde pública. Porto Alegre: L&PM, 1987, p. 10. Ainda refere o autor: "O Brasil incorporou grande parte destas práticas mágicas. [...] Além dos índios, os negros, trazidos como escravos, tinham também suas práticas mágicas e conhecimentos de medicina natural: 'africanos, índios e mestiços foram os grandes curandeiros do Brasil colonial'". Cfe. SOUZA, Laura de Mello. *O diabo e a terra de Santa Cruz.* São Paulo, Companhia das Letras, 1986. apud Ibidem, p. 11.

[185] SCLIAR, 1987, p. 17. Refere DALLARI que as idéias de Hipócrates seriam recuperadas pelos estudos de Paracelso, médico e alquimista suíço-alemão do século XVI, que mostrou a importância do mundo exterior – leis da física, da natureza e fenômenos biológicos – na compreensão do organismo humano, demonstrando a interferência do ambiente de trabalho dos mineiros no desenvolvimento de certas doenças. Engels, já no século XIX, ao estudar as condições de vida dos trabalhadores ingleses à época da Revolução Industrial, também concluiria que a cidade, o tipo de vida dos habitantes e os diferentes ambientes de trabalho são responsáveis pelo nível de

lugar ao uso de ervas e métodos naturais. Platão ainda aportaria a noção de equilíbrio interno entre alma e corpo, depois ampliada para afirmar o equilíbrio do homem com a organização social e com a natureza, compreendendo-se aí a concepção de saúde.[186]

A passagem para a Idade Média, todavia, consolidou um sério retrocesso na área sanitária, um período de pestilências e surtos epidêmicos decorrentes, entre outros, de movimentos populacionais, conflitos militares, miséria, promiscuidade e falta de higiene nos burgos. As práticas médicas desenvolvidas pelas tradições ocidental (grega e romana) e oriental (árabe e judaica) – esta última incluindo estudos nos campos da farmacologia, oftalmologia, cirurgia, entre outros – ficaram à margem da cristandade dominante.[187] A doença voltou a ser vista como castigo divino, resumindo-se os cuidados sanitários à preocupação de afastar o doente do convívio social, para evitar o contágio e a visão da própria doença.[188] O único contraponto se deu pelo fortalecimento da caridade, com o surgimento dos primeiros hospitais, "mais apropriadamente hospícios, ou asilos, nos quais os pacientes recebiam, se não o tratamento adequado, pelos menos conforto espiritual".[189]

O Renascimento, exatamente pela progressiva restauração do conhecimento clássico greco-romano, seria, na área da saúde, um período polarizado entre as duas tradições anteriores, opondo-se o misticismo medieval e as práticas exotéricas reminiscentes ao progresso das ciências, às descobertas sobre o corpo humano, ao pensamento e ao método científicos.[190] Dallari e Ventura salientam que o atual conceito de saúde pública teria raízes nessa período,[191] quando também se firmaram as primeiras políticas concretas do que hoje se conhece por Direito Internacional Sanitário.[192]

---

saúde das populações. Conferir DALLARI, Sueli Gandolfi. O direito à saúde. *Revista de Saúde Pública*, São Paulo, v. 22, n. 1, p. 57-63, fev. 1988a. Disponível em: http://www.scielosp.org Acesso em 09 abr. 2005.

186 Cfe. DALLARI, Sueli Gandolfi; VENTURA, Deisy de Freitas Lima. Reflexões sobre a saúde pública na era do livre comércio. SCHWARZT, Germano (Org.). *A saúde sob os cuidados do direito*. Passo Fundo: UPF, 2003, p. 29 e SCLIAR, op. cit., p. 17.

187 Cfe. Ibidem, p. 20-21.

188 DALLARI, Sueli Gandolfi. Uma nova disciplina: o direito sanitário. *Revista de Saúde Pública*, São Paulo, v. 22, n. 4, p. 327-334, ago. 1988b. Disponível em: http://www.scielosp.org Acesso em 09 abr. 2005.

189 Cfe. SCLIAR, 1987, p. 23-24.

190 Cfe. Ibidem, p. 29.

191 DALLARI, S.; VENTURA, 2003, p. 29.

192 Os tratados bilaterais celebrados entre a Sereníssima República de Veneza e países vizinhos, já no século XIV, talvez tenham constituído as primeiras políticas de controle sanitário de "fronteiras", como salienta Guido Soares. Intentavam proteger a população em face de doenças que pudessem vir nos navios mercantes, assim como resguardavam as liberdades de navegação e de comércio, evitando que fossem invocadas como restrições ou ações unilaterais das autorida-

Com a consolidação do Estado Liberal burguês, a partir do final do século XVIII e durante o século XIX, a assistência pública, envolvendo a assistência social e médica, deixou de depender da *"solidariedade da vizinhança"* para incluir a proteção à saúde entre o feixe de atividades tipicamente estatais, inclusive com *status* legal-constitucional.[193] A Revolução Industrial acarretou um grande movimento de urbanização, com a migração populacional do campo para as cidades e a formação de cinturões ao redor das fábricas que, pela proximidade espacial e absoluta falta de higiene, permitiam a rápida proliferação de doenças entre operários, patrões e familiares. Tais fatos foram decisivos à reivindicação por melhores condições sanitárias, dada a necessidade de resguardo à saúde dos operários, seja pela manutenção dos níveis de produção das fábricas, seja pela proteção da saúde dos próprios patrões; assim como pelo atendimento às reclamações dos operários, já organizados em movimentos de luta social, que exigiam o estabelecimento de melhores condições sanitárias para si e respectivos familiares. Como o Estado nada mais era do que instrumento do empresariado, mostrou-se relativamente simples a transferência dessas reivindicações, assumindo o Estado a função de garante da saúde pública.[194] Nessa direção, destaca Schwartz que "o capitalismo, por mais paradoxal que pareça, fez nascer uma visão social da saúde".[195]

No século XX, a proteção sanitária seria finalmente tratada como saber social e política de governo. Desde a II Guerra Mundial, essa noção foi ampliada, estabelecendo-se a responsalização do Estado pela saúde da população,[196] bem como reforçando-se a lógica econômica, a partir da evidente interdependência entre as condições de saúde do trabalhador e a atividade produtiva. Instituíram-se os sistemas de previdência social[197] e, posteriormente, de "seguridade social", a abarcar os subsistemas de assistência, previdência e saúde públicas[198] – tal

des públicas para proteção dos navios nacionais. Cfe. SOARES, Guido F. S. O direito internacional sanitário e seus temas: apresentação de sua incômoda vizinhança. *Revista de Direito Sanitário*, v. 1, n. 1, p. 49-88, nov. 2000, p. 52. Sobre o tema, consultar, ainda, HENRIQUES, Cláudio Maierovitch Pessanha. Regulação sanitária sem fronteiras. *Revista de Direito Sanitário*, v. 2, n. 1, p. 113-126, mar. 2001, p. 115/116; e GELIS FILHO, Antonio. Globalização, serviços de saúde e direito internacional. *Revista de Direito Sanitário*, v. 2, n. 3, p. 59-74, nov. 2001, p. 63.

193 DALLARI, S.; VENTURA, 2003, p. 32-33.

194 DALLARI, S., 1988a, p. 327-334; e PILAU SOBRINHO, Liton Lanes. O direito à saúde em um contexto autopoiético. In: SCHWARZT, Germano (Org.). A saúde sob os cuidados do direito. Passo Fundo: UPF, 2003, p. 97-99. Consultar, também, DALLARI, Sueli Gandolfi. Direito à saúde: rede brasileira de educação em direitos humanos. Disponível em: http://www.dhnet.org.br/educar/redeedh/bib/dallari3.htm. Acesso em: 09 abr. 2005.

195 SCHWARTZ, op. cit., p. 113.

196 DALLARI, S., op. cit., 327-334.

197 Para mais detalhes sobre a evolução do sistema de seguridade social no Brasil, embora não atualizada, conferir a obra de SCLIAR, 1987, especialmente p. 78-81.

198 DALLARI, S.; VENTURA, 2003, p. 34-35.

como hoje se encontra previsto pela Constituição brasileira. O seguro social trouxe assistência médica à população, enquanto direito adquirido por meio do trabalho e que também permitiu a disponibilidade de mão-de-obra sadia (isto é, menos doente).[199]

A criação da Organização das Nações Unidas - ONU - e a promulgação da Declaração Universal dos Direitos Humanos - DUDH - incentivaram a criação de órgãos especiais dedicados à garantia de alguns direitos humanos essenciais. Entre outras entidades, criou-se a Organização Mundial de Saúde - OMS -,[200] no preâmbulo de cuja Constituição consta que saúde é o "completo bem-estar físico, mental e social". Essa noção superou a idéia de saúde como mera inexistência de doenças, destacando a importância entre o equilíbrio do homem, interna e externamente - restaurando a linha preconizada por Hipócrates.[201] Para Dallari,[202] o conceito de saúde proposto pela OMS teria um núcleo básico, correspondente à idéia de ausência de doença, e um *"halo nebuloso"*, atribuído ao que se poderia compreender como completo bem-estar físico, mental e social; corresponderia mais a uma *"imagem-horizonte"*, do que propriamente a um conceito fechado, explica Scliar.[203]

Dallari e Ventura assinalam, todavia, que o final do século XX seria marcado por um recuo estatal em favor da responsabilidade individual pela saúde, ainda que pela atuação de grupos e associações. O Estado figuraria apenas subsidiariamente na prestação de cuidados à saúde das pessoas, obliterando-se, com isso, o questionamento das estruturas sociais e econômicas subjacentes ao problema sanitário. Já as políticas públicas não seriam mais estabelecidas em função de dados epidemiológicos, mas se conformariam a análises econômicas de custo-benefício - o que, "por vezes, acaba implicando a ausência de prevenção, elemento historicamente essencial ao conceito de saúde pública"[204] e sabidamente menos custoso, advirta-se.

Nesse contexto é que o direito à saúde passará a ser aqui examinado. O próximo tópico será dedicado à delimitação do conteúdo do direito fundamental à saúde, seja pela abordagem das dimensões de que se pode revestir esse direito, seja no que se refere às denominadas "ações de saúde".

---

199 SCLIAR, op. cit., p. 78.

200 Sobre a evolução da tutela da saúde por entidades internacionais, conferir SOARES, 2000, p. 64.

201 DALLARI, S., 1988a, p. 57-63.

202 DALLARI, S., 1988b, p. 327-334.

203 SCLIAR, 1987, p. 32-33.

204 DALLARI, S.; VENTURA, 2003, p. 35.

4.2. O direito à saúde

Feito um apanhado evolutivo com menção às diferentes concepções do que se infere por "saúde" e dos modos pelos quais foi esta tratada pela sociedade ao longo dos tempos, passa-se agora ao cotejo dos elementos que comumente são incluídos no conteúdo do direito à saúde. Intenta-se, pois, detalhar o objeto desse direito fundamental para que, em momento ulterior, se viabilize uma melhor compreensão da gama de ações e/ou prestações materiais que podem ser dessumidas do dever de proteção à saúde.

4.2.1. O conteúdo do direito à saúde

Por mais superficial que se possa constituir, qualquer investigação em torno do direito à saúde é bastante para afirmar a complexidade e a diversidade de ações e prestações que compõem o conteúdo desse direito fundamental. Nesse sentido, a doutrina parece convergir quanto aos aspectos curativo, preventivo e promocional da saúde, interpretando os textos jurídicos dentro desse enquadramento. Assim é que Schwartz,[205] por exemplo, entende que a Constituição de 1988, ao aduzir à "recuperação", estaria conectada ao que se convencionou chamar de saúde curativa; as expressões "redução do risco de doença" e "proteção", por seu turno, teriam relação com a saúde preventiva; enquanto, finalmente, o termo "promoção" estaria ligado à busca da qualidade de vida.[206]

Já para Morais, o núcleo central do conceito de saúde estaria na idéia de *qualidade de vida* que, para além de uma percepção holística, apropria-se dos conteúdos próprios às teorias política e jurídica contemporâneas, para ver a saúde como um dos elementos da *cidadania,* como um *direito à promoção da vida das pessoas.* Seria, então, um direito de cidadania, que projeta a pretensão difusa e legítima de não apenas curar e evitar a doença, mas de ter uma vida saudável, expressando uma aspiração de toda(s) a(s) sociedade(s) como direito a um conjunto de benefícios que fazem parte da vida urbana[207] – isto é, a vida na *polis,* na urbe.

O conceito proposto pela Organização Mundial da Saúde – OMS –, ademais, teria alargado a noção de saúde, por superar o enfoque

---

205 SCHWARTZ, Germano André Doederlein. *Direito à saúde:* efetivação em uma perspectiva sistêmica. Porto Alegre: Livraria do Advogado, 2001, p. 27. No mesmo sentido, p. 98-99.

206 Essas idéias são recuperadas por Moraes que, em interessante paralelo, alinha os aspectos curativo, preventivo e promocional da saúde à evolução dos direitos fundamentais. Cfe. MORAIS, José Luiz Bolzan de. O direito da saúde! In: SCHWARZT, Germano (Org.). *A saúde sob os cuidados do direito.* Passo Fundo: UPF, 2003b, p. 23-24. As demais observações que seguem no texto contêm a mesma referência.

207 MORAIS, 2003b, p. 23-24.

estritamente negativo da "ausência de enfermidades" e propugnar o aspecto positivo da "obtenção do estado de completo bem-estar físico, mental e social". Com isso, a OMS teria retomado a idéia de qualidade de vida: "uma saúde efetivamente palpável, e não mais tão-somente preventiva".[208]

Na mesma direção, Sarlet equipara vida digna à vida saudável,[209] aproximando os conceitos de qualidade de vida e dignidade da pessoa humana: o completo bem-estar físico, mental e social densifica o princípio da dignidade humana, pois não se imagina que condições de vida insalubres e, de modo geral, inadequadas, sejam aceitas como conteúdo de uma vida com dignidade. Esse entendimento respalda a afirmação da justiciabilidade do direito à saúde, inclusive quanto a prestações materiais originárias e ao menos naquilo que pertina à proteção da dimensão de dignidade humana que integre o conteúdo do direito à saúde.

Restam, todavia, duas questões: o que é qualidade de vida? E como medi-la? Sem que se pretenda esgotar tema tão instigante, não se pode deixar de trazer algumas reflexões sobre o assunto. Com tal intento, registre-se a proposta de Fagot-Largeault que, partindo da perspectiva de saúde enquanto qualidade de vida, problematiza em torno dos critérios de justiça das decisões em saúde, isto é, os "casos difíceis". Conquanto taxe de suspeita a idéia de medir a qualidade de vida, desde logo acentua que "[a] noção de qualidade de vida é certamente pluridimensional", por envolver um aspecto individual, qual seja, o desejo não apenas de simples sobrevida, mas daquilo que torna a vida boa – saúde, amor, sucesso, conforto, alegrias, enfim, felicidade; bem como, já sob um viés coletivo, por não se reduzir à prosperidade econômica (nível de vida e de desenvolvimento), comportando bens políticos (liberdade, igualdade, segurança), bens culturais (educação, informação, liberdade de criação), recursos demográficos (taxas de natalidade convenientes, saúde da população globalmente considerada, pouca mortalidade). "Mesmo limitando-se àquilo que, na qualidade de vida, tange à saúde [...], tem-se ainda um conceito pluridimensional", arremata.[210]

Essa noção de qualidade de vida geraria importantes conseqüências no plano sanitário, em termos de decisões individuais e de políticas públicas,[211] demandando a opção entre diferentes critérios e teorias da justiça. Para a autora, as escolhas trágicas e os dilemas

---

208 SCHWARTZ, 2001, p. 34-35 e 39.

209 SARLET, 2003, p. 2.

210 FAGOT-LARGEAULT, Anne. Reflexões sobre a noção de qualidade de vida. *Revista de Direito Sanitário*, v. 2, n. 2, p. 82-107, jul. 2001, p. 87-88.

211 Ibidem, p. 84-86.

sempre acompanharam a prática médica, mesmo depois da codificação e padronização de condutas; a morte crescente de pessoas em hospitais, instituições de internamento ou asilos, porém, cada vez mais estaria fazendo da gestão da morte uma questão menos privada – justificando que seja incluída entre as políticas sanitárias, acresça-se. Além disso, o objetivo médico de "salvar vidas" teria alcançado limites em que parece perder o sentido, seja pela desproporcionalidade do investimento de uma série de recursos médicos sofisticados no prolongamento de uma vida de qualidade medíocre, seja porque a escassez dos recursos tecnológicos disponíveis pode obrigar à escolha do beneficiário. Assim, "as maiores possibilidades técnicas, o caráter mais freqüentemente coletivo da tomada de decisões, a necessidade de controlar os custos da saúde, forçam a tornar esses dilemas públicos e a não mais se contentar com soluções intuitivas".[212]

A partir do cotejo de posições filosóficas, Fagot-Largeault assente com a proposta de John Rawls, resumida na idéia de que o justo prevalece sobre o bem, preferindo-se organizações sociais que tendam a corrigir permanentemente as desigualdades naturais, para restabelecer a igualdade de oportunidades e a liberdade de cada um. Se as doenças são tipicamente injustiças naturais, então injusto seria negar tratamento médico a quem foi atingido pela falta de sorte. Sem chegar aos extremismos da aplicação dessa idéia – que redundariam na utilização indiscriminada de recursos de saúde – em termos gerais o princípio da igualdade deve suplantar o princípio (utilitarista) da eficácia, quer dizer, o justo deve prevalecer sobre o "bem maior". "Isso iria ao encontro da ética profissional que prescreve ao médico dedicar seu tempo e sua atenção igualmente aos doentes que ele pode tratar e àqueles por quem ele nada pode fazer".[213]

Essas idéias, nada obstante não dirimirem de forma cabal o problema, sugerem alguns critérios para a definição de qualidade de vida. Redirecionam, primeiro, a questão do direito à saúde ao desiderato de busca de justiça e igualdade material, pela compensação das deficiências naturais, entre as quais se insere a própria doença. Não descuidam, entretanto, do bom-senso na tomada de decisões, admitindo a multidimensionalidade do conceito de qualidade de vida, individual e coletivamente considerado, e, em função disso, de uma eventual limitação das prestações materiais a serem providas.[214]

---

212 FAGOT-LARGEAULT, 2001, p. 84-86.

213 Ibidem, p. 93.

214 Mostra-se oportuna a advertência de Gialdino, ao recordar o compromisso de realização progressiva dos direitos econômicos, sociais e culturais, prevista pelo Pacto Internacional de Direitos Econômicos, Sociais e Culturais – PIDESC, a indicar que a concretização desses direitos não obedece a uma lógica do "tudo ou nada", mas que devem ser maximizados dentro dos limites da dignidade da pessoa humana e das condições de desenvolvimento do próprio Estado.

Dentro da perspectiva proposta, Gialdino enumera elementos que materializariam o conteúdo do direito à saúde. O primeiro deles é a disponibilidade, atinente à suficiência dos estabelecimentos, bens e serviços de saúde, centros de atenção e programas prestados pelo Estado. O segundo é a acessibilidade, no sentido de não-discriminação, a ser assegurada em termos de acessibilidade física (localização geográfica), acessibilidade econômica (universalidade do atendimento) e acessibilidade à informação (direitos à informação e ao sigilo dos dados pessoais em matéria de saúde). Terceiro elemento, a aceitabilidade impõe o respeito à ética médica e às condições culturais e particularidades de cada indivíduo; ao passo que o quarto, a qualidade, compreende o direito de toda pessoa a gozar dos benefícios do progresso científico (equipe médica capacitada, medicamentos, equipamentos hospitalares, etc.).[215] Em suma, o direito à saúde deve abarcar a fruição de toda uma gama de facilidades, bens, serviços e condições, necessários para que a pessoa alcance e mantenha o mais alto nível possível de saúde, compreendendo dois elementos: "o direito à conservação do 'capital de saúde' herdado, por um lado, e o direito de acesso aos serviços de saúde adequados em caso de dano a esse capital, por outro".[216]

A concretização dessas diferentes ações, entretanto, conduz-se diretamente à forma pela qual o direito à saúde é assegurado, o que difere em cada Estado. Por isso, a análise pormenorizada do conteúdo inferido da norma constitucional que consagra o direito à saúde introduz a temática concernente ao regime jurídico do direito fundamental à saúde, nos lindes do ordenamento constitucional brasileiro vigente. As diferentes posições subjetivas que têm origem nesse direito social, assim como a forma por meio da qual é disciplinado e efetivado, incluem-se nessa reflexão – a ser feita no item subseqüente.

4.2.2. Regime jurídico do direito à saúde

A partir do plano normativo internacional, pode-se afirmar a saúde como um dos direitos humanos insculpidos expressamente na

---

Essa idéia é refoçada pela garantia "ao mais alto nível possível de saúde", por meio da qual o PIDESC assente com a realização, em diferentes graus, do direito à saúde. Cfe. GIALDINO, Rolando E. El derecho al disfrute del más alto nivel posible de salud. *Investigaciones*, Buenos Aires, n. 3, p. 493-537, 2001, p. 505-509. Sueli Dallari também ressalva que as prestações em saúde conformam-se ao grau de desenvolvimento do Estado. Ver Cfe. DALLARI, S., 1988a, p. 57-63.

215 GIALDINO, Rolando E. "El derecho al disfrute del más alto nivel posible de salud". *Investigaciones*, n. 3, Buenos Aires, 2001, p. 505/509.

216 Tradução livre do original espanhol: "El derecho a la salud [...] comprende dos elementos: el derecho a la conservación del 'capital de salud' heredado, por un lado, y el derecho de acceso a los servicios de salud adecuados en caso de menoscabo a ese capital, por el otro". GIALDINO, 2001, p. 505.

Declaração Universal dos Direitos Humanos da Organização das Nações Unidas – DUDH/ONU –, de 1948, e explicitado pelo Pacto Internacional de Direitos Econômicos, Sociais e Culturais – PIDESC –, de 1966. Ainda que não estivesse positivado, entretanto, o direito à saúde certamente poderia ser depreendido da tutela jurídica dos direitos à vida e à integridade física e corporal, enquanto direito fundamental implícito. Assim interpreta Bengoa o artigo 6º do Pacto Internacional dos Direitos Civis e Políticos – PIDCP –, em que assegurado o direito à vida; para ele, o direito à vida "se decompõe em quatro elementos essenciais, a saber: a) o direito à alimentação adequada, b) o direito a contar com água potável, c) o direito à moradia, e d) o direito à saúde".[217] Tal orientação também aparece na jurisprudência constitucional de países que não consagram o direito à saúde de forma expressa, como a Alemanha, por exemplo.[218]

No plano do direito constitucional estrangeiro,[219] merece especial referência a Constituição italiana, de 1º de janeiro de 1948, apontada pela doutrina como primeira Lei Fundamental a explicitar o direito à saúde enquanto direito fundamental e interesse da coletividade, atrelado à proteção da pessoa humana. Com efeito, o artigo 32 desse diploma constitucional estabelece que: "[a] República tutela a saúde como direito fundamental do indivíduo e interesse da coletividade, e garante tratamentos gratuitos aos indigentes. Ninguém pode ser obrigado a um determinado tratamento sanitário, salvo por disposição de lei. A lei não pode, em hipótese alguma, violar os limites impostos pelo respeito à pessoa humana".[220]

No direito constitucional brasileiro, o direito social à saúde é previsto no artigo 6º, *caput*, e, em mais detalhes, nos artigos 196 e seguintes da Constituição Federal de 1988, como direito fundamental,

---

217 Tradução livre do espanhol: "se decompone en cuatro elementos esenciales, a saber: a) el derecho a la alimentación adecuada, b) el derecho a contar con agua potable, c) el derecho a la vivienda, y d) el derecho a la salud". BENGOA, José. *Pobreza y derechos humanos: programa de trabajo del Grupo ad hoc para la realización tendiente a contribuir a las bases de una declaración internacional sobre los derechos humanos y la extrema pobreza.* E/CN.4/Sub.2/2002/15,25-6-2002, p. 3 y 4, párrafos 4, 15 y sigs. *apud* GIALDINO, 2001, nota n. 32, p. 498.

218 Nesse sentido, conferir SARLET, 2002a, p. 2.

219 Para referências no direito francês, consultar MATHIEU, Bertrand. La protection du droit à la santé par le juge constitutionnel. A propos et à partir de la décision de la Cour constitutionnelle italienne nº 185 du 20 mai 1998. *Cahiers du Conseil Constitutionnel*, n. 6, 1998. Disponível em: http://www.conseil-constitutionnel.fr/cahiers/ccc6/mathieu.htm. Acesso em: 18 abr. 2005; no direito português, NOVAIS, 2004, p. 291/299; no âmbito dos países americanos, JIMÉNEZ, Heidi V. "El derecho a la salud en las Américas: reconocimiento constitucional y derechos afines". Disponível em: http://www.smu.org.uy/publicaciones/noticias/noticias91/saludas.htm. Acesso em: 15 abr. 2005.

220 Referência feita por SCHWARTZ, 2001, p. 45.

material e formalmente. Assevera Sarlet[221] que a fundamentalidade formal do direito à saúde resulta (a) da superior hierarquia axiológico-normativa de que goza, enquanto norma constitucional; (b) da previsão entre os limites materiais e formais à reforma constitucional; e (c) da aplicabilidade imediata e vinculatividade imposta aos Poderes Públicos pela norma contida no artigo 5º, § 1º, do texto constitucional. Já a fundamentalidade material encontra-se na relevância da saúde como bem jurídico tutelado pela norma constitucional, diretamente relacionado a outros direitos fundamentais e valores constitucionais, como o direito à vida e a dignidade da pessoa humana.

Outrossim, o texto constitucional abriga não apenas o direito, mas também um dever fundamental,[222] conforme prescreve o *caput* do artigo 196: "a saúde é direito de todos e dever do Estado". A idéia de dever fundamental aponta para a admissão de uma categoria jurídica constitucional autônoma, embora integrante do domínio material dos direitos fundamentais, "na medida em que este domínio ou esta matéria polariza todo o estatuto (activo e passivo, os direitos e os deveres) do indivíduo".[223] Para Nabais, o indivíduo, na condição de pessoa, não pode deixar de ser simultaneamente considerado ser livre e responsável, havendo um liame entre os deveres fundamentais e essa parcela de responsabilidade, assim como entre os direitos fundamentais e a liberdade em sentido amplo. Explica que historicamente se teriam formado tantas camadas de deveres fundamentais quantas camadas de direitos até que "temos, enfim, os deveres que constituem o *apport* do estado social, ou seja, os deveres económicos, sociais e culturais, como os deveres de subscrever um sistema de segurança social, de proteger a saúde, de frequentar o ensino básico, etc.".[224]

Os deveres fundamentais teriam dois fundamentos precípuos, pondera o jurista luso – embora os argumentos se mostrem válidos para o direito brasileiro. Primeiro, uma razão de ser lógica, qual seja, os

---

221 SARLET, 2002a, p. 2. Em sentido semelhante: ÁVILA, Ana Paula Oliveira. Razoabilidade, proteção do direito fundamental à saúde e antecipação de tutela contra a Fazenda Pública: uma análise problemática sobre o efeito vinculante e o controle concreto de constitucionalidade no Brasil. *Revista Brasileira de Direito Público*, Belo Horizonte, v. 2, n. 7, p. 33-48, out./dez. 2004, p. 36. No que concerne à aplicabilidade imediata da norma constitucional que resguarda o direito à saúde: DALLARI, Sueli Gandolfi. O papel do Município no desenvolvimento de políticas públicas de saúde. *Revista de Saúde Pública*, São Paulo, v. 25, n. 5, p. 401-405, out. 1991.

222 SARLET, 2002a, p. 2.

223 NABAIS, José Casalta. A face oculta dos direitos fundamentais: os deveres e os custos dos direitos. In https://www.agu.gov.br/Publicacoes/Artigos/05042002JoseCasaltaAfaceocultadireitos_01.pdf. Acesso em 05 abr. 2002, p. 5. Mais adiante, no mesmo texto, Casalta Nabais define os deveres fundamentais como "posições jurídicas passivas (não activas), autónomas (face aos direitos fundamentais), subjectivas (já que exprimem uma categoria subjectiva e não uma categoria objectiva), individuais (pois têm por destinatários os indivíduos e só por analogia as pessoas colectivas) e universais e permanentes (pois têm por base a regra da universalidade ou da não discriminação)".

224 Ibidem, p. 5-6.

deveres fundamentais seriam expressão da soberania estatal, "mas de um estado assente na primazia da pessoa humana", de modo que Estado e soberania tenham exatamente por base a dignidade da pessoa humana. Segundo, o fundamento jurídico dos deveres fundamentais estaria na Constituição, a impedir que sejam reconhecidos, pelo menos com a força normativa própria da fundamentalidade material e formal, quando não estejam expressamente estabelecidos pelo texto constitucional. Tal circunstância, no entanto, não afasta a possibilidade de imposição de deveres pelo legislador ordinário, hipótese em que serão tidos como deveres legais, e portanto não-fundamentais, na medida em que prevalecente a idéia de tipicidade ou "lista fechada" dos deveres fundamentais.[225]

A responsabilização da comunidade pela efetivação dos direitos sociais, e não mais somente do Estado, suposta na concepção de deveres fundamentais, é também sugerida por Canotilho. Assevera que, nos dias atuais, há um deslocamento das discussões do campo dos direitos para o terreno dos deveres fundamentais, dada "a necessidade de se ultrapassar a euforia do individualismo de direitos fundamentais e de se radicar uma comunidade de responsabilidade de cidadãos e entes públicos perante os problemas ecológicos e ambientais". A denominada *shared responsability*, ou seja, a responsabilidade de todas as forças sociais, "aponta precisamente para a descoberta de critérios de delimitação desta responsabilidade que não ponham em causa, apesar de tudo, a dimensão subjectiva dos direitos", segundo ele.[226]

Em realidade, a análise dos deveres imbrincados no direito à saúde aponta para a problemática da delimitação das diferentes e possíveis dimensões reconhecidas a esse direito, pois delas é que decorrerão os correspectivos deveres. Nesse ponto, retoma-se como premissa a classificação funcional,[227] com base na qual se desenham as distintas dimensões dos direitos fundamentais, a saber: direitos de defesa e direitos a prestações, estes últimos divididos entre direitos a prestações em sentido amplo – categoria que compreende os direitos à proteção e os direitos à participação na organização e no procedimento – e direitos à prestação em sentido estrito, ou direitos a prestações materiais. A dimensão defensiva objetiva resguardar o titular contra ingerências ou agressões que interfiram ou ameacem o exercício do direito, seja pelo Estado, seja por particulares. A dimensão prestacional, de seu turno, pressupõe a realização de uma atividade pelo destinatário, normalmente o Estado, por meio da qual se viabilize a fruição do

225 NABAIS, 2002, p. 6-7.

226 CANOTILHO, José Joaquim Gomes. O direito ao ambiente como direito subjectivo. In: ——. *Estudos sobre direitos fundamentais*. Coimbra: Coimbra, 2004, p. 178.

227 SARLET, 2005, p. 185 *et.seq*.

direito por quem o possua; em sentido amplo, abrange a consecução de medidas para salvaguarda do direito (dever de proteção), bem como a organização de instituições, serviços, ações, procedimentos, enfim, sem os quais não seria possível o gozo do direito fundamental. Já em sentido estrito, a dimensão prestacional traduz-se pelo fornecimento direto de serviços e bens materiais ao titular do direito fundamental.

Como argumenta Sarlet, o direito à saúde é direito social que apresenta, simultaneamente, uma dupla dimensão defensiva e prestacional. Enquanto direito de defesa, o direito à saúde determina o dever de respeito, num sentido eminentemente negativo, ou seja, não afetar a saúde de alguém, mas, sim, preservá-la. Na dimensão prestacional, imputa o dever, em especial ao Estado, de executar medidas reais e concretas no sentido de fomento e efetivação da saúde da população, circunstância que, neste último caso, torna o indivíduo, ou a própria coletividade, credores de um direito subjetivo a determinada prestação, normativa ou material.[228]

Schwartz, por sua vez, correlaciona as dimensões defensiva e prestacional do direito à saúde ao *status positivus* e ao *status negativus* que atribui ao direito.[229] Já sob uma perspectiva administrativista, Sundfeld[230] entende que, na defesa e promoção da saúde, o Estado opera numa espécie de "administração de serviços", por meio do fornecimento de prestações fruíveis individual ou coletivamente (serviços de saúde); assim como, na condição de "administração ordenadora", o Estado atuaria tanto pela imposição de deveres positivos e negativos, condicionadores do exercício de direitos individuais, quanto pela fiscalização e sancionamento (vigilância sanitária e epidemiológica). De acordo com a classificação funcional dos direitos fundamentais, a administração de serviços parece claramente reportar-se aos deveres de prestação material em sentido estrito, enquanto a administração ordenadora poderia ser melhor enquadrada entre os deveres de proteção e defesa.

As dimensões defensiva e prestacional, ademais, guardam pertinência com os aspectos individual e coletivo da saúde, conforme expõe Dallari,[231] que conecta o primeiro à idéia de preservação da liberdade individual, enquanto o aspecto coletivo estaria ligado à promoção da igualdade real. Como direito individual, o direito à saúde privilegiaria o valor liberdade, garantindo ao indivíduo a liberdade de escolha do

---

228 SARLET, 2002a, p. 5.

229 SCHWARTZ, 2001, p. 71.

230 SUNDFELD, Carlos Ari. Vigilância epidemiológica e direitos constitucionais. *Revista de Direito Sanitário*, v. 3, n. 2, p.90-106, jul. 2002, p. 92-93.

231 DALLARI, S., 1988a, p. 57-63. Adotando o mesmo posicionamento, PILAU SOBRINHO, 2003, p. 99-100.

tipo de relação que terá com o meio ambiente, a cidade onde vive, as próprias condições de trabalho, o tipo de vida que pretende para si. Também abrangeria a liberdade de opção do recurso médico-sanitário a ser procurado e do tipo de tratamento a se submeter; e, em sentido oposto, mas complementar, significaria que o profissional médico tem liberdade de escolha da terapêutica que considere mais adequada ao tratamento do doente.[232]

No que concerne ao aspecto coletivo ou social do direito à saúde, Dallari[233] reconhece a prevalência do valor igualdade, justificando a imposição de limitações a comportamentos humanos, com intuito de preservação da saúde de todos os que vivem em sociedade, pois a ninguém é permitido induzir outrem a adoecer, nem tampouco impedir que alcance o próprio bem-estar. Exemplos de ações estatais interventivas, em nome da saúde pública, são as campanhas de vacinação compulsória;[234] assim como a "visita" domiciliar obrigatória dos agentes de vigilância sanitária, medida que integra as campanhas de combate ao mosquito transmissor da dengue – caso em que claramente se relativiza a garantia fundamental à liberdade de domicílio, nos termos da jurisprudência do Supremo Tribunal Federal.[235]

A relação entre as possíveis dimensões do direito à saúde e as obrigações daí derivadas constitui objeto de análise por Milanez,[236] ao sustentar que o direito à saúde compreenderia as obrigações de respeitar, proteger e implementar. Na obrigação de respeito, caberia ao Estado o dever de não intervir na vida do indivíduo de nenhum modo a reduzir a saúde da pessoa - dimensão defensiva, portanto. Já a obrigação de proteção acarretaria ao Estado o dever de resguardar a saúde do indivíduo contra violações por terceiros – dimensão prestacional em sentido amplo, geralmente efetivada por meio da organização de instituições e procedimentos de proteção do direito, da elaboração de legislação pertinente, da penalização de condutas, etc. Na obrigação de implementação, por fim, incumbiria ao Estado facilitar ou fornecer diretamente bens e serviços para suprir as necessidades

---

232 O que não exclui, mas considera, o consentimento informado do paciente, como forma de preservação da mesma liberdade e autonomia individual - a "escolha do tratamento a se submeter", mencionada no texto.

233 DALLARI, S., op. cit., p. 57-63.

234 DALLARI, Sueli Gandolfi. *A saúde do brasileiro*. São Paulo: Moderna, 1988c, p. 6.

235 O caso é comentado por Carlos Ari Sundfeld em artigo específico sobre o tema, em que analisa a jurisprudência do Supremo Tribunal Federal sobre o assunto, inclusive no que respeita à exigência de autorização judicial para a efetivação da "visita domiciliar" - acórdão proferido no *habeas corpus* HC 71373-4/RS, Pleno, Rel. Min. Marco Aurélio, j. 10.11.1994, por maioria. Cfe. SUNDFELD, 2002, especialmente p. 97-98 e p. 105.

236 MILANEZ, Daniela. O direito à saúde: uma análise comparativa da intervenção judicial. *Revista de Direito Administrativo*, Rio de Janeiro, v. 237, p. 197-221, jul./set. 2004, p. 198-199.

básicas da sociedade na área da saúde, assim como implantar uma política de saúde eficaz – obrigação suscetível de recondução à dimensão prestacional em sentido estrito.[237] Segundo a autora, esta última seria a obrigação mais onerosa para o Estado, por demandar a realização de ações concretas que elevem o nível de proteção à saúde já oferecido, ressalvada, apenas, a possibilidade de efetivação progressiva dessas medidas – consoante o PIDESC. Lastrada nisso, defende que o direito à saúde não deva ser limitado à obrigação de implementação, possuindo um âmbito de proteção bem mais abrangente – o que também enfraqueceria os argumentos de cunho econômico-financeiro, pois não constituiriam óbice à consecução de diversas medidas de efetivação dos direitos sociais. "Há as obrigações de respeitar e proteger, obrigações que contribuem para a melhoria do direito à saúde e, ao mesmo tempo, não dependem de quantidades significativas de recursos públicos", como a situação em que o Estado é solicitado a regular um setor econômico, "medida esta que não é extremamente cara",[238] conclui.

No que respeita à dimensão prestacional do direito à saúde, registre-se, ademais, que o artigo 6º da Constituição Federal compreende direitos prestacionais originários e derivados, cuja diferença está na necessidade de regulação infraconstitucional, sempre exigida pelos últimos como pressuposto ao exercício do direito. Nada obstante genericamente atribuir-se aos direitos sociais o caráter de direitos prestacionais derivados, afirma Clève que a própria Constituição assegura eficácia originária em casos como o direito à saúde, pelo menos nas extensões mais evidentes desse direito, o que não significa que tais direitos originários não encontrem limites: "[n]inguém pode pretender ir além daquilo que se encaixa como possível".[239] Além disso, pode-se afirmar que a configuração do Sistema Único de Saúde – SUS –, cujas linhas gerais estão traçadas pelas próprias normas constitucionais de competência e em atenção ao princípio federativo, também permitiria identificar imediatamente algumas das obrigações estipuladas para cada um dos entes da federação. Saliente-se, ainda, que a jurisprudência vem aceitando, sem grandes dificuldades e até a

---

[237] Daniela Milanez sugere que a obrigação de respeito teria caráter negativo, ao passo que as obrigações de proteção e implementação seriam positivas. Como já elucidado anteriormente, ao se tratar dos direitos fundamentais, a idéia de direitos e obrigações negativos e positivos pode gerar uma compreensão equivocada das possíveis funções desempenhadas pelos direitos fundamentais, motivo por que tal classificação não foi adotada no âmbito do presente estudo. Em vista disso, propôs-se uma adaptação do texto original à já citada classificação funcional dos direitos fundamentais proposta por Ingo Sarlet, acolhida neste trabalho.

[238] MILANEZ, 2004, p. 199.

[239] CLÈVE, Clèmerson Merlin. A eficácia dos direitos fundamentais sociais. *Boletim Científico*, Escola Superior do Ministério Público da União, v. 2, n. 8, p. 151-161, jul./set. 2003, p. 156-157.

despeito de disposição legislativa em sentido diverso, a postulação direta de prestações individuais, e mesmo coletivas, com fundamento no direito constitucional à saúde (*verbi gratia*, por meio de ordens de fornecimento de medicamentos, reserva de vagas em Unidades de Tratamento Intensivo, realização de determinados procedimentos).

Schwartz, com nítido escopo de buscar a maior efetividade possível do direito à saúde, chega a afirmar que o objeto do direito à saúde seria a denominada "prestação sanitária", e não uma qualquer prestação pecuniária, o que afastaria os argumentos quanto à necessidade de prévia dotação orçamentária para satisfazê-la.[240] Apesar disso, acaba por admitir que o reconhecimento de um direito originário a prestações materiais em saúde estaria sujeito a certos limites, afirmando que a idéia central do direito à saúde é assegurar a melhor qualidade de vida possível. "A busca é pela maximização do direito à saúde e, para tanto, é necessário estabelecer critérios".[241]

Na maioria dos casos, entretanto, o direito à saúde depende da organização prévia de procedimentos e estruturas, o mais das vezes públicos, para que possa ser efetivado. A avalancha de ações judiciais buscando prestações materiais em saúde provavelmente se justifica muito mais pelas deficiências do sistema hoje vigente, do que propriamente tem por objetivo a realização originária do direito à saúde – até porque ao indivíduo interessa é a manutenção da própria saúde, ou o acesso aos meios para obtê-la e preservá-la, e não o fundamento constitucional ou legal da ação proposta. Assinala Canotilho que os direitos fundamentais, para poderem concretizar-se na realidade – e, portanto, não somente os direitos sociais – necessitam, ademais de uma normação intrinsecamente densificadora, de formas de organização e de regulamentação procedimentais apropriadas, havendo mútua interrelação entre os direitos e a organização e o procedimento.[242]

Em apoio à tese, distingue entre os direitos à proteção jurídica, por intermédio do Estado, e os direitos de defesa, contra o Estado, demonstrando que em ambas hipóteses há uma dimensão prestacional a ser necessariamente efetivada pelo ente estatal. Os direitos à proteção jurídica asseguram ao titular a possibilidade de exigir do Estado que

---

[240] SCHWARTZ, 2001, p. 73. Ressalve-se, entretanto, que embora se concorde quanto ao evidente intento de garantia de maximização da eficácia do direito à saúde, o argumento, *permissa venia*, parece falacioso, pois nega a existência de custos financeiros e orçamentários, ínsita à generalidade dos direitos fundamentais. Além disso, não se pode assentir com a idéia de que referida "prestação sanitária" não demande despesas públicas, seja no que concerne à proteção contra interferência do Estado e de terceiros, seja no que tange às prestações materiais envolvidas. A pesquisa desenvolvida por Stephen Holmes e Cass Sunstein explora esse ponto e demonstra o custo inerente a todo direito.

[241] SCHWARTZ, Germano André Doederlein. *Direito à saúde: efetivação em uma perspectiva sistêmica*. Porto Alegre: Livraria do Advogado, 2001, p. 82/84.

[242] CANOTILHO, 1990, p. 153.

resguarde o titular ante agressões de outros cidadãos, ou seja, demandam que o Estado conforme a ordem jurídica, a fim de evitar a violação do direito fundamental de um indivíduo por outros particulares. Já os direitos de defesa traduzem exigências a que o próprio Estado se abstenha de intervenções coativas na esfera jurídica dos particulares, de modo que a pretensão do titular do direito seja a uma omissão por parte dos Poderes Públicos. Nas duas situações, há a imposição de deveres ao Estado: nos direitos à proteção jurídica, o dever de criar mecanismos de proteção dos indivíduos; nos direitos de defesa, o dever de não agredir a esfera jurídica dos particulares. Dessarte, os direitos à proteção social assemelham-se, em termos estruturais, aos direitos a prestações, não podendo ser realizados eficazmente sem a intervenção do Estado. A característica peculiar é que tais prestações fáticas, necessárias à efetivação da dimensão protetiva dos direitos fundamentais, podem ser fornecidas apenas e tão-somente pelo Estado, pois é o Estado que pode criar tribunais, nomear juízes, definir processos, fazer executar decisões, etc. Do mesmo modo, tal dimensão prestacional também não está ausente nos direitos de defesa, porquanto o dever de abstenção do Estado não o dispensa de criar órgãos, contratar agentes, elaborar procedimentos e processos para o cidadão, a fim de assegurar um espaço de autodeterminação individual, perante os próprios Poderes Públicos.[243]

Trazidas para o ordenamento nacional, tais distinções auxiliam na compreensão dos deveres impostos ao Estado com o escopo de efetivação do direito à saúde,[244] sobremodo no que tange à instituição do Sistema Único de Saúde – SUS –, cujas normas concretizam a idéia de organização e procedimento enquanto dimensão prestacional em sentido amplo. Com efeito, ademais das normas constitucionais sobre o assunto, o SUS é organizado a partir de todo um aparato de leis, regulamentos e portarias que, muito embora contem com a participação de técnicos e profissionais da iniciativa privada, dependem essencialmente da atuação estatal para serem implementados nos diferentes níveis da federação. Nesse conjunto normativo é prevista a estrutura do sistema, o funcionamento e a relação entre os diversos órgãos que o integram, a atribuição de competências respectivas. São ainda fixados os procedimentos a serem observados por instituições de saúde, profissionais e usuários na obtenção da prestação material de saúde. A título exemplificativo, podem ser referidas a Lei nº 8.080/90, que prevê as normas gerais do SUS, e a Norma Operacional Básica – NOB/96 –,

---

243 CANOTILHO, 2004, p. 76-77.

244 Em sentido similar, com referência ao direito italiano, cfe. CORSO, 1981, p. 765-766; no direito norte-americano, cfe. HOLMES; SUNSTEIN, 2000, p. 52-54.

que a regulamenta, com base na qual é feito o controle das atividades atribuídas a cada esfera de governo.

Ainda no que tange à eficácia, cumpre salientar que o direito à saúde se dirige também aos particulares, de modo que o dever de efetivá-lo não compete exclusivamente ao Estado. Sem adentrar no exame mais aprofundado dessa temática, refira-se, entretanto, que a doutrina vem convergindo para a afirmação da eficácia dos direitos fundamentais nas relações entre particulares, embora ainda ausente uniformidade quanto à forma de incidência dessas normas constitucionais, se diretamente e de modo originário, ou se apenas mediante interposição legislativa conformadora.[245]

Nesse sentido, Corso refere que o direito à saúde estaria inserido num grupo de situações denominadas *double face*, exatamente por se fazerem valer, quer diante dos Poderes Públicos, quer nas relações privadas. A partir da jurisprudência da Corte Constitucional italiana, afirma a existência de um direito originário à saúde, eficaz mesmo perante terceiros, ressalvando que derivada seria apenas a tutela pública da saúde, e não o reconhecimento do direito, ocorrido em função da fruição pelos indivíduos, direta e anterior à organização social. A Corte Constitucional teria destacado o caráter de direito primário da saúde, operante inclusive nas relações privadas. "A saúde forma objeto de um direito subjetivo acionável perante qualquer um [...], de modo direto, e não 'derivado' ou 'reflexo', perante os poderes públicos, senão que é a tutela publicística que é 'reflexa'".[246]

Como esclarece Vieira de Andrade,[247] a eficácia externa dos direitos fundamentais foi inicialmente pensada como eficácia horizontal, por fundamentar uma obrigação geral de respeito a esses direitos no âmbito das relações entre indivíduos. Desse modo, seria oposta à relação tradicionalmente identificada nos direitos fundamentais de contraposição do indivíduo ao Estado, cogitando-se de uma eficácia horizontal, e não apenas vertical. Ao mesmo tempo, se considerado que a relação jusfundamental seria estabelecida exatamente entre o indiví-

---

245 Cfe. SARLET, Ingo Wolfgang. Direitos fundamentais e direito privado: algumas considerações em torno da vinculação dos particulares aos direitos fundamentais. SARLET, Ingo Wolfgang (Org.) *Constituição concretizada:* construindo pontes entre o público e o privado. Porto Alegre, Livraria do Advogado, 2000, especialmente p. 139 *et. seq.* O constitucionalista recorda, ademais, que a eficácia dos direitos fundamentais sociais nas relações entre particulares não é tema estranho ao constitucionalismo brasileiro, visto que a grande maioria dos direitos sociais dos trabalhadores corresponde a posições jusfundamentais outorgadas a um particular frente a outro.

246 Tradução livre do original italiano: "La salute forma oggetto di un diritto soggettivo azionabile verso chiunque [...], in modo diretto, e non 'derivato' o 'riflesso' rispetto alla tutela verso i pubblici poteri, semmai è la tutela pubblicistica che è 'riflessa'". Cfe. CORSO, 1981, p. 768-770.

247 ANDRADE, 2001, p. 141-142.

duo e o Estado, a eficácia externa corresponderia à eficácia perante terceiros (*Drittwirkung*). Mais recentemente, essa irradiação objetiva dos direitos fundamentais estaria cedendo lugar à compreensão de que estes vinculam todos os Poderes Públicos aos preceitos constitucionais.

Em vista disso, a norma inserta no artigo 196 da Constituição Federal, conquanto precipuamente afeta ao Estado, certamente não elide o dever de respeito e por vezes de promoção a cargo dos demais indivíduos e da sociedade, admitindo-se uma eficácia horizontal do direito à saúde.[248] De fato, indica Scheuner como característica das modernas constituições a incompletude, por se restringirem à proteção da esfera individual contra a intrusão do Estado, "quando, na moderna democracia de massas, que se revela como 'sociedade de grupos', há muito tempo se deveria partir da tríade Estado-grupos-indivíduos".[249]

Trazida a análise para o âmbito do direito à saúde, pode-se admitir desde logo o reconhecimento de uma dimensão defensiva, a coibir que um indivíduo interfira ou inflija danos à saúde de outrem, a quem se titulam posições subjetivas originárias para, até mesmo judicialmente, impedir ou pretender o ressarcimento pela ocorrência de dano. De forma correspectiva, ao particular que se encontre na posição de destinatário do direito à saúde, admite-se a imposição de um dever geral de respeito, muito embora, dada a incidência do princípio da legalidade (CF, art. 5º, II), pareça improvável a possibilidade de reconhecimento de posições jurídico-subjetivas, que outorguem ao titular do direito fundamental à saúde a pretensão de exigir de outro particular o fornecimento de prestações materiais, ante a ausência de legislação conformadora.

Ainda no campo das relações privadas, se bem que centrado no direito à saúde enquanto objeto das relações de consumo, Maranhão[250] colaciona exemplos de condutas disciplinadas e de comportamentos proibidos pelo ordenamento jurídico, inequivocamente referentes aos deveres de proteção decorrentes dos direitos fundamentais prestacionais em sentido amplo. Na regulação dos planos privados de saúde, identificam-se deveres tais como: a oferta difusa do chamado plano-referência, tida como condição básica à concessão de registro da seguradora e cuja contratação é obrigatória, nos termos do artigo 10 da Lei nº 9.656/98; e a obrigatoriedade de oferta de todas as modalidades de planos de saúde, sem discriminação a idosos e portadores de deficiência. Relativamente à vedação de condutas, podem ser elencadas várias cláusulas abusivas, defesas nos contratos de consumo concernentes à

248 SARLET, 2002a, p. 2.

249 CANOTILHO, 1990, p. 177.

250 MARANHÃO, 2003, p. 227-239.

saúde, como aquelas que disponham sobre a limitação de risco, ou determinem prazos de carência ilegais, ou ainda estabeleçam reajustes excessivos das mensalidades.

No âmbito dos medicamentos, ainda refere o dever de observância da "fórmula paramétrica" – a fórmula legal de reajuste de preços de medicamentos, instituída pela Lei nº 10.213/2001. Lembra também os novos mecanismos utilizados pelo governo brasileiro no desiderato de facilitar e ampliar o acesso da população aos remédios, *verbi gratia*, a quebra de patentes para o tratamento da Síndrome de Imunodeficiência Adquirida – SIDA/AIDS – pandêmica e a política de incentivo à produção interna de medicamentos genéricos. Finalmente, menciona a vedação de propaganda enganosa na área da saúde, como a divulgação de falsas propriedades terapêuticas de substâncias medicinais – citando o caso dos produtos fitoterápicos, cuja publicidade é considerada ilícita desde 2001, sempre que não apresentem efeitos terapêuticos cientificamente comprovados.[251]

Em vista disso, é possível reconhecer efeitos do direito à saúde tanto nas relações de direito público, como naquelas de direito privado. O direito fundamental à saúde alcança a proteção do indivíduo, pela garantia de condições de vida, de meio ambiente e de trabalho que não comprometam esse bem essencial, bem como pela existência de estruturas públicas voltadas à prestação de cuidados adequados à manutenção e à recuperação do estado de bem-estar pessoal. "Isso levou a pensar que o direito à saúde se encontra num cruzamento de direitos (*droit-carrefour*), ou que constitui um 'caleidoscópio de direitos'", na plástica síntese de Gialdino.[252]

Os valores de preservação da vida humana, a garantia de níveis progressivamente mais altos de saúde, a salvaguarda do patrimônio genético próprio, a proteção da integridade física, mental e emocional, entre outros, conduzem a atuação dos particulares e dos Poderes Públicos na efetivação do direito à saúde. Com efeito, impõem a abstenção de comportamentos lesivos à saúde, no mais amplo sentido, assim como a promoção e a consecução de medidas tendentes a efetivar esse direito fundamental social, inclusive mediante prestações materiais específicas.

Analisado o conteúdo implicado no direito à saúde, assim como detalhadas as repercussões decorrentes do regime jurídico-constitucional desse direito fundamental, resta tecer algumas ponderações acerca do modo por que se organizam as ações e serviços de saúde, como

---

251 MARANHÃO, 2003, p. 247-248 e 255-257.

252 Tradução livre do original espanhol: "Esto ha llevado a pensar que el derecho a la salud se encuentra en un cruce de derechos (*droit-carrefour*), o que constituye un 'caleidoscopio de derechos'". GIALDINO, 2001, p. 503.

premissa a que, no capítulo final deste trabalho, possa ingressar-se no exame da eficácia dos direitos sociais, com ênfase exatamente no direito à saúde. O próximo tópico, portanto, enfocará o Sistema Único de Saúde – SUS –, procurando-se fixar as principais notas que o caracterizam e, em vista disso, tornar mais precisa a interpretação das normas constitucionais pertinentes.

4.3. O Sistema Único de Saúde – SUS

O Sistema Único de Saúde – SUS – é resultado das propostas de "Reforma Sanitária" defendidas por movimentos sociais e apresentadas durante a Assembléia Nacional Constituinte de 1986/1987 em demonstração da "inadequação do sistema de saúde então vigente", inapto para lidar com problemas sanitários diversos (quadro de doenças de todos os tipos, baixa cobertura assistencial da população, ausência de critérios e de transparência dos gastos públicos, etc.).[253] O Sistema Nacional de Saúde, criado pela Lei nº 6.229/75, apesar do êxito que representou para a época, já mostrava sinais de inoperância e ineficiência, motivando a busca por serviços de saúde de melhor qualidade e gerenciamento organizado. As ações de promoção da saúde e prevenção de doenças eram desenvolvidas quase que exclusivamente pelo Ministério da Saúde. A assistência médico-hospitalar era prestada pelo Instituto Nacional de Assistência Médica da Previdência Social – INAMPS –, autarquia vinculada ao Ministério da Previdência e Assistência Social. Entretanto, o sistema não era universal, pois alcançava somente os trabalhadores da economia formal, segurados do Instituto Nacional de Previdência Social – INPS – e dependentes, enquanto o restante da população tinha "um acesso bastante limitado à assistência à saúde – normalmente restrito às ações dos poucos hospitais públicos e às atividades filantrópicas de determinadas entidades assistenciais".[254]

Diante dessa realidade, pode-se compreender a grande evolução representada pela criação do Sistema Único de Saúde – SUS – entre as políticas sociais instituídas pela Constituição Federal de 1988, cuja regulação, em nível infraconstitucional, encontra-se precipuamente na Lei nº 8.080, de 19 de setembro de 1990, e na Lei nº 8.142, de 28 de dezembro de 1990. Como lembra Carvalho, a conformação em "sistema" impõe que o SUS subsista como "um conjunto de unidades,

---

[253] CARVALHO, Mariana Siqueira de. A saúde como direito social fundamental na Constituição Federal de 1988". *Revista de Direito Sanitário*, v. 4, n. 2, p. 15-31, jul. 2003, p. 26.

[254] BRASIL. Conselho Nacional de Secretários de Saúde. *Para entender a gestão do SUS*. Brasília: CONASS, 2003, p. 14 e 24.

serviços e ações que interagem para um fim comum", em que o adjetivo "único" determina que as diretrizes e princípios estabelecidos constitucionalmente devam ser seguidos de forma unívoca nos três níveis da federação.[255]

O SUS é um sistema público e nacional, baseado no princípio da universalidade, a indicar que a assistência à saúde deve atender a toda população. Tem como diretrizes organizativas a descentralização, com comando único em cada esfera governamental; a integralidade do atendimento e a participação da comunidade.[256] A Lei nº 8.080/90 dispôs sobre as condições, a organização das ações e o funcionamento dos serviços de saúde, tendentes à realização da promoção, proteção e recuperação da saúde. Esse diploma prescreve normas sobre: (a) organização, direção e gestão do SUS; (b) competências e atribuições de cada uma das três esferas federativas; (c) funcionamento e participação complementar dos serviços privados de assistência à saúde; (d) política de recursos humanos a ser adotada pelo SUS; (e) recursos financeiros, incluindo a respectiva gestão, planejamento e orçamento desses.[257]

Além dessa lei, o SUS vem sendo implementado por meio de inúmeros outros instrumentos normativos, dentre os quais as denominadas Normas Operacionais Básicas – NOBs. Apesar de formalizadas por intermédio de portarias ministeriais, o conteúdo das NOBs é definido de maneira compartilhada entre o Ministério da Saúde e os representantes do Conselho Nacional de Secretários de Saúde – CONASS – e do Conselho Nacional de Secretários Municipais de Saúde – CONASEMS. Consistem as NOBs em instrumentos para a fixação de estratégias e ações que reorientem a operacionalidade do SUS, a partir de avaliações periódicas acerca da implementação e do desempenho do próprio sistema. Objetivam, assim, induzir e estimular mudanças; aprofundar e reorientar a implantação do SUS; definir novos objetivos estratégicos, prioridades, diretrizes e movimento tático-operacionais; regular relações entre os gestores do SUS; normatizar o SUS.[258]

Não obstante constituído como sistema público, o SUS compreende as redes pública e privada de saúde, esta última utilizada por meio de contratação ou convênio firmado com o Poder Público. Ambas formam uma rede regional, para adequação às particularidades locais; e hierárquica, ou seja, que deve estrita observância ao conjunto de princípios que regem o sistema (integralidade, igualdade e participação da comunidade). Salienta Schwartz que a organização sanitária

---

255 CARVALHO, 2003, p. 26.

256 BRASIL, op. cit.,p. 20.

257 Cfe. BRASIL. 2003, p. 26.

258 Cfe. Ibidem, p. 27-28.

regionalizada refletiria uma idéia sistêmica de saúde, voltando-se à redução da complexidade do tema "saúde", abordado a partir das peculiaridades de cada região, o que também permitiria a busca de uma justiça social efetiva, no quadro do Estado Democrático de Direito. A municipalização do SUS corresponderia, portanto, à necessidade de atuação regionalizada – ou descentralizada, nos termos do artigo 198, inciso I, da Lei Fundamental brasileira.[259]

A atuação regionalizada, aliás, não é uma estratégia nova, na medida em que concretiza as diretrizes da Organização Mundial da Saúde – OMS. Em texto anterior a 1988, Dallari[260] já argumentava favoravelmente à municipalização dos serviços de saúde, mas advertia que isso dependeria de um planejamento nacional do sistema, por meio da elaboração de uma lei nacional, em que contidas as normas gerais desse sistema; além de subseqüentes leis federal, estaduais e municipais, criadas em conformidade às diretrizes assim estipuladas. Ademais, defendia a municipalização do sistema sanitário como forma ideal de organização do setor de saúde no país, visto que a autonomia municipal "é consensualmente aceita como a forma de descentralização política adequada à formação histórico-sócio-cultural e política do Brasil". Ao Município, então responsável pelos serviços, competiria a definição de saúde, do conteúdo do direito à saúde e da correspondente responsabilidade por assegurar as ações correspondentes.

Característica importante do SUS, outrossim, é a gestão democrática das questões de saúde. A Lei nº 8.142/90 impõe, entre outros, normas sobre a participação da comunidade na gestão do SUS, com base nas quais podem ser criados a Conferência de Saúde e o Conselho de Saúde, instâncias colegiadas existentes em cada um dos níveis federal, estadual e municipal, atuando como catalizadores da participação e gestão democrática do sistema. As Conferências de Saúde são órgãos colegiados, de caráter consultivo, por meio dos quais se realiza o controle social do SUS, com avaliação da situação da saúde e proposição de diretrizes para a política de saúde no correlato nível federativo, "constituindo-se no mais importante fórum de participação ampla da população".[261]

Já os Conselhos de Saúde são compostos por representantes do governo (gestores), prestadores de serviço, trabalhadores da saúde e usuários, sendo a estes assegurada participação paritária relativamente ao conjunto dos demais segmentos. Os Conselhos de Saúde, "com a sua expressiva representatividade social, atribuições e poderes legais, além

[259] SCHWARTZ, 2001, p. 102-105.

[260] DALLARI, S., 1988a, p. 57-63. Em artigo publicado já sob a vigência da Constituição de 1988, a jurista aprofunda essas mesmas idéias. Cfe. DALLARI, S., 1991, p. 401-405.

[261] Cfe. BRASIL, 2003, p. 54.

da extensão de sua implementação, engloba[m] as esferas municipais, estaduais e federal e, em alguns lugares, ainda há conselhos locais e regionais", indica Carvalho. A autora também informa que as competências legais básicas dos Conselhos de Saúde estão definidas pelo artigo 1º, § 2º, da Lei nº 8.142/90, abarcando a área de planejamento e controle, cujo tema principal é o financiamento do sistema; e a área de articulação com a sociedade, a partir da qual são desenvolvidas ações sanitárias visando à participação dos cidadãos no sistema, sendo exemplo a organização de conferências de saúde e o exame de denúncias e propostas populares. Ainda refere a previsão legal de competências executivas, por cujo exercício os Conselhos de Saúde participam na "cadeia decisória da administração do SUS, como instância deliberativa".[262]

No que se refere aos princípios do SUS, a hierarquização, termo técnico do setor sanitário que significa a divisão em níveis de complexidade crescente, implica que o acesso aos serviços de saúde deve ocorrer a partir dos níveis mais simples até aos mais complexos, mediante análise do caso concreto e excetuadas as situações de urgência. Já o atendimento integral determina que as ações e serviços de saúde devem ser considerados como um todo, a atuar de modo harmônico e contínuo.[263] Trata-se da "articulação/integração/simultaneidade das ações e dos serviços, preventivos e curativos, individuais e coletivos, exigidos para cada caso em todos os níveis de complexidade do Sistema de Saúde", sintetizam Pauli, Artus e Balbinot.[264]

A Constituição ainda admite a participação do setor privado no SUS, dentro dos limites do que seja indispensável, preferindo as entidades filantrópicas ou sem fins lucrativos – como também consta do artigo 25 da Lei nº 8.080/90. O sistema privado de saúde possui caráter complementar ao público, de forma que ninguém pode ser compelido a contratar nem a filiar-se a sistema autônomo de saúde, sob pena de flagrante inconstitucionalidade do ato que assim o determine.[265]

A incidência desse conjunto normativo se dá em todas as atividades abrangidas pelo SUS, recordando-se aqui as considerações acerca dos aspectos curativo, protetivo e promocional da saúde, a pautar as ações e serviços de saúde. Alguns exemplos podem ser enumerados: (a) vigilância epidemiológica e controle de doenças; (b) vigilância nutricional, com controle das deficiências nutricionais, orientação e

---

262 CARVALHO, 2003, p. 29.

263 SCHWARTZ, 2001, p. 108.

264 PAULI; ARTUS; BALBINOT, 2003, p. 32. Sobre as então denominadas "Ações Integradas em Saúde", cfe. SCLIAR, 1987, p. 87.

265 SCHWARTZ, op. cit., p. 114-115.

segurança alimentar; (c) educação sanitária; (d) saúde do trabalhador; (e) assistência à saúde em todos os níveis de complexidade; (f) assistência farmacêutica; (g) atenção à saúde dos povos indígenas; (h) capacitação de recursos humanos do próprio SUS; (i) pesquisa e desenvolvimento científico e tecnológico em saúde, promovidos por entidades do SUS; (j) produção, aquisição e distribuição de insumos setoriais específicos – tais como medicamentos, imunobiológicos, sangue e hemoderivados, e equipamentos; (l) saneamento básico e do meio ambiente, desde que associado diretamente ao controle de vetores, a ações próprias de pequenas comunidades ou em nível domiciliar, entre outras ações que sejam determinadas pelo Conselho Nacional de Saúde; (m) serviços de saúde penitenciários, mediante Termo de Cooperação entre os órgãos de saúde e os órgãos responsáveis pelos serviços penitenciários; (n) atenção especial aos portadores de deficiências; e (o) ações administrativas realizadas pelos órgãos de saúde no âmbito do SUS, indispensáveis à realização das demais ações já enumeradas.[266] No âmbito do SUS, ainda se incluem as ações de vigilância sanitária, não mais compreendidas somente como polícia médica, mas, sim, como tutela da segurança decorrente do direito à proteção da saúde contra os riscos do consumo, em sentido amplo.[267]

De outra banda, a responsabilização civil dos gestores de verbas do SUS acontece sempre que, ademais dos casos regidos pelas normas gerais do direito privado e adminitrativo, forem comprovados: (a) malversação de finalidade, ou não-aplicação dos recursos financeiros da União destinados ao SUS; (b) omissão quanto à elaboração do denominado relatório de gestão, por meio do qual é feito o controle previsto no artigo 33 da Lei nº 8.080/90; (c) prática de qualquer ato ilegal, ilegítimo ou anti-econômico, omissivo ou comissivo, de que resulte dano direto ou indireto ao Fundo Nacional de Saúde – FNS –, ou a quaisquer outros recursos financeiros da União; e (d) inobservância da legislação federal relativa ao SUS. Em suma, "qualquer pessoa jurídica de direito privado ou pessoa física, que utilize, gerencie, administre, aplique ou perceba a título de contraprestação de serviços,

---

266 Cfe. BRASIL 2003, p. 65/66.

267 Salienta Herbert Bruyn que "é pela vigilância sanitária, versada nos arts. 197 e 200, II, da Constituição, que se controla não apenas a produção de bens e serviços de saúde, como, outrossim, as tecnologias pertinentes às áreas da medicina (medicamentos, soros, vacinas, equipamentos), estética (cosméticos, perfumes, etc.), higiene, alimentos (inclusive processos de produção e circulação em todas as etapas), drogas veterinárias, agrotóxicos, lazer e serviços (hotéis, clubes, restaurantes, cabeleireiros, etc.), educação e convivência (escolas, creches, asilos, orfanatos, presídios e outros espaços de aglomeração urbana), meio ambiente (*v.g.*, sistemas de abastecimento de água potável, proteção de mananciais, do solo, controle de poluição, coleta de lixo, sistemas de esgotos e resíduos sólidos, cemitérios, etc.), ambiente de trabalho, etc.". Cfe. BRUYN JÚNIOR., Herbert Cornelio Pieter de. A proteção da liberdade e o controle sanitário. *Revista de Direito Sanitário*, v. 3, n. 2, jul. 2002, p. 86-87.

verbas da União alocadas ao SUS" sujeita-se à responsabilização civil, uma vez demonstradas quaisquer das circunstâncias antes enumeradas.[268]

Numa avaliação do que seriam os principais progressos obtidos a partir da implantação do SUS, o documento elaborado pelo Conselho Nacional de Secretários de Saúde – CONASS – menciona a descentralização de ações e serviços de saúde em níveis estadual e municipal; a estruturação dos Conselhos de Saúde nas três esferas federativas, com isso viabilizando a interlocução com a sociedade, inclusive em termos de controle sobre o sistema; o fortalecimento da rede pública de saúde, com extensão na cobertura dos serviços; ênfase na atenção básica e familiar, como acesso preferencial ao sistema; e definição de fontes estáveis de financiamento público, sobremodo a partir dos patamares mínimos definidos pela Emenda Constitucional nº 29/2002.[269]

O reconhecimento desses avanços, entretanto, não elide as críticas formuladas ao SUS, muitas vezes severas, pela doutrina e pela opinião pública, sendo notórias as dificuldades de prestação eficiente e adequada dos serviços de saúde. A título ilustrativo, Maranhão[270] refere a alta taxa de risco de acidentes no âmbito do sistema de saúde, assim como as dificuldades relacionadas à prestação de certos medicamentos, notadamente para algumas patologias raras. Já Canotilho, em análise sobre o problema em Portugal e no Brasil, entende que uma das causas dessas deficiências estaria na consagração constitucional "acoplada", isto é, na positivação constitucional simultânea de direitos sociais atrelados a políticas sociais, como no direito à saúde, que acaba engessando o espaço de discricionariedade legislativa, dificultando a concretização prática dos direitos sociais e, a longo prazo, até mesmo inviabilizando-os. Cita como exemplo a previsão do direito à saúde e a determinação de organização de um Sistema Nacional de Saúde universal e gratuito, ambas com assento no texto constitucional português. O caminho para superar o problema da efetividade desses direitos sociais, resguardada a fundamentalidade formal de que se revestem, passaria pela atuação sociedade, subsidiariamente ao Estado, que se comprometeria com a oferta de auto-ajudas (*Auto-self, Selbsthilf*) dentre as políticas de efetivação dos direitos sociais – no domínio da política de saúde, por hipótese. Nesse caso, "as propostas de 'auto-ajuda' indiciam, em sectores obviamente limitados, um caminho fértil para a recuperação do 'sentido de justiça' ínsito nos direitos sociais", conclui.[271]

---

268 SCHWARTZ, 2001, p. 141-142.

269 Cfe. BRASIL, 2003, p. 37-38.

270 MARANHÃO, 2003, p. 216.

271 De acordo com o jurista, a constitucionalização das políticas sociais, conquanto se volte à otimização dos direitos, inclusive pela restrição da liberdade de conformação legislativa, corre o

Nabais,[272] de seu turno, sublinha o caráter subsidiário da solidariedade, que não pode ser vista como sucedâneo nem espécie de compensação ao desmantelamento do Estado Social, não cabendo à sociedade a integral assunção das políticas públicas, mas diversamente, "a solidariedade há-de assumir uma função claramente complementar". Obsequia, contudo, que se deve rechaçar "a atitude diletante ou quixotesca de insistir na omnipotência do estado social e na consequente rejeição do segmento de solidariedade a cargo da sociedade civil", sustentando que seja esta convocada a colaborar, mas por formas de intervenção ou atuação realmente viáveis, como o voluntariado social e comunitário.

A atuação subsidiária de entidades privadas na efetivação de políticas de saúde pode ser assim sugerida como caminho que retoma a idéia de solidariedade que, ainda na Idade Média (por parte da vizinhança, das entidades filantrópicas e da benemerência), propiciaram o enfrentamento da doença e das deficiências de assistência à saúde. Trata-se de uma alternativa a ser desenvolvida com seriedade, por abrir novas possibilidades à consecução exitosa do direito fundamental à saúde.

A partir das premissas analisadas ao longo deste capítulo, pode-se passar à última parte deste estudo, centrado na análise das objeções e dos parâmetros mínimos impostos à eficácia do direito à saúde, cotejados que devem ser com outros princípios de índole constitucional, notadamente a federação, a separação dos Poderes, a igualdade e a proporcionalidade. Eis o tema proposto.

---

perigo de desconsiderar a pluralidade de racionalidades dos mundos parciais (da economia, do ensino, da ciência) e a pluralidade de posições dos diferentes observadores. Acarreta, ademais, prejuízos à responsividade, isto é, ao direito responsável, fruto de pactos e concertações sociais; assim como à reflexividade, quer dizer, ao direito reflexivo gerado nas ruas. É fato que um direito social não se concretiza unicamente por políticas constitucionais, enquanto prejeções imperativas de contigências sociais sobre órgãos constitucionais do Estado. Além disso, uma política social constitucionalizada pressupõe um Estado soberano, e hoje pendem dúvidas acerca dos limites da soberania estatal, mormente em contextos de supranacionalidade. CANOTILHO, José Joaquim Gomes. Metodologia 'fuzzy' e 'camaleões normativos' na problemática actual dos direitos económicos, sociais e culturais. In: ——. *Estudos sobre direitos fundamentais*. Coimbra: Coimbra, 2004, p. 112-114 e 131.

[272] NABAIS, 1999, p. 165-166.

5. Exigibilidade do direito à saúde e o problema da sua justiciabilidade

5.1. Introdução

A idéia de justiciabilidade do direito à saúde aponta diretamente para o reconhecimento de posições jurídico-subjetivas em favor de quem titule esse direito, seja no sentido de exigir respeito e não-interferência (pretensão defensiva), seja no que concerne a demandas por proteção e fornecimento de bens (pretensões de caráter prestacional). Cuida-se, portanto, da investigação acerca dos limites e das possibilidades dentro dos quais o direito à saúde é exigível, ou seja, eficaz e assegurado, ainda que pelo recurso à via judicial. Em vista disso, o presente capítulo será dedicado à discussão das objeções e dos parâmetros mínimos à eficácia jurídica e social dos direitos fundamentais sociais a prestações materiais, com especial enfoque na problemática ligada ao direito à saúde.

Com o termo "objeções" intenta-se agrupar algumas circunstâncias de natureza diversa, que podem – e muitas vezes devem – ser contrapostas à eficácia jurídica e social dos direitos fundamentais sociais de índole prestacional, entre os quais o direito à saúde. Tais objeções decorrem da premissa de que não existem direitos absolutos e totalmente intangíveis, ainda que por necessidade de tutela simultânea a direitos de natureza semelhante, mas contrapostos por sujeitos diversos. Por conseguinte, as objeções resultam de juízos de ponderação entre o direito fundamental questionado e outros direitos fundamentais e/ou bens, valores e princípios constitucionais, cuja essencialidade ao sistema jurídico tem origem na mesma fonte constitucional. "Tome-se somente o direito à saúde, regulado no artigo 196. Ele deve ser garantido por medidas de política social e econômica. Sem ponderação não pode ser verificado o conteúdo exato desse direito".[273]

[273] ALEXY, 1999, p. 64.

Na verdade e trazendo a questão para o âmbito de exame deste trabalho, deve-se compreender que a Constituição, enquanto pacto plural e democrático, assegurou não apenas direitos sociais a prestações materiais, mas uma série de outros direitos, princípios e valores igualmente relevantes para a sociedade que nela se reflete. A tutela dos direitos fundamentais, portanto, não pode fugir da ponderação e concordância prática, por meio de uma proporcional distribuição de ônus e benefícios, segundo a ordem instituída pelo constituinte.

Como forma de superação e composição dessas objeções ao mandamento constitucional de aplicabilidade imediata das normas jusfundamentais (CF, art. 5º, § 1º), passar-se-á, então, à análise do que aqui se denominou de "parâmetros mínimos" de eficácia dos direitos fundamentais. Com eles se definiriam algumas garantias, que procuram traduzir a idéia de que existem, vigem e são aplicáveis limites aquém dos quais a restrição a um direito fundamental não pode ser considerada lícita nem válida, mesmo se resultante da ponderação com outros direitos fundamentais e/ou com princípios e valores constitucionais. Trata-se da definição de uma eficácia mínima das normas de direito fundamental, relativamente à salvaguarda do bem jurídico tutelado; ou, para usar os termos de Canotilho,[274] cuida-se de delinear o âmbito de garantia efetivo do direito fundamental, dentro do qual eventuais ingerências devem ser consideradas ilícitas e, portanto, inválidas. Visa-se, pois, ao estabelecimento de posições subjetivas mínimas relativamente aos direitos fundamentais, ou pelo menos minimamente exigíveis. Para tanto, adquirem relevo não apenas a incidência dos princípios da proporcionalidade e da razoabilidade, mas a delimitação do conteúdo ou núcleo essencial dos direitos fundamentais e, ainda, a definição das prestações incluídas no mínimo existencial, a desenharem a margem aquém da qual não são admissíveis restrições.

Tal estudo, antes de uma tendência negatória dos direitos fundamentais, propugna por uma "teoria normativa forte" que, afastando o absolutismo interpretativo, exagerado e demagógico, pretende definir os contornos dentro dos quais esses direitos, especialmente os de natureza social prestacional, devem ser concretizados sem ressalvas nem evasivas, pelos Poderes Públicos e por particulares. Nesse sentido, pertinente a advertência de Vieira de Andrade[275] ao referir que não se

---

274 Conforme mencionado no item anterior, consultar CANOTILHO, José Joaquim Gomes. Dogmática de direitos fundamentais e direito privado. In: ——. *Estudos sobre direitos fundamentais*. Coimbra: Coimbra, 2004, p. 198-199.

275 E continua: "A garantia da ordem pública e da segurança interna, a preservação dos bens jurídicos comunitários básicos, o bom funcionamento das instituições democráticas e dos tribunais não podem ser vistos como meras garantias dos direitos individuais, ainda que também o sejam ou que, pelo menos, constituam condições objetivas do seu exercício efectivo". ANDRADE, 2001, p. 150.

deve alargar a idéia de uma presunção em favor do reconhecimento dos direitos fundamentais, sobretudo em termos de posições subjetivas, "ao ponto de subordinar à lógica dos direitos fundamentais toda a actividade pública".

Canotilho adota orientação semelhante ao rechaçar interpretações absolutistas dos direitos fundamentais, cujos resultados podem mostrar-se inversos aos pretendidos. Considera como absolutista a interpretação ou aproximação do direito que, "de uma forma acrítica e positivista confia na simples interpretação das normas consagradoras de direitos para, de forma também subsuntiva, deduzir das normas direitos subjectivamente radicados, vivos e directamente aplicáveis às situações carecidas de regulação normativo-decisória", como se o processo de atribuição de significado aos enunciados lingüísticos fosse bastante para dele se deduzir a efetividade dos direitos fundamentais. As conseqüências podem ser contrárias ao escopo de efetivação dos direitos fundamentais, resultando em "declinações de competências" e "missões de concretização".[276]

Imprescindível, realmente, é a preservação da unidade e supremacia normativa da Constituição, não apenas por consistir fonte normativa e fundamento de validade de todo o sistema jurídico, mas por constituir o pacto social e político sobre o qual se assenta a sociedade assim ordenada. Como esclarece Vieira de Andrade, é necessário um *balancing ad hoc,* para que não se ignore algum dos valores constitucionais aplicáveis, "para que a Constituição (essa, sim) seja preservada na maior medida possível".[277]

O presente capítulo, assim, tem por objeto avaliar a eficácia jurídica dos direitos fundamentais sociais a prestações e, sobremaneira, do direito à saúde. Para tanto, a análise passará pela explicitação do referencial teórico utilizado como pressuposto às conclusões ulteriormente desenvolvidas, qual seja, a teoria principialista, por meio da qual se afirma a normatividade dos princípios jurídicos e a possibilidade de reconhecimento de direitos *prima facie.* A partir disso, e considerando as premissas teóricas já antes desenvolvidas, poder-se-á então ingressar na investigação das objeções e dos parâmetros mínimos à eficácia do direito à saúde, no contexto do constitucionalismo brasileiro vigente. Para tanto, serão examinados o princípio da proporcionalidade, as dimensões da reserva do possível, a garantia do conteúdo ou núcleo essencial dos direitos fundamentais e o direito (subjetivo) ao mínimo existencial. Por fim, como conclusão, a concretização do direito à saúde será analisada sob o enfoque prático do estabelecimento de

---

276 Cfe. CANOTILHO, 2004, p. 127.

277 ANDRADE, 2001, p. 314-315 – grifos originais.

prestações mínimas em saúde, bem como do recorrente caso das ações judiciais pleiteando a condenação do Estado ao fornecimento de medicamentos. Esse o conteúdo do capítulo que se inicia.

5.1.1. *A normatividade dos princípios jurídicos como pressuposto teórico*

Ultrapassada a concepção vigente à época da codificação, quando se percebia o sistema jurídico como unidade fechada e completa em si mesma, pode-se hoje compreendê-lo como sistema aberto, formado por distintas espécies normativas, de conteúdo e funções diferenciados. Mantém-se a noção de sistema, no sentido de conjunto normativo dotado de unidade e coerência, características mínimas, e se agrega uma dimensão axiológica ou teleológica, como expõe Canaris.[278] Trata-se, assim, de um sistema aberto e não mais despido da carga valorativa que lhe é inerente, ou seja, de um sistema apto a ser complementado e recriado, conforme se alterem os fatos e os valores vigentes na sociedade. Um sistema normativo,[279] em que as normas jurídicas também ganham conotação mais ampla, sendo tidas como gênero que se subdivide em duas espécies: princípios e regras. Freitas igualmente sublinha o caráter axiológico do sistema jurídico, propondo um conceito integrador das correntes de pensamento tópico e sistemático, para o qual sistema jurídico é "uma rede axiológica e hierarquizada topicamente de princípios fundamentais, de normas estritas (ou regras) e de valores jurídicos cuja função é a de, evitando ou superando antinomias em sentido amplo, dar cumprimento aos objetivos justificadores do Estado Democrático", como tais "consubstanciados, expressa ou implicitamente, na Constituição".[280]

Torna-se evidente, com isso, a normatividade dos princípios jurídicos. Com efeito, doutrina e jurisprudência vêm atribuindo uma crescente normatividade aos princípios que, de meros axiomas com

---

278 Cfe. CANARIS, Claus-Wilhelm. *Pensamento sistemático e conceito de sistema na ciência do direito.* Introdução e tradução A. Menezes Cordeiro. 2 ed. Lisboa: Calouste, 1996, p. 12-13 e 74-75.

279 A lição de Canotilho, a respeito do direito português, pode ser utilizada no sistema jurídico brasileiro: "[...] *o sistema jurídico do Estado de direito democrático português é um SISTEMA NORMATIVO ABERTO DE REGRAS E PRINCÍPIOS.* Este ponto de partida carece de "descodificação": (1) é um *sistema jurídico* porque é um sistema dinâmico de normas; (2) é um *sistema aberto* porque tem uma *estrutura dialógica* (Caliess), traduzida na disponibilidade e na "capacidade de aprendizagem" das normas constitucionais para captarem a mudança da realidade e estarem abertas às concepções cambiantes da "verdade" e da "justiça"; (3) é um *sistema normativo*, porque a estruturação das expectativas referentes a valores, programas, funções e pessoas, é feita através de *normas;* (4) é um *sistema de regras e de princípios*, pois as normas do sistema tanto podem revelar-se sob a forma de *princípios* como sob a sua forma de *regras*". Cfe. CANOTILHO, José Joaquim Gomes. *Direito constitucional e teoria da constituição.* 7. ed. Coimbra: Almedina, 2003a, p. 1.159 – grifos originais.

280 Conforme FREITAS, 2002, p. 61.

caráter quase metafísico, passaram a ser reconhecidos como normas jurídicas, com eficácia suficiente para solucionar casos concretos, até mesmo de forma direta.[281]

A "descoberta" da normatividade dos princípios decorreu, entre outros, dos estudos de Dworkin,[282] a partir do cotejo de casos concretos com a doutrina positivista até então vigente, que lhe permitiu observar a utilização dos princípios na solução dos casos concretos. Distinguindo os princípios das regras e das diretrizes, Dworkin afirmou que a solução dos chamados *hard cases* normalmente só seria alcançada pela prevalência de um princípio, que assim ganharia maior importância no caso concreto, inclusive com efeitos de gerar obrigação legal. Princípios, por conseguinte, também seriam "direito".

Dessarte, os princípios seriam espécie do gênero "normas jurídicas", pois, à semelhança das regras, possuiriam caráter deontológico, ou seja: "ambos dizem o que deve ser", "podem ser formulados com a ajuda das expressões deônticas básicas do mandado, da permissão e da proibição", ademais de configurarem "razões para juízos concretos de dever ser".[283] Em conseqüência, tornou-se defeso negar vigência ou aplicabilidade aos princípios de um sistema jurídico, sob escusa de que apenas indicariam linhas gerais de conduta ou finalidades a serem alcançadas, totalmente despidos de eficácia. São normas jurídicas e, exatamente por isso, dotados de eficácia jurídica plena, capaz de indicar a solução para casos concretos.

Ainda no que concerne à normatividade dos princípios constitucionais, necessário examinar os conceitos de abertura, densidade e concretização, a fim de compreender a forma pela qual os princípios passam de normas extremamente genéricas a normas concretas de decisão. A noção de abertura pode referir-se à Constituição, falando-se em "abertura horizontal" como a incompletude e o caráter fragmentário e não codificador do texto constitucional; e pode aludir às normas jurídicas, chamada de "abertura vertical" e concernente ao caráter geral ou indeterminado de certas normas, que se "abrem" à mediação legislativa conformadora – havendo quem reconheça nisso uma dele-

---

281 Sobre a evolução hitórica do reconhecimento da normatividade dos princípios, consultar BONAVIDES, Paulo. *Curso de direito constitucional*. 10 ed. São Paulo: Malheiros, 2000, p. 230 *et seq.*; e LARENZ, 2001, p. 34-35, com especial destaque à doutrina de Josef Esser.

282 Cfe. DWORKIN, Ronald. *Los derechos en serio*. Tradución Marta Guastavino. Barcelona: Ariel, 1999, especialmente p. 72 et. seq.

283 Tradução livre do espanhol: "Tanto las reglas como los principios son normas porque ambos dicen lo que debe ser. Ambos pueden ser formulados con la ayuda de las expresiones deónticas básicas del mandato, la permisión y la prohibición. Los principios, al igual que las reglas, son razones para juicios concretos de deber ser, aun cuando sean razones de un tipo muy diferente. La distinción entre reglas y principios es pues una distinción entre dos tipos de normas"ALEXY, Robert. *Teoria de los derechos fundamentales*. Tradución Ernesto Garzón Valdés. Madrid: Centro de Estúdios Constitucionales, 1997, p. 83.

gação aos sujeitos concretizantes, ou aplicadores do direito, por se permitir que complementem esse espaço de conformação ou discricionariedade normativa.[284] A contraface da abertura é a densidade, concebida como a proximidade da norma constitucional em relação aos efeitos e condições de aplicação que lhe sejam próprios, de modo que, quanto mais densa a norma, menor o espaço de conformação e discricionariedade deixado ao intérprete.[285] Finalmente, a concretização "corresponde ao processo de busca de uma *norma de decisão* que sendo inferida de um sistema aberto seja aplicável ao caso concreto", o que pode ocorrer pela atividade legislativa, judicial, administrativa[286] e, agregue-se, individual-privada.

Seguindo esse raciocínio, a normatividade não consistiria numa simples qualidade da norma, mas no efeito de um procedimento metódico de concretização. Dos princípios estruturantes, normalmente densificados em princípios gerais, passa-se a princípios especiais e a regras constitucionais, numa relação escalonada de concretização da normatividade material da Constituição. No nível político-legislativo, essas normas constitucionais são densificadas em atos normativos infraconstitucionais, como leis e regulamentos. Por fim, são obtidas as normas de decisão para solucionar casos concretos, já nos planos administrativo e judicial, com base nos preceitos e nas densificações anteriores.[287]

5.1.2. Distinções entre princípios e regras

Admitida a normatividade dos princípios, releva assinalar alguns pontos que sirvam à diferenciação entre princípios e regras, como pressuposto ao exame das colisões entre direitos e, por conseqüência e a final, à identificação de parâmetros dentro dos quais se possa analisar a eficácia dos direitos sociais prestacionais e, especificamente, do direito à saúde. Nesse sentido, mister colacionar algumas contribuições teóricas importantes sobre o tema.

---

284 Cfe. ESPÍNDOLA, Ruy Samuel. *Conceito de princípios constitucionais:* elementos teóricos para uma formulação constitucionalmente adequada. São Paulo: Revista dos Tribunais, 1999, p. 232 et. seq. Cfe. CANOTILHO, 2003a, p. 1180-1181.

285 Cumpre aqui relembrar a classificação das normas constitucionais proposta por Ingo Sarlet, também adotada no âmbito deste estudo, que distingue exatamente entre as normas de alta densidade normativa, cujo espaço de conformação legislativa é bastante reduzido; e as normas de baixa densidade normativa que, carentes de elementos de regulação, asseguram maior espaço de conformação ao aplicador do direito. As normas definidoras de direitos sociais a prestações materiais, como no caso do direito à saúde, inserem-se nesta última qualificação. Cfe. SARLET, 2005, P. 250.

286 ESPÍNDOLA, 1999, p. 235.

287 Ibidem, 1999, p. 236-239, nota 150.

Em breves linhas, podem ser referidas certas distinções entre regras e princípios sobre as quais concordam a doutrina.[288] O critério mais comum está no grau de generalidade das normas, na medida em que as regras são dotadas de uma generalidade bem mais restrita que os princípios, o que pode ser observado no suporte fático dessas espécies normativas: se as regras são editadas para aplicação a certas circunstâncias específicas, sendo gerais apenas na definição da hipótese legal; os princípios são genéricos no sentido de incidirem sobre um número indefinido de situações ou suportes fáticos, exatamente por possuírem abertura vertical.[289] Num exercício comparativo, Canotilho elenca outros critérios diferenciadores: (a) o grau de abstração, mais elevado nos princípios do que nas regras; (b) o grau de determinabilidade, menor nos princípios, que então demandam mediações concretizadoras, e maior nas regras, diretamente aplicáveis; (c) o caráter de fundamentalidade no sistema das fontes do direito, em que somente aos princípios é outorgado caráter estruturante; (d) a "proximidade" da idéia de direito, a destacar os princípios como *standards* juridicamente vinculantes, radicados nas exigências de justiça ou nessa idéia de Direito, enquanto apresentam as regras conteúdo meramente funcional; e (e) a natureza normogenética dos princípios, como fundamento ou *ratio* das regras jurídicas.

A conseqüência mais importante da distinção entre princípios e regras, contudo, está nos modos diversos e próprios por que são solucionados os conflitos normativos e, assim, descoberta ou construída a norma jurídica cabível à regência do caso concreto. Dworkin afirma que essa distinção é lógica, aplicando-se as regras como disjuntivas, ao contrário dos princípios. Assim, entre regras vige a idéia do tudo ou nada, quer dizer, ou uma regra vale e é aplicada, ou não vale, deixa de ser aplicada e é excluída do sistema. Para a solução do conflito entre regras, a hermenêutica conta com os conhecidos cânones da anterioridade, especialidade e hierarquia. Já os princípios, por não preverem expressamente a conseqüência jurídica, apenas indicam a solução para o caso concreto – circunstância que permite, em hipótese de colisão, a preponderância de um princípio sobre o outro, sem que qualquer um seja considerado inválido.[290]

[288] Nesse sentido, conferir, a título exemplificativo: BONAVIDES, 2000, p. 230-246; Cfe. ALEXY, 1997, p. 98 et. seq.; STUMM, Raquel Denize. Princípio da proporcionalidade no direito constitucional brasileiro. Porto Alegre: Livraria do Advogado, 1995, p. 32 *et seq*.

[289] Essa abertura vertical corresponderia ao caráter *prima facie* que, segundo Robert Alexy, não é similar nas regras e nos princípios. Os princípios conteriam apenas mandados *prima facie*, não definitivos, dependentes de uma determinação de conteúdo em relação aos princípios opostos e às possibilidades fáticas. Com as regras isso não aconteceria, valendo definitivamente o que a regra diz, pois que está apoiada numa disposição já tomada autoritariamente (isto é, pela autoridade competente) ou transmitida.

[290] DWORKIN, 1999, p. 74-77. Dworkin utiliza os termos "regra" e "norma" como sinônimos; entretanto, para evitar equívocos e melhor explicitar o raciocínio ora exposto, preferimos

Dworkin ainda separa as regras dos princípios, por possuírem uma dimensão de peso ou importância não verificada naquelas. Esta peculiaridade é essencial, sobretudo na resolução das contraposições, pois enquanto as colisões de princípios implicam a atribuição de pesos diferenciados, e a solução para o caso concreto é decorrente do princípio de maior peso ou importância, nos conflitos entre regras a solução pela incidência de uma regra exclui a outra, que então se torna inválida no caso concreto.[291]

Alexy reitera a noção de que regras e princípios são normas jurídicas, mas afirma que a diferença entre ambos é qualitativa, e não apenas de grau. Os princípios são mandamentos de otimização, cuja principal característica consiste em poderem ser cumpridos em distintos graus, de acordo com possibilidades fáticas e jurídicas, sendo as últimas determinadas pela incidência de princípios e regras opostos. "O ponto decisivo para a distinção entre regras e princípios é que os *princípios* são normas que ordenam que algo seja realizado na maior medida possível, dentro das possibilidades jurídicas e reais existentes". As regras, de seu turno, simplesmente podem ou não podem ser cumpridas, sem espaço para gradações, porque contêm determinações no âmbito do fática e juridicamente possível. "Se uma regra é válida, então há de fazer-se exatamente o que ela exige, nem mais nem menos", arremata.[292] [293]

De acordo com o jurista alemão,[294] enquanto os conflitos entre regras se solucionam pelo reconhecimento da nulidade de uma delas, ou pela inserção de uma cláusula de exceção à aplicabilidade em certa hipótese de incidência; entre princípios, conforme as circunstâncias do caso concreto, um princípio cede ao outro, porém sem que isso signifique nulidade, nem inclusão de regra de exceção. Os princípios têm um peso diferente no caso concreto, e o princípio de maior peso, segundo tais elementos concretos, é o que prepondera. Perante outra configuração fática, entretanto, a solução para a hipótese pode variar, com a prevalência de princípio diverso, ou mesmo daquele que foi afastado no primeiro caso. Nesse sentido, Alexy aproxima-se da posição de Dworkin acerca da dimensão do peso ou importância dos

---

traduzir "normas" apenas por "regras", em coerência ao raciocínio já desenvolvido, segundo o qual as normas jurídicas abrangem, como espécies normativas, os princípios e as regras.

291 Cfe. DWORKIN, 1999, p. 77-78.

292 Tradução livre do espanhol: "El punto decisivo para la distinción entre reglas y principios es que los *principios* son normas que ordenan que algo sea realizado en la mayor medida posible, dentro de las posibilidades jurídicas y reales existentes. [...] Si una regla es válida, entonces de hacerse exactamente lo que ella exige, ni más ni menos." Cfe. ALEXY, 1997, p. 86-87 – grifos originais.

293 Em sentido semelhante, cfe. CANOTILHO, 2003a, p. 1161-1162.

294 Cfe. Ibidem, p. 87.

princípios, que permite a escolha do princípio preponderante conforme as circunstâncias do caso sob exame. Conclui que o conflito entre regras se dá na dimensão da validade, enquanto a colisão de princípios ocorre na dimensão do peso ou valor, em que já pressuposta a validade dos princípios de que se cogite. Por conseqüência, não há hierarquia entre princípios, pois todos valem e possuem o mesmo peso *a priori*, prevalecendo aquele que, no caso concreto – ou seja, *a posteriori* – apresente o maior peso/valor.

A partir dessas considerações, pode-se compreender a noção de antinomias. Em termos simples, fala-se de antinomia própria diante do conflito entre regras jurídicas. Na antinomia própria, a aplicação de uma regra exclui a de outra, consoante critérios fornecidos pelo próprio sistema: ou se utilizam os cânones hermenêuticos de que "lei posterior que revoga lei anterior", "lei superior revoga lei inferior" e "lei especial revoga lei geral"; ou se introduz uma regra de exceção, permitindo a aplicação "flexibilizada" ou "relativizada" da regra que se teria de afastar. Cuida-se, portanto, de conflito no plano da validade normativa, tendo por conseqüência a invalidação e subseqüente exclusão da regra não aplicável.

A colisão de princípios, diversamente, dá origem a uma antinomia imprópria – imprópria exatamente porque não há exclusão, mas tão-só o afastamento de um princípio, diante das circunstâncias fáticas e jurídicas do caso concreto. A solução surge da preponderância de um princípio sobre o outro, conforme o peso, o valor ou a importância que demonstre cada um para a hipótese em consideração. Trata-se da concordância prática, dependente de um critério de proporcionalidade entre os valores em jogo, que soluciona a colisão no plano do peso e, por isso, não apenas pressupõe a validade dos princípios em jogo, como jamais determina que o princípio não aplicado seja extirpado do ordenamento por invalidade.[295]

Tais considerações são importantes, ademais, porque o caráter dos preceitos constitucionais definidores de direitos fundamentais é geralmente aberto e, nada obstante a possibilidade de deles se inferirem regras, o mais comum é atribuir-lhes natureza principiológica. Alerta

[295] Entende Juarez Freitas que haveria uma certa inadequação, pelo menos parcial, na classificação das antinomias em próprias e impróprias. Destaca que "as antinomias jurídicas, em sentido tópico-sistemático, reclamam ser pensadas, concomitantemente, como contradições lógicas e axiológicas". Corresponderiam às incompatibilidades entre regras, valores ou princípios jurídicos, pertencentes validamente ao sistema jurídico, cuja superação atende à necessidade de preservação da unidade e coerência do sistema positivo, assim como de maximização da efetividade pluralista da teleologia constitucional. Para ele, "nas soluções das antinomias de primeiro grau sempre subjaz a resolução de uma antinomia de grau superior, justamente pela inafastável presença do momento hierarquizador de feições axiológicas". Para maiores esclarecimentos, inclusive porque este instigante tema foge ao objeto específico deste estudo, conferir, FREITAS, 2002, p. 91 e 111.

Comanducci, todavia, que a tecitura aberta dessas normas "provoca freqüentemente que, no plano abstrato da interpretação, seja muito difícil (mas não impossível) que se presenciem casos de incompatibilidade entre princípios que confiram direitos fundamentais". Em função disso, entende "bem mais provável que casos de incompatibilidade se individualizem (e se configurem por parte dos juristas) quando, na aplicação das normas a um caso concreto, 'se fechem' as suas condições de aplicabilidade".[296] Nesse sentido, ao juiz cumpre "fechar" as condições de aplicação (o âmbito de aplicabilidade) dos princípios jusfundamentais, mas somente para o caso que está julgando, dado que nada impede que, noutro caso, mesmo similar ao precedente, ele ou outro juiz "reabram" – por um procedimento que na *Common Law* chama-se *distinguishing* – o balanceamento entre princípios e o resolvam de modo diverso, ou não façam jogar um princípio adicional, revendo assim as condições de aplicação dos princípios jusfundamentais. Estando desse modo as coisas, mostrar-se-ia muito difícil, senão impossível, a previsão *ex ante* de qual será o resultado da ponderação judicial nos casos futuros.[297]

A definição pelo princípio aplicável ao caso concreto, todavia, passa pelo domínio de mecanismos que auxiliem na determinação das possíveis objeções e dos parâmetros à eficácia do direito em questão – no caso, o direito fundamental à saúde. Entre tais instrumentos jurídicos, releva o princípio da proporcionalidade, tanto pelo destaque que recebe na doutrina acerca das restrições a direitos fundamentais, como pela importância que vem crescentemente angariando nas decisões jurisprudenciais sobre esse tema, como se passa a analisar adiante.

5.1.3. A teoria principialista e os direitos "prima facie"

Elucidado o pressuposto teórico atinente à natureza normativa dos princípios jurídicos que, ao lado das regras, constituem normas jurídicas válidas e eficazes; diferenciando-se, entretanto, quanto à forma de superação dos conflitos, visto que as regras obedecem à lógica disjuntiva do "tudo ou nada", enquanto os princípios, por possuírem a dimensão do peso, jamais são excluídos do sistema, sendo

---

[296] Tradução livre do original italiano: "Questo provoca sovente che, nel piano astratto della interpretazione, sia molto difficile (ma non impossibile) che si presentino casi di incompatibilità tra principi che conferiscono diritti fondamentali. È più probabile che casi di incompatibilità si individuino (e si configurino da parte dei giuristi) quando, nell'applicazione delle norme ad un caso concreto, si 'chiudono' le loro condizioni di applicabilità." Cfe. COMANDUCCI, Paolo. Problemi di compatibilità tra diritti fondamentali. In: COMANDUCCI, Paolo; GUASTINI, Riccardo (org.). *Analisi e diritto 2002-2003*: ricerche di giurisprudenza analitica. Torino: G. Giappichelli, 2004, p. 322. Disponível em: http://www.giuri.unige.it/intro/dipist/digita/filo/testi/analisi_2002/. Acesso em: 18 abr. 2005.

[297] Nesse sentido, cfe. COMANDUCCI, 2004, 326-327.

aplicável aquele princípio que se faça preponderante, diante das circunstâncias concretas, pode-se proceder à abordagem das teorias que procuram explicar os parâmetros mínimos e as objeções passíveis de oposição à eficácia dos direitos fundamentais sociais a prestações materiais, com ênfase no direito à saúde.

Desde logo, esclareça-se que a matéria aparece sob diversos enfoques na doutrina, ora tratada no âmbito das restrições ou limites aos direitos fundamentais; ora abordada entre as garantias mínimas de proteção a esses direitos; ora, ainda, inserida no tema mais amplo da eficácia das normas de direitos fundamentais. Não obstante se mostrem relevantíssimos os questionamentos daí deduzidos, a análise que se passa a empreender tem por objetivo delinear os pressupostos teóricos que sejam essenciais ao ulterior desenvolvimento, então com maior detalhe, do que poderiam ser indicados como alguns dos parâmetros mínimos e das possíveis objeções à eficácia dos direitos fundamentais sociais a prestações materiais. Registrada a ressalva, pode seguir-se ao exame dos postulados teóricos mais importantes.

A preferência por uma teoria principialista decorre das dificuldades apresentadas pelas assim chamadas teorias interna e externa dos limites ou das restrições a direitos fundamentais.[298] Como explica Ávila,[299] a tese toma por pressuposto a adaptação, ao direito português, da metodologia de concretização das normas constitucionais desenvolvida por Friedrich Müller e Konrad Hesse na Alemanha, cuja idéia central é a impossibilidade de compreensão do texto da norma constitucional fora do respectivo contexto. Parte-se da separação entre texto jurídico e norma jurídica, tomando-se o texto apenas como o primeiro elemento do processo de interpretação-concretização, visto que ainda não contém a decisão do problema a ser resolvido pela aplicação da norma. A interpretação de uma norma, portanto, configura um processo complexo, que inclui "(a) a análise do conteúdo semântico do texto, ponto necessário de partida; (b) o reconhecimento de que a norma não se identifica com o texto ('o texto da norma é o 'sinal lingüístico'; a norma é o que se 'revela' ou 'designa'); e (c) a delimitação do âmbito normativo, com atenção aos elementos relacionados com o problema a ser decidido".[300]

Além disso, devem-se ter presentes os conceitos de "âmbito de proteção" (*Schutzbereich*) e "âmbito de garantia efetivo" (*Garantie-bereich*) pois não há identidade entre o chamado âmbito ou domínio de bens protegidos e o âmbito efetivamente protegido por um direito

---

298 CANOTILHO, 2004, p. 200-202.

299 ÁVILA, 2004, p. 44-45.

300 Ibidem, p. 44-45.

fundamental. O âmbito de proteção significa que um bem é resguardado, embora nesse âmbito possam intervir medidas desvantajosas por parte de entes públicos ou privados que, mesmo sendo lícitas, carecem de justificação e de limites. O âmbito de garantia efetivo é o domínio dentro do qual qualquer ingerência é ilícita[301] – passível de recondução à idéia de núcleo essencial, poder-se-ia acrescentar.[302]

Segundo Canotilho, a teoria interna pressupõe que os direitos e os respectivos limites são imanentes a qualquer posição jurídica, de modo que o conteúdo definitivo será aquele existente dentro da compreensão de um direito "nascido" com limites e, portanto, o âmbito de proteção será o âmbito de garantia desse direito. Já a teoria externa pressupõe que direitos e restrições consistem em dimensões separadas, sendo as restrições desvantagens impostas externamente aos direitos e, por isso, fazendo com que o âmbito de proteção seja sempre mais extenso do que o âmbito de garantia efetivo. Em suma, o âmbito de proteção efetivo de um direito será aquele obtido após estabelecidas as restrições, segundo a teoria externa; ou aquele que resta depois de um cuidadoso recorte dos limites que, *a priori* (limites imanentes), subtraem determinadas ações, posições, comportamentos ao âmbito de proteção, para a teoria interna.[303]

O problema é que nas colisões entre direitos não é fácil delimitar nem o âmbito de proteção, nem o âmbito de garantia efetivo, porque a intervenção restritiva surge associada ao próprio exercício do direito. A radicalidade de ambas as posições teóricas tem sido então relativizada, tanto pela introdução da distinção entre princípios e regras no campo dos direitos fundamentais como pela indispensabilidade da ponderação de direitos e de bens, por si só irreconduzível à fixação de padrões teóricos abstratos. A indeterminação *prima facie* do conteúdo de um direito equivaleria, na prática, a um definitivo *não-direito*. Numa abordagem principialista, diversamente, torna-se possível afirmar que um direito, jurídico-estruturalmente considerado *prima facie* como direito, tenha de ceder diante da necessidade concreta de ponderação

---

301 CANOTILHO, 2004, p. 198-199.

302 O núcleo essencial de um direito pode ser traduzido exatamente por essa idéia de conteúdo dentro do qual se têm por indevidas quaisquer ingerências, estatais ou privadas, na medida em que determinam a descaracterização do direito como tal. Essa noção será melhor explorada no item 5.4, adiante.

303 Edilsom Farias se posiciona pela adoção da teoria externa pois, além de adequar-se melhor ao modelo dos princípios, aparentaria maior "legitimidade". Argumenta que um cidadão considerará mais honesto e convincente que a negativa de outorga do direito fundamental se fundamente na prevalência de direitos de fundamentais de terceiros ou de interesses da comunidade, valorados pela Constituição, do que simplesmente se alegue que o direito por si postulado não está abarcado por leis objetivas, por não pertencer ao âmbito protegido. Cfe. FARIAS, Edilsom. Restrição a direitos fundamentais. *Seqüência:* Revista do Curso de Pós-Graduação em Direito da UFSC, Florianópolis, v. 21, n. 41, p. 67-82, dez. 2000, p. 69, nota 5.

ou balanceamento, decorrentes da proteção de outros bens constitucionalmente protegidos e consigo colidentes. Desse modo, não há coincidência entre o que as teorias interna e externa consideram como direito *prima facie* e direito definitivo, isto é, o direito fundamental cujos contornos (âmbito de proteção e conteúdo efetivo) são resultado de uma ponderação concreta. Na verdade, o âmbito de proteção de um direito fundamental não corresponde ao âmbito de garantia efetivo desse mesmo direito, pois submetido à concordância e harmonização com os demais interesses, bens e valores em jogo. "O conteúdo, *prima facie*, de um direito pode não ser o seu conteúdo *definitivo* quando, em virtude de um juízo de ponderação concreto, houver necessidade de o restringir conferindo maior peso a outros bens ou direitos".[304] Assim se poderia falar em direitos *prima facie* e direitos definitivos, conforme já tenham sido, ou não, ponderados com outros direitos e/ou interesses.[305]

Outrossim, tal ponderação dos direitos permite o reconhecimento de um novo papel ao legislador, que deixa de ser visto como inimigo dos direitos fundamentais, porque unicamente interessado em restringi-los, para atuar na realização desses direitos. "[O] legislador 'concretizador', 'harmonizador', 'ponderador', procura concordância, densificação e ponderação 'optimizadoras' de direitos, não raro em rotas de colisão uns com os outros".[306] Revisa-se também a noção de conformação legislativa, que se torna atividade de otimização dos direitos, em atenção à máxima efetividade possível e à proteção dos interesses colidentes.

Canotilho, entretanto, tece crítica à defesa irresignada tanto das teorias interna e externa, como da teoria principialista. De um lado, as teorias interna e externa apresentam uma clara vantagem legitimante, na medida em que não dirimem as dúvidas quanto à afirmação de um direito, depois de reconhecidos os limites imanentes ao conteúdo ou de aplicadas as devidas restrições, respectivamente. Por isso, a afirmação de um direito sempre ocorre "pra valer". Tal argumento prova "de mais e de menos", contudo: "[p]rova de menos, ao afirmar que um direito eventualmente sujeito a restrições e intervenções mais ou menos significativas perde por completo a sua força legitimadora"; e "[p]rova de mais, pois sugere que a exclusão do âmbito do direito de determinados comportamentos, actos ou situações, impede casos de conflitos e torna supérfluas tarefas de ponderação".[307] Já a teoria

---

304 CANOTILHO, 2004, p. 200-204 – grifos originais.

305 Acerca dos direitos *prima facie* e dos direitos definitivos, consultar CANOTILHO, 2003a, p. 1273.

306 CANOTILHO, 2004, p. 208-210 – original grifado.

307 Ibidem, p. 212.

principialista, embora permita a distinção entre direitos *prima facie* e direitos definitivos, assim como a superação da aparente rigidez de direitos originários "sem limites", peca exatamente pela excessiva relativização da força vinculativa dos direitos fundamentais. Com isso, "a acentuação principialista dos direitos desloca para os tribunais a garantia do direito que deveria ser obtida logo [no] nível da mediação concretizadora do legislador democrático", motivo por que conclui o constitucionalista pela impertinência de radicalizações entre princípios e regras.[308]

Em busca de uma "teoria normativa forte dos direitos fundamentais", Vieira de Andrade[309] também refuta as posições extremadas e sustenta a tese da necessidade de reconhecimento de limites imanentes aos direitos fundamentais – *cum grano salis*, pode-se dizer. Para ele, deve-se rejeitar um modelo "pré-formativo", que reconduza todas as limitações possíveis à hipótese normativa constitucional, preferindo-se uma interpretação "que permita restringir *à partida* o âmbito de protecção da norma que prevê o direito fundamental", e, assim, excluir "os conteúdos que possam considerar-se *de plano* constitucionalmente inadmissíveis, mesmo quando não estão expressamente ressalvados na definição textual do direito", de modo a preservar, em última análise, o núcleo ou conteúdo essencial do direito fundamental.

Essas restrições corresponderiam aos limites imanentes, ou seja, aqueles definidos pela própria Constituição. Em sentido material, enquanto limites ao objeto, referem-se ao bem jurídico tutelado pelo direito e decorrem da interpretação dos preceitos constitucionais, em que comumente utilizados os conceitos indeterminados e a técnica legislativa das cláusulas gerais.[310] Já em sentido jurídico, como limites ao conteúdo, concernem àquelas situações ou modos de exercício não alcançados pela proteção constitucional, uma vez que a Constituição

---

308 Em qualquer caso, entende ele, "avulta a intencionalidade material destes direitos carecidos de uma incontornável tarefa de ponderação". Talvez por isso tenha defendido a preferência de um modelo de regras a um modelo de princípios na interpretação concretizadora dos direitos fundamentais. Cfe. CANOTILHO, 2004, p. 213-214.

309 ANDRADE, 2001, p. 280.

310 Conforme define Engish, conceito jurídico indeterminado é aquele "cujo conteúdo e extensão são em larga medida incertos", nele se podendo distinguir um núcleo conceitual e um halo conceitual. "Sempre que temos uma noção clara do conteúdo e da extensão dum conceito, estamos no domínio do núcleo conceitual; diversamente, onde as dúvidas começam, começa o halo do conceito". Os conceitos indeterminados tanto podem aparecer na hipótese legal como na estatuição (conseqüência jurídica) das normas jurídicas. Já as cláusulas gerais consistem na técnica legislativa que, por meio de "uma formulação da hipótese legal [...], em termos de grande generalidade, abrange e submete a tratamento jurídico todo um domínio de casos". Graças a essa generalidade, "elas tornam possível sujeitar um mais vasto grupo de situações, de modo ilacunar e com possibilidade de ajustamento, a uma consequência jurídica". Não se confundem, portanto, os conceitos jurídicos indeterminados e as cláusulas gerais, ainda que constituam formas de expressão legislativa aberta. Cfe. ENGISH, Karl. *Introdução ao pensamento jurídico*. Tradução J. Baptista Machado. 6. ed. Lisboa: Calouste, 1988, p. 208-210, 228-229 e 233.

não concede direitos para que os indivíduos simplesmente deles usufruam conforme entendam.[311] Podem os limites imanentes aparecer de forma expressa no texto constitucional, no preceito de direito fundamental ou em outros dispositivos; bem como são passíveis de reconhecimento a partir da interpretação constitucional, falando-se então em limites implícitos, geralmente depreendidos das hipóteses em que o exercício do direito afete valores comunitários ou outros direitos constitucionalmente protegidos.[312]

De acordo com o jurista português – e a afirmação é todo pertinente ao estabelecimento dos parâmetros mínimos e das possíveis objeções aos direitos fundamentais sociais a prestações materiais no ordenamento constitucional brasileiro –, interessam sobretudo os "limites de conteúdo que, pressuposta a definição do âmbito do direito [...], possam constituir restrições ao programa normativo *do preceito*".[313] A afirmação parece coadunar-se à idéia de Canotilho, antes referida, a respeito da diferença que existe entre âmbito normativo e âmbito de garantia efetivo: os limites imanentes recortariam o conteúdo do direito, como tal previsto pelo âmbito normativo do preceito constitucional, de modo a delinear o âmbito de garantia efetivo, ou efetivamente passível de proteção. Dessarte, "a construção dogmática da figura dos 'limites imanentes' não é, em si, dispensável [...], porque não podem ignorar-se os limites expressos no próprio texto da Constituição".[314]

O reconhecimento da existência de limites imanentes, inclusive implícitos, traz duas conseqüências relevantes. Primeira, de que se trata de situações que efetivamente não estão abrangidas pela hipótese normativa constitucional (texto), ou seja, situações não tuteladas pelo direito fundamental consagrado constitucionalmente. Segunda, de que se o preceito constitucional não alcança o "alegado direito" é porque direito não há, e então será este ignorado, donde também inexistir conflito ou colisão entre direitos. Os limites imanentes são admissíveis sempre que se possa afirmar que a Constituição, ao proteger determinado bem jurídico por meio de um direito fundamental, jamais asseguraria tutela a certas situações ou formas de exercício desse direito, exatamente em atenção aos outros direitos fundamentais ou valores por ela mesma consagrados; por conseguinte, certamente se tratará de hipótese não albergada pela proteção constitucional – ou desta excluída.[315]

---

311 ANDRADE, op. cit., p. 282-283. Em sentido similar, cfe. NABAIS, 1989, p. 81-82.

312 ANDRADE, 2001, p. 283-284.

313 ANDRADE, op. cit., p. 283 – original grifado.

314 Ibidem, p. 280 – grifos originais.

315 Ibidem, p. 285-286.

Com tal raciocínio, Vieira de Andrade também reconduz o problema dos limites imanentes e da definição do âmbito efetivo de proteção à interpretação constitucional. Como se nota, a definição de quais sejam os limites imanentes deve ser resolvida no campo da interpretação constitucional dos preceitos que estabelecem cada um e todos os direitos fundamentais. Diante do caso, analisa-se o âmbito de proteção da hipótese de incidência da norma constitucional, perquirindo se certo aspecto ou modo de exercício está agasalhado pelo direito fundamental, ou não. Diretriz para tanto é a advertência de que a tutela constitucional jamais pode acarretar ofensa ao conteúdo essencial de outro direito fundamental, nem tampouco a valores comunitários básicos, nem ainda a princípios essenciais da ordem constitucional. Se isso ocorrer, os fatos postos em exame não contarão com a proteção constitucional, e o titular do alegado direito deverá respeitar os limites já fixados pela própria Lei Maior.[316]

Incidem na interpretação concretizadora do âmbito efetivo de proteção do direito fundamental questionado, ademais, os princípios da proporcionalidade e da razoabilidade. Tais princípios aplicam-se no exame da restrição ou reconhecimento do limite imanente e na definição do conteúdo do direito, evitando tanto o esvaziamento do núcleo essencial do direito, como igualmente uma interpretação absolutista e exagerada dos direitos fundamentais, que intente incluir hipótese claramente não abrangida pela tutela constitucional. Os princípios da proporcionalidade e da razoabilidade devem presidir o juízo de ponderação efetuado pelo aplicador do direito, resguardando a normatividade dos direitos fundamentais e a unidade da Constituição.

Diante do exposto, pode-se sustentar, no que concerne aos direitos fundamentais sociais a prestações materiais, a existência de uma presunção em favor do reconhecimento de direitos originários *prima facie*, cuja afirmação como direitos definitivos dependerá do resultado de uma ponderação concreta com as demais circunstâncias em causa, sejam outros direitos fundamentais, sejam princípios ou valores constitucionais. Na esteira das lições de Canotilho e Vieira de Andrade, tomam-se como premissas, de um lado, a rejeição de radicalismos na interpretação das teorias sobre restrições aos direitos fundamentais; e, de outro, a subsistência de limites imanentes que, num juízo concreto de ponderação e, portanto, *a posteriori*, podem vir a estreitar o âmbito de proteção dos direitos fundamentais[317] – inclusive de direitos fundamentais sociais a prestações materiais, como a saúde, por exemplo.

---

[316] ANDRADE, 2001, p. 287-288.

[317] "Todavia, *a posteriori*, através do jogo de 'argumento e contra-argumento', da ponderação de princípios jurídico-constitucionais, pode chegar-se à necessidade de uma *optimização* racional, controlável, adequada e contextual, de várias constelações de princípios jurídico-constitucionais. Esta optimização é possível porque os princípios transportam dimensões objectivas possibilita-

Tais conclusões apontam, portanto, para a solução mediante ponderação concreta dos bens constitucionais em jogo, fugindo, assim, de extremismos quanto às teorias sobre a restrição dos direitos fundamentais. Frente a esse quadro, torna-se possível o exame detalhado do que se entendem como alguns dos parâmetros mínimos e das objeções passíveis de oposição aos direitos fundamentais sociais a prestações materiais, com especial enfoque no direito à saúde. Eis a matéria dos tópicos que seguem.

5.2. O princípio da proporcionalidade

Antes de mais nada, esclareça-se que muito embora haja controvérsias acerca da natureza principiológica da proporcionalidade, sendo correntes as posições que a entendem enquanto máxima, na linha apresentada por Alexy e defendida no Brasil, entre outros, por Farias,[318] ou como postulado normativo aplicativo, segundo proposta de Ávila,[319] a preferência pela expressão "princípio da proporcionalidade", ora utilizada, guarda coerência com as decisões judiciais sobre o tema, em especial as decisões do Supremo Tribunal Federal,[320] que

---

doras de uma *ponderação* de bens jurídico-constitucionais efectuada a partir da própria constituição. Nota-se, porém, que esta ponderação assenta na ideia: (1) de que entre as normas constitucionais não há qualquer hierarquia normativa material (ex.: o 'bem da saúde pública' não é superior ao 'direito de greve'); (2) de que a ponderação é feita entre 'bens constitucionais'; não é uma ponderação de valores extraconstitucionais, pois deve tratar-se de bens constitucionalmente reconhecidos; (3) a optimização de bens constitucionais levada a efeito através da ponderação não pressupõe qualquer 'exercício abusivo', 'arbitrário' ou 'inespecífico' de um direito fora do respectivo âmbito de protecção, pois o problema dos 'limites imanentes' é irresolúvel através de critérios prévios, livres de qualquer ponderação, só podendo construir-se como resultado de ponderação de princípios jurídico-constitucionalmente consagrados. Numa palavra: os *chamados* 'limites imanentes' são o resultado de uma ponderação de princípios jurídico-constitucionais conducente ao afastamento definitivo, num caso concreto, de uma dimensão que, *prima facie*, cabia no âmbito protectivo de um direito, liberdade e garantia" (CANOTILHO, 2003a, p. 1281-1282). Advirta-se que, conquanto não se admita a existência de uma hierarquia axiológica previamente estabelecida, mostra-se inviável, no âmbito do constitucionalismo pátrio e em função das posições já firmadas, deixar de asseverar-se uma presunção em favor das situações que melhor concretizem o princípio da dignidade da pessoa humana.

318 A "máxima da proporcionalidade" liga-se à idéia de que nem sempre esta exige ponderação, pois em algumas vezes tem precedência e noutras não, conduzindo a um juízo de ilegalidade e, por isso, aproximando-se mais propriamente da noção de regra. Cfe. FARIAS, 2000, p. 77-78.

319 Defende o autor que a proporcionalidade constitui postulado normativo jurídico-positivo, impassível de dedução ou indução a partir de textos normativos, mas resultante da "estrutura das próprias normas jurídicas estabelecidas pela Constituição brasileira e da própria atributividade do Direito, que estabelece proporções entre bens jurídicos exteriores e divisíveis". Cfe. ÁVILA, Humberto. A distinção entre princípios e regras e a redefinição do dever de proporcionalidade. *Revista Diálogo Jurídico*. Salvador v. 1, n. 4, jul. 2001. Disponível em: http://direitopublico.locaweb.com.br/pdf_4/DIALOGO-JURIDICO-04-JULHO-2001-HUMBERTO-ÁVILA.pdf. Acesso em: 04 ago. 2003.

320 Contudo, Humberto Ávila adverte quanto aos problemas de ambigüidade que decorrem da posição pouco clara do Supremo Tribunal Federal na atribuição de significado e aplicação do princípio da proporcionalidade. Cfe. Ibidem.

assim consagrou o tema. Guardadas as devidas cautelas na compreensão deste "princípio", como se passa a expor logo a seguir, e ressalvada a existência de posições divergentes, tratar-se-á da proporcionalidade enquanto princípio vigente no ordenamento jurídico brasileiro.

5.2.1. *Concordância prática e proporcionalidade*

A doutrina afirma que os conflitos entre princípios se resolvem conforme critérios de preponderância, peso ou valor, segundo a denominada "concordância prática" que, dessa forma, consiste num princípio de interpretação constitucional.[321] "Reduzido ao seu núcleo essencial, o *princípio da concordância prática* impõe a coordenação e combinação dos bens jurídicos em conflito, de forma a evitar o sacrifício (total) de uns em relação aos outros".

A relevância desse princípio infere-se da própria incidência no campo dos direitos fundamentais, em que comumente aplicado, primando pela harmonização entre direitos e bens jurídicos que configurem objeto de tutela constitucional. Ínsita ao princípio estaria a idéia do idêntico valor dos bens constitucionais abstratamente considerados (e não uma diferença de hierarquia), a impedir que a solução do caso concreto determine o sacrifício de um bem em favor de outros; assim como a impor "o estabelecimento de limites e condicionamentos recíprocos de forma a conseguir uma harmonização ou concordância prática entre esses bens".[322] Trata-se da busca pela composição capaz de permitir a subsistência de cada um dos direitos em jogo e, ao mesmo tempo, a preservação do máximo de conteúdo de cada um deles, leciona Larenz.[323] A concordância prática impõe que nenhum direito tenha de retroceder mais do que seja necessário, de modo a evitar-se o "recorte", além do que seria exigível, dos demais direitos colidentes. A concordância prática informa o juízo de ponderação entre as posições conflitantes, equilibrando as pretensões à realização de cada direito e a composição ajustada aos demais interesses contrapostos.

Da superação dos conflitos e colisões pela aplicação do princípio da concordância prática, chega-se à noção de princípio da proporcionalidade. As antinomias apresentadas ao intérprete são superadas mediante a ponderação de bens ou de valores, que leve a uma coordenação

---

321 CANOTILHO, 2003a, p. 1225.

322 Ibidem, p. 1225. Conferir, ainda, à nota 22 na mesma página, referência do jurista português de que, muito embora se deva notadamente a Konrad Hesse a divulgação do princípio da concordância prática na literatura juspublicística, há muito tempo o princípio já constituiria um *canon of constitutional construction* da jurisprudência norte-americana. *"It is cardinal rule of constitucional construction that the interpretation, if posible, shall be such that the provision should harmonize with others."*.

323 LARENZ, 2001, p. 63.

proporcional de bens. Trata-se, conforme Heck, do método adequado para solucionar colisões entre direitos fundamentais, uma vez admitida a natureza eminentemente principiológica das normas jusfundamentais. Com a concordância prática, permite-se "chegar tanto o direito fundamental como o bem jurídico limitador à eficácia ótima, ou seja, uma determinação proporcional que não deve ser realizada em uma forma que prive uma garantia de direito fundamental mais do que necessário, ou até completamente, de sua eficácia na vida da coletividade".[324]

A proporcionalidade ainda assume a condição de diretriz orientadora, contida no próprio sistema, à semelhança da noção de justiça,[325] porquanto traz em si um princípio jurídico-material de "justa medida", no senso de justiça da norma de decisão concreta, segundo Larenz. "O princípio da proporcionalidade [...] é um princípio do Direito justo que deriva imediatamente da idéia de justiça. Indubitavelmente conecta com a idéia de 'moderação' e de 'medida justa' no sentido de equilíbrio",[326] conclui.

O princípio da proporcionalidade apresenta caráter dúplice, ao menos no campo dos direitos fundamentais, por viger tanto sob a forma de objeção, quanto de parâmetro mínimo de eficácia desses direitos. Incide como fator de restrição a determinado direito fundamental, para afastar posições subjetivas não compreendidas pela tutela jusfundamental e, com isso, evitar os excessos e a absolutização dos direitos fundamentais. Todavia, também se faz vigente para impedir abusos na restrição a esses mesmos direitos, operando como critério de aferição da razoabilidade das medidas restritivas. É utilizado, por conseguinte, como diretriz de vedação dos excessos e insuficiências, a fim de assegurar, a final, a salvaguarda dos direitos fundamentais, bem como a unidade e supremacia normativa do sistema constitucional.

Enquanto objeção, o princípio da proporcionalidade é critério de harmonização que permite o balanceamento entre o direito fundamental em jogo e os demais direitos, valores, princípios ou bens jurídicos que, sendo contrapostos, reduzem concretamente o âmbito de efetividade do direito fundamental. Relaciona-se estreitamente com as restri-

---

[324] Cfe. HECK, Luís Afonso. O modelo das regras e o modelo dos princípios na colisão de direitos fundamentais. *Direito e Democracia*, Canoas, v. 1, n. 1, 1. sem. 2000, p. 121. Em sentido semelhante, cfe. ÁVILA, 2004, p. 41. As citações entre aspas referem-se a BARROSO, Luís Roberto. Fundamentos teóricos e filosóficos do novo direito constitucional brasileiro. *RDA*, 225:5-37, p. 25 e 27 – referidas pela mesma autora.

[325] Cf. FREITAS, Juarez. *Apud* BUECHELE, Paulo Arminio Tavares. *O princípio da proporcionalidade e a interpretação da constituição*. Rio de Janeiro: Renovar, 1999, p. 168.

[326] Tradução livre do espanhol: "El principio de proporcionalidad, en su sentido de prohibición de la excesividad, es un principio del Derecho justo que deriva inmediatamente de la idea de justicia. Indudablemente conecta con la idea de 'moderación' y de 'medida justa' en el sentido de equilibrio". Cfe. LARENZ, 2001, p. 145.

ções decorrentes da incidência da reserva do possível, presidindo, no que concerne ao direito à saúde, o juízo de ponderação ante a escassez dos recursos fáticos, o princípio da separação dos Poderes, as regras constitucionais de competência, o princípio federativo, a universalidade de acesso aos serviços de saúde, o princípio da igualdade.

Já no sentido de parâmetro mínimo de eficácia, o princípio da proporcionalidade atua como critério de aferição da efetivação básica do direitos fundamentais, demonstrando, quando for o caso, a insuficiência das prestações (materiais, normativas, procedimentais, etc.), por meio das quais o direito deveria ter sido protegido ou concretizado. Nesse sentido, Sarlet[327] fala em "proibição de insuficiência" (*Untermassverbot*) como referência à vinculação constitucional do legislador aos deveres de proteção que exsurgem dos direitos fundamentais, por meio da criação de medidas suficientes a assegurar-lhes um padrão mínimo de efetividade. Há desrespeito à proibição de insuficiência quando o Estado, por omissão ainda que parcial, descumpre ou não atende a um imperativo de tutela ou dever de proteção constitucionalmente estipulado – embora o princípio não se esgote nessa dimensão, como adverte o jurista. Em síntese, "cuida-se de uma omissão por parte do Estado em assegurar proteção de um bem fundamental ou mesmo de uma atuação insuficiente para assegurar de modo minimamente eficaz esta proteção".[328] Ressalva o Tribunal Constitucional Federal alemão, contudo, que "o dever constitucional de proteção não impõe a adoção de todas as possíveis e imagináveis medidas de proteção, na medida em que uma violação do dever de proteção pode ser reconhecida quando nenhuma medida concreta e adequada é tomada ou as medidas forem inteiramente inadequadas ou ineficazes".[329] Pode-se acrescentar que, na condição de proibição de insuficiência, o princípio da proporcionalidade guarda pertinência com a proteção do conteúdo ou núcleo essencial dos direitos fundamentais, com a garantia de proibição do retrocesso e com a definição das prestações que devem integrar o mínimo existencial, impedindo que o direito fique desprotegido pela carência, total ou parcial, da legislação conformadora.

Contextualizada a aplicação e, dessa maneira, justificada a relevância do princípio da proporcionalidade para o tema das objeções e dos parâmetros mínimos à eficácia dos direitos fundamentais sociais, passa-se ao exame mais detido das considerações acerca da origem, do conteúdo e do âmbito de proteção assegurado por esse princípio, distinguindo-o, a final, do princípio da razoabilidade. Esses os temas dos tópicos seguintes.

---

327 Cfe. SARLET, 2006, p. 14.

328 CANARIS, Claus-Wilhelm. *Grundrechte und Privatrecht*, p. 39 *et seq. Apud* Ibidem, p. 14.

329 *DÖV (Die öffentliche Verwaltung)*, 2002, p. 502. apud SARLET, 2006, p. 16.

5.2.2. *Origem e sedes materiae do princípio da proporcionalidade*

O princípio da proporcionalidade é fruto de construções teóricas diferentes, mas relativamente paralelas, como identifica a doutrina. Uma primeira raiz estaria no direito administrativo francês, especialmente na jurisprudência do Conselho de Estado a respeito da anulação dos atos administrativos por excesso de poder – *détournement du pouvoir* –, em que utilizada como técnica de ponderação na avaliação de custo-benefício (*Bilan Côut-Avantages*) das medidas administrativas de restrição a direitos fundamentais e decorrente, em sentido amplíssimo, do princípio da legalidade.[330] De modo semelhante, o direito administrativo alemão também aplicou o princípio da proporcionalidade como critério de delimitação da interferência estatal na liberdade do indivíduo, a impedir que a ingerência excedesse "a medida absolutamente necessária", devendo "ser proporcionada às circunstâncias".[331]

A passagem para o direito constitucional ocorreu pela jurisprudência da Corte Constitucional alemã, que introduziu a idéia da tripla dimensão "adequação-necessidade-proporcionalidade em sentido estrito", como fundamento de proibição à excessiva restrição dos direitos fundamentais. Ao princípio da proporcionalidade (*Verhältnismässigkeit*), ou ao princípio da proibição de excesso (*Übermassverbot*), passou-se a outorgar a qualidade de norma constitucional não-escrita, derivada do princípio do Estado de Direito.[332]

Com sentido similar, a jurisprudência da Suprema Corte norte-americana desenvolveu a noção de princípio da razoabilidade, enquanto decorrência do *substantive due process of law*, para permitir o controle de constitucionalidade dos atos administrativos e legislativos, inclusive sobre o mérito, redefinindo o conceito de discricionariedade.[333] Em lugar de *standards* objetivos, tal acepção do princípio do devido processo jurídico tinha cunho marcadamente subjetivo e substancial, aferindo-se a razoabilidade em função de convicções sociais, políticas, filosóficas e econômicas dos juízes.

No direito brasileiro, muito embora apareça com freqüência crescente na solução de decisões judiciais, ainda se discute acerca da *sedes materiae* do princípio da proporcionalidade, ou seja, a definição dos fundamentos teóricos e normativos, à procura dos valores e/ou bens

330 Cfe. BARROS, Suzana de Toledo. *O princípio da proporcionalidade e o controle de constitucionalidade das leis restritivas de direitos fundamentais*. 2 ed. Brasília: Brasília Jurídica, 2000, p. 39-43.

331 BARROS, 2000, p. 44.

332 MENDES, Gilmar Ferreira. *Apud* BARROS, 2000, p. 47.

333 BARROSO, Luís Roberto. *Interpretação e aplicação da constituição:* fundamentos de uma dogmática constitucional transformadora. São Paulo: Saraiva, 1996, p. 199-200. Sobre o tema e com detalhes sobre a forma de aplicação do princípio, conferir BARROS, 2000, especialmente p. 63-64.

jurídicos que o embasam e para cuja tutela é aplicado, inclusive como meio de viabilizar o acesso ao Supremo Tribunal Federal – via recurso extraordinário, por exemplo. As posições doutrinárias sobre o assunto não são unívocas, no entanto.

Como refere Buechele, argumenta-se que o princípio da proporcionalidade seria decorrência do devido processo legal, com positivação na Magna Carta inglesa de 1215 e desenvolvimento teórico pela jurisprudência norte-americana. Outra construção teórica deduz a proporcionalidade do princípio do Estado de Direito, seguindo a doutrina e a jurisprudência alemãs.[334] Para Bonavides,[335] o princípio da proporcionalidade é subsumido do princípio da igualdade. Já Novais sugere que a fundamentação última do princípio da proporcionalidade estaria no princípio da dignidade da pessoa humana, que vincula o Estado a protegê-la e promovê-la, competindo-lhe uma função garantista da liberdade individual e dos direitos fundamentais.[336]

Por outro lado, pondera o constitucionalista que o princípio da proporcionalidade – ou princípio da proibição do excesso, como escreve – já estaria de tal modo consolidado como referência ao controle da atuação dos Poderes Públicos no Estado de Direito, particularmente na avaliação da atuação restritiva aos direitos fundamentais, que já se tem quase como supérflua a respectiva fundamentação constitucional, pois princípio constitiucional imanente, depreendido exatamente dessa idéia de Estado de Direito. "Tão natural se acabou por converter a omnipresença do princípio que, actualmente, é já quase supérflua a questão da sua fundamentação constitucional", de sorte que, mesmo na ausência de dispositivos que explicitamente o acolhessem, "se diria que ele decorre inquestionavelmente da própria ideia de Estado de Direito".[337] Como ainda observa Streck, o princípio da proporcionalidade "pode vir abraçado à *Verfassungskonforme Auslegung*", isto é, ao princípio da interpretação conforme a Constituição, "movendo-se, destarte, em direção contrária aos que entendem violada a separação dos Poderes, uma vez que, ao invés de deprimir a missão do legislador ou a sua obra normativa, busca jurisprudencialmente

334 BUECHELE, 1999, p. 135ss.

335 BONAVIDES, 2000, p. 360. O jurista brasileiro respalda-se na posição defendida por Ulrich Zimmerli. Aliás, a ligação entre os princípios da igualdade e da proporcionalidade também é assinalada por Karl Larenz. Cfe. LARENZ, 2001, p. 140.

336 "Assim, a pessoa humana será inconstitucionalmente degradada e coisificada – e, daí, a fundamentação remota do princípio da proibição do excesso na dignidade da pessoa humana – quando o Estado a afecte desnecessária, fútil ou desproporcionadamente ou quando proceda a uma instrumentalização da autonomia individual ou a uma redução objectiva das oportunidades de livre desenvolvimento da personalidade que não sejam justificadas pela estrita necessidade de realização de fins, valores ou interesses dignos de protecção jurídica e efectuadas segundo procedimentos e com sentido e alcance constitucionalmente conformes". Cfe. NOVAIS, 2004, p. 163.

337 Ibidem, p. 161.

fortalecê-la", por adotar a posição hermenêutica que "tudo faz para preservar a validade do conteúdo volitivo posto na regra normativa" pelo legislador.[338]

Essa afirmação adquire importância para o direito brasileiro, visto que a Constituição da República, ao contrário da similar portuguesa, não acolhe expressamente o princípio da proporcionalidade, nem tampouco o refere como critério de medida das restrições a direitos fundamentais. Dessarte, ademais das considerações anteriores, pode-se asseverar com segurança que a exigência de proporcionalidade decorre de uma interpretação ampla e sistemática das normas constitucionais do Estado de Direito instituído em 1988. Mais especificamente, seguindo a orientação propugnada pela doutrina e em atenção aos caracteres próprios do caso de que se cuide, poderão invocar-se, como *sedes materiae* do princípio e fundamento de juízo de (in)constitucionalidade, as ofensas ao princípio do devido processo jurídico (CF, art. 5º, LIV), ao princípio da igualdade (CF, art. 5º, *caput*), ao princípio da dignidade da pessoa humana (CF, art. 1º, I), muitas vezes conjugadas à vulneração do artigo 5º, § 2º, da mesma Constituição – cláusula de abertura do sistema a direitos fundamentais não-escritos. À evidência que, embora justificada, tal listagem possui cunho meramente exemplificativo e não exclui, mas, pelo contrário, incentiva novos desenvolvimentos desse tema, cuja abrangência foge ao objeto proposto à presente investigação.

5.2.3. *Subprincípios do princípio da proporcionalidade*

Doutrina e jurisprudência desenvolveram um método de aplicação do princípio da proporcionalidade em três fases sucessivas e excludentes, a que corresponderiam o que hoje comumente se identifica como os três subprincípios, ou elementos, do princípio da proporcionalidade: adequação, necessidade e proporcionalidade *stricto sensu*. A análise acerca da proporcionalidade de uma medida restritiva de direitos fundamentais, para usar o exemplo mais comum, deve assim passar pela demonstração do cumprimento desses três requisitos, sob pena de ser tida como desproporcional e, por isso, invalidada.

O subprincípio da adequação (ou idoneidade, ou ainda conformidade) examina a eficácia do meio restritivo escolhido, isto é, se se trata do meio certo para levar a cabo o fim pretendido, se a medida realmente é apta a atingir tal objetivo. Cuida-se da "razoabilidade externa" da medida restritiva, de sua adequação aos meios e fins admitidos e preconizados pelo texto constitucional[339] – noção normalmente equiparada à proibição de arbítrio ou vedação de excesso.

---

[338] STRECK, 1999, p. 222.

[339] Cfe. BARROSO, 1996, p. 270.

Traduz-se, portanto, tão-somente na aptidão objetiva ou formal do meio restritivo utilizado para alcançar o fim perseguido, não importando em avaliações substanciais acerca da bondade intrínseca nem da oportunidade de tal meio, como pondera Novais: "[U]ma medida é idónea quando é útil para a consecução do fim", indica o jurista português; diversamente, esclarece ele, há inaptidão, inadequação ou inidoneidade quando a medida restritiva gere efeitos indiferentes, inócuos ou mesmo negativos em relação ao fim almejado.[340]

Adverte, contudo, sobre a existência de "um pressuposto lógico da idoneidade, qual seja o da legitimidade constitucional dos fins prosseguidos com a restrição e da legitimidade dos meios utilizados",[341] a condicionar o controle de constitucionalidade da medida. Para aferir a legitimidade do ato restritivo, sugere a aplicação do artigo 29º da Declaração Universal de Direitos Humanos – DUDH –, de 1948, uma vez que tal dispositivo permite restrições que "se destinem exclusivamente a promover o reconhecimento e o respeito dos direitos e liberdades dos outros e a satisfazer as justas exigências da moral, da ordem pública e do bem-estar numa sociedade democrática".[342] A inexistência, no ordenamento constitucional brasileiro, de norma semelhante ao artigo 16, nº 2, da Constituição Portuguesa, que expressamente autoriza o recurso supletivo e integrador às normas da DUDH, não impede a utilização desse recurso hermenêutico, visto que ambos os textos constitucionais deixaram de estabelecer critérios específicos para o exame das restrições a direitos fundamentais. Ademais, a cláusula inserta no § 1º do artigo 5º da Constituição brasileira respalda a interpretação em favor da aplicabilidade interna das normas internacionais.

O controle de idoneidade do ato restritivo, outrossim, é geralmente um controle *ex ante*, que incide sobre a projeção da medida restritiva de direitos fundamentais. Entretanto, pode ocorrer inidoneidade superveniente da medida, só verificada com o transcurso do tempo, quando então há de se falar em inconstitucionalidade *ex nunc*, e não *ex tunc*.[343]

A necessidade ou exigibilidade configuram o segundo subprincípio ou elemento da proporcionalidade e responde à avaliação da imprescindibilidade da medida restritiva para assegurar o objeto que tutele, ou seja, se configura o instrumento mais eficaz e menos gravoso para o cidadão. De todas as medidas que igualmente servem à obten-

---

340 NOVAIS, 2004, p. 167-168.

341 Ibidem, p. 167.

342 Ibidem, p. 168. Sustentando o mesmo posicionamento, confira-se ANDRADE, 2001, p. 290-291; e NABAIS, 1989, p. 78-79.

343 Nesse sentido, consultar NOVAIS, op. cit., p. 169.

ção de um fim, cumpre eleger aquela menos nociva aos interesses da pessoa, pois o subprincípio determina a escolha do meio menos restritivo ou mais suave (*das Prinzip der Wahl des mildestem Mittels*).[344] "Na fórmula consagrada de Fleiner – não se deve utilizar um canhão para atirar a pardais – exprime-se, precisamente, essa ideia de evitar danos desnecessários, não exigíveis para a realização do fim", conforme explica Novais.[345] [346]

O controle da necessidade ou exigibilidade da medida restritiva, ao contrário do controle de idoneidade ou adequação, é comumente realizado *in concreto*, porquanto somente diante das circunstâncias reais do conflito se poderá verdadeiramente apurar quais os fins perseguidos, a idoneidade dos diferentes meios disponíveis e em comparação, além, sobretudo, da existência de idêntica eficácia das medidas restritivas na realização do fim perquirido. De outra parte, deve-se ter presente que o juízo sobre o quanto gravoso é o meio empregado deve ser subjetivado, ou seja, tem de coadunar-se à sensibilidade dos sujeitos interessados, pois a medida teoricamente mais intrusiva pode ser considerada menos restritiva pelos indivíduos concretamente envolvidos.[347]

A dificuldade na aferição dessas circunstâncias, contudo, tem levado parte da doutrina a sustentar a aplicação do subprincípio da necessidade ou exigibilidade apenas nos casos em que se mostre possível uma comparação objetiva entre meios igualmente idôneos na prossecução do fim almejado, em que a graduação dos efeitos restritivos é empiricamente realizável com base nos dados fáticos do caso. Nas demais hipóteses em que não se possa assegurar tal objetividade, a solução dos "casos difíceis" passa ao controle da proporcionalidade *stricto sensu*.[348]

Este, aliás, o terceiro subprincípio: a proporcionalidade em sentido estrito. Cuida-se de indagar acerca da adequação material de uma relação entre dois termos ou grandezas variáveis e comparáveis, identificados, de uma parte, na importância ou premência do fim que se intenta alcançar com a medida restritiva e, de outra, na gravidade do

---

344 A expressão é trazida por Paulo Bonavides, citando os comentários de Maunz/Dürig. Cfe. BONAVIDES, 2000, p. 361.

345 NOVAIS, 2004, p. 171.

346 "O meio empregado pelo legislador deve ser adequado e exigível, para que seja atingido o fim almejado. O meio é adequado quando, com o seu auxílio, se pode promover o resultado desejado; ele é exigível quando o legislador não poderia ter escolhido outro igualmente eficaz, mas que seria um meio não-prejudicial ou portador de uma limitação menos perceptível a direito fundamental". Aresto do Tribunal Constitucional alemão retirado de BUECHELE, 1999, p. 131.

347 NOVAIS, op. cit., p. 172-174.

348 Ibidem, p. 175.

sacrifício imposto por essa restrição. Tais critérios apelam para uma referência axiológica em que esteja presente a noção de "justa medida", de "adequação material" ou de "razoabilidade" da medida restritiva em consideração, pois demanda a apreciação do desvalor do sacrifício imposto a um direito em relação ao valor do bem que se busca atingir, atendendo a uma exigência de equânime distribuição dos ônus.[349] Trata-se, por conseguinte, da avaliação da relação "custo-benefício", sopesando-se as desvantagens do meio restritivo escolhido e as vantagens (benefício) do fim perquirido. Um direito fundamental só pode sofrer restrição na medida em que não seja afetado mais do que o necessário para a salvaguarda de outro. "A ponderação não é um procedimento abstrato ou geral [...], ao contrário, é um trabalho de otimização que atende ao princípio da concordância prática",[350] sintetiza Stumm.

Conquanto a proporcionalidade em sentido estrito e a ponderação de bens guardem a idéia comum de comparação entre distintos bens jurídicos, com escopo de determinar o quanto cada um deles pode limitar o outro, os conceitos não se confundem, como alerta Novais. A ponderação de bens é um método utilizado para apurar-se, no caso concreto, qual dos bens em conflito apresenta maior peso e, em função disso, deve prevalecer – ou seja, corresponde à concordância prática. Justificada a premência de um bem sobre outro, a etapa seguinte é o exame da proporcionalidade da medida restritiva escolhida para o fim que procura alcançar, mediante o controle pelos três subprincípios, entre os quais a proporcionalidade em sentido estrito. Como esclarece o constitucionalista luso, "trata-se, agora, de avaliar em que medida a restrição fundamentada no resultado de uma ponderação de bens não é excessiva". A confusão estaria no fato de que a aferição da proporcionalidade em sentido próprio pode admitir a ocorrência de uma "ponderação atípica", pois não se avalia a prevalência de um bem de maior peso sobre outro, mas da "adequação material de um meio restritivo quando avaliado em função de um ponto de referência fixo constituído pelo fim visado com a restrição".[351]

O controle de proporcionalidade é aplicado tomando-se por critério a relação inversa entre a gravidade da restrição e a importância ou premência dos bens jurídicos tutelados. Contrapõe-se a intensidade da restrição à salvaguarda das mais elementares e vitais manifestações da liberdade pessoal;[352] ou, nos termos precisos do Tribunal Constitucio-

---

349 Cfe. NOVAIS, 2004, p. 178-179 e 181.

350 STUMM, 1995, p. 81.

351 NOVAIS, 2004, p. 180.

352 Nesse sentido, conferir Ibidem, p. 183.

nal português, "[q]uanto mais limitadora ou 'intrusiva' é a restrição, tanto mais intensa tem de ser a sua justificação à luz do princípio da proporcionalidade".[353] Por outro lado, há de se ter presente que a avaliação judicial acerca da proporcionalidade ou desproporcionalidade da medida restritiva não se confunde com juízos acerca da conveniência ou oportunidade do meio restritivo, nem tampouco com a existência de medida "mais" adequada ou oportuna. Tais juízos, pela natureza política que lhes é inerente, extravasam a esfera de conhecimento judicial, que deve sopesar apenas se o meio restritivo escolhido é, ou não, proporcional. "De outra forma, se se desse ao órgão jurisdicional de controlo da constitucionalidade da restrição o poder de optar, em último lugar, pelo meio que considerasse substancialmente mais adequado, os poderes constituídos seriam desapossados de qualquer margem de livre decisão".[354]

Calham aqui as observações de Alexy, ao alertar que as "máximas parciais" do princípio da proporcionalidade, observado o rigor técnico, deveriam ser tidas como regras, e não como (sub)princípios. A adequação, a necessidade e a proporcionalidade *stricto sensu* na verdade não seriam ponderadas frente a algo diferente, de modo que pudessem ter prevalência em certas hipóteses e não em outras. O que realmente se questionaria é se tais máximas parciais teriam sido satisfeitas ou não, sendo que a insatisfação de alguma delas teria por conseqüência a ilegalidade (ou inconstitucionalidade, poder-se-ia acrescentar) da medida restritiva. Portanto, as três máximas parciais teriam de ser classificadas como regras.[355] Outrossim, salienta que o caráter de princípio das normas jusfundamentais implicaria a máxima da proporcionalidade; quer dizer, a proporcionalidade seria inferida do caráter principiológico das normas de direitos fundamentais como um mandado de ponderação. Nesse senso, a adequação e a necessidade decorreriam do caráter dos princípios como mandados de otimização das possibilidades fáticas, enquanto a proporcionalidade em sentido estrito resultaria da relativização a respeito das possibilidades jurídicas.[356]

A observação é pertinente. Todavia, conforme aqui advertido, não se pode desconsiderar que a jurisprudência pátria vem acatando a terminologia "princípio da proporcionalidade", bem como utilizando os elementos de adequação, necessidade e proporcionalidade em sentido estrito na condição de subprincípios que permitem cotejar, no caso concreto, a excessividade, ou não, da restrição aposta a um direito

353 Acórdão nº 187/01, Proc. nº 120/95, Relator: Paulo Mota Pinto, colacionado por Ibidem, p. 219.

354 NOVAIS, 2004, p. 183.

355 Cfe. ALEXY, 1997, p. 112, nota nº 84.

356 ALEXY, 1997, p. 111 et. seq.

fundamental. Com base na vulneração do princípio da proporcionalidade, o Supremo Tribunal Federal reconhece a inconstitucionalidade de atos normativos.[357] Dessa forma, guardadas as devidas precisões técnicas, manteve-se aqui a terminologia comumente adotada nas decisões judiciais brasileiras.

5.2.4. *O princípio da razoabilidade*

O princípio da razoabilidade, por pressupor uma ponderação concreta entre bens com objetivo de determinar a prevalência da tutela de um deles em detrimento do outro, muitas vezes é assemelhado ao princípio da proporcionalidade. Também aqui os conceitos não se identificam, mas apresentam caracteres próprios. Em função disso, ainda que de forma sucinta, cumpre traçar a cabível distinção entre ambos.

A razoabilidade se distinguiria da proporcionalidade em sentido estrito enquanto critério de avaliação do ato restritivo a direitos fundamentais, na exclusiva perspectiva das conseqüências que gere sobre a esfera pessoal de quem seja desvantajosamente afetado. Muito embora possa ter passado pelo teste da proporcionalidade, a medida constritiva pode ser considerada não razoável se "constituir, por si só, uma afectação inadmissível ou intolerável do ponto de vista de quem a sofre e por razões essencialmente atinentes à sua subjectividade", explica Novais. Para isso, basta que ato limitador coloque os afetados, ou alguns deles, "numa situação quantitativa ou qualitativamente desrazoável à luz dos ditames da protecção da liberdade e autonomia individual e do relacionamento Estado/cidadão em Estado de Direito".[358]

O princípio da razoabilidade, portanto, veda a exagerada afetação do direito fundamental desde um prisma subjetivo, como forma de proteção à liberdade e à autonomia da pessoa. Consiste numa apreciação individualizada da medida restritiva que, abstratamente proporcional, é suscetível de controle e invalidação sempre que impuser exigência excessiva, por demasiado grave ou injusta, aos olhos do indivíduo concretamente considerado. Dela se "extrai uma diretriz para que as condições pessoais e individuais dos sujeitos envolvidos sejam consideradas na decisão", indicando ao intérprete "a perspectiva sob a qual a norma deve ser aplicada" e "em quais hipóteses o caso individual, em virtude de suas especificidades, deixa de se enquadrar

---

[357] Os autores referidos neste Capítulo trazem análise dos acórdãos mais importantes do Supremo Tribunal Federal sobre o princípio da proporcionalidade, indicando-os para consulta mais aprofundada.

[358] NOVAIS, 2004, p. 187.

na norma geral.[359] O controle de razoabilidade "concentra-se na gravidade, qualitativa ou quantitativa, que a medida restritiva provoca na esfera do(s) afectado(s)", havendo inconstitucionalidade sempre que "a quantidade ou a qualidade dos encargos impostos excede o que é legitimamente tolerável pela liberdade e autonomia pessoal em Estado de Direito", segundo Novais. Não se trata, pois, de uma averiguação entre bens, "mas sim [d]a razoabilidade da relação entre um dever de direito público e a pessoa do obrigado" - ou seja, de um juízo centrado na pessoa do afetado.[360]

Dado que necessário o exame das condições da(s) pessoa(s) afetada(s), torna-se evidente a imprescindibilidade de realização do juízo de razoabilidade *in concreto*, que é relativo exatamente por concernir às questões pessoais de quem tenha de suportar a constrição ao direito fundamental.[361] Afastado o relativismo excessivo,[362] o princípio da razoabilidade é essencial à complementação do juízo de proporcionalidade, implicando que se considerem as circunstâncias dos sujeitos atingidos e respaldando, por isso, a individualização das decisões judiciais sobre medidas restritivas: o que pode parecer proporcional e razoável em termos teóricos e abstratos, pode não o ser diante dos elementos reais do caso, e o fundamento jurídico para uma tal conclusão, ademais de considerações de justiça material, está na ausência de razoabilidade do meio restritivo *sub examine*.

5.3. A reserva do possível

A teoria da reserva do possível tem origem sobretudo nas formulações de dois juristas alemães, propostas no início dos anos de 1970 e depois acolhidas pela jurisprudência constitucional daquele país. Ensina Canotilho[363] que Häberle concebeu a "reserva de caixas financeiras" para exprimir a idéia de que os direitos sociais a prestações materiais estariam sob reserva das capacidades financeiras do Estado, se e na medida em que consistem em direitos a prestações financiadas pelos

---

359 ÁVILA, Humberto Bergmann. Moralidade, razoabilidade e eficiência administrativa. In: CONGRESSO BRASILEIRO DE DIREITO DO ESTADO, 2, Salvador-BA, 2002. apud ÁVILA, 2004, p. 38.

360 Ibidem, p. 188-190.

361 NOVAIS, 2004, p. 190.

362 Pertinente, nessa direção, a crítica de Sampaio, ao advertir que a necessidade de preservação da força normativa e da supremacia constitucionais. Cfe. SAMPAIO, José Adércio Leite. O retorno às tradições: a razoabilidade como parâmetro constitucional. In: SAMPAIO, José Adércio Leite (Org.). *Jurisdição constitucional e direitos fundamentais*. Belo Horizonte: Del Rey, 2003, p. 95-96.

363 CANOTILHO, 2004, p. 108.

cofres públicos. De outra banda, Martens reforçou essa noção ao afirmar que os direitos subjetivos públicos somente seriam assegurados no âmbito do possível e do adequado. Informa Krell[364] que, a partir daí, a reserva do possível (*Der Vorbehalt des Möglichen*) passou a significar que os direitos sociais a prestações materiais dependem da efetiva disponibilidade de recursos financeiros por parte do Estado – disponibilidade esta que estaria localizada no campo discricionário das decisões governamentais e parlamentares, sintetizadas no orçamento público. Para o Tribunal Constitucional Federal germânico, complementa o jurista, os direitos a prestações positivas "estão sujeitos à reserva do possível no sentido daquilo que o indivíduo, de maneira racional, pode esperar da sociedade" – donde se nota, desde logo, a incidência dos princípios da proporcionalidade e da razoabilidade como diretrizes na definição das prestações que devem constituir o direito fundamental social.

Na lição de Sarlet,[365] trata-se da efetiva disponibilidade do objeto dos direitos sociais a prestações materiais, perquirindo-se "se o destinatário da norma se encontra em condições de dispor da prestação reclamada (isto é, de prestar o que a norma lhe impõe seja prestado), encontrando-se, portanto, na dependência da real existência dos meios para cumprir com a sua obrigação". Ainda conforme o jurista, a reserva do possível abrangeria pelo menos duas dimensões principais, quais sejam: uma dimensão fática, atrelada à noção de limitação dos recursos materiais, normalmente equiparados pela doutrina aos recursos financeiros que o Estado pode dispender; e uma dimensão jurídica, concernente à capacidade jurídica ou ao poder de disposição de que deve titular o destinatário das obrigações impostas pelos direitos fundamentais sociais a prestações materiais, no sentido de possuir competência suficiente para decidir sobre a alocação dos recursos existentes.

Sugere Canotilho,[366] ademais, que a reserva do possível se inclui no contexto maior em que inseridos os direitos sociais a prestações materiais, caracterizado (1) pela gradualidade de realização; (2) dependência financeira em relação ao Estado; (3) tendencial liberdade de conformação do legislador quanto às políticas para realizá-los; e (4) insuscetibilidade de controle jurisdicional dos programas político-legislativos, exceto quando manifestamente irrazoáveis ou contrários a normas constitucionais. Salienta, entretanto, que "a 'reserva de cofres

364 Cfe. KRELL, Àndreas J. *Direitos sociais e controle judicial no Brasil e na Alemanha*: os (des)caminhos de um direito constitucional "comparado". Porto Alegre: Fabris, 2002, p. 52.

365 SARLET, 2005, p. 288-289.

366 CANOTILHO, José Joaquim Gomes. "Metodologia 'fuzzy' e 'camaleões normativos' na problemática actual dos direitos económicos, sociais e culturais", *in Estudos sobre Direitos Fundamentais*. Coimbra: Ed. Coimbra, 2004, p. 108.

do Estado' coloca problemas de financiamento mas não implica o 'grau zero' de vinculatividade jurídica dos preceitos consagradores de direitos fundamentais sociais".[367] No sistema constitucional pátrio, essa observação ganha relevância em face da fundamentalidade dos direitos sociais, cabendo sublinhar que a reserva do possível não pode resultar em ineficácia nem perda de vinculatividade desses direitos. Trata-se de importante objeção à eficácia jurídica e à efetividade social dos direitos sociais a prestações materiais, mas cuja interpretação e vigência devem conformar-se, entre outros, aos princípios da proporcionalidade e razoabilidade, unidade e supremacia da Constituição.

Com essas premissas, pode-se ingressar no exame mais detalhado de algumas dimensões que, no contexto do direito constitucional brasileiro, podem ser depreendidas do princípio da reserva do possível. Para tanto, a análise começará pela dimensão fática atinente às reservas financeiras e orçamentárias, matéria comumente ligada à noção de reserva do possível, com implicações no princípio da separação dos Poderes; na seqüência, será tratada a dimensão jurídica das competências constitucionais que, no Brasil, decorrem diretamente do princípio federativo; e, por último, já num enfoque específico e que transita entre as dimensões fática e jurídica, será abordada a problemática do acesso aos serviços de saúde e o princípio da igualdade. Sem a pretensão, evidentemente, de esgotar o tema, a opção feita procura atender às carências verificadas na jurisprudência brasileira acerca da tutela dos direitos sociais a prestações materiais, com especial ênfase no direito à saúde, quando o intento de proteção (absoluta) do direito muitas vezes desconsidera a necessidade de cotejá-lo com os demais direitos fundamentais, bens, valores e princípios consagrados pelo texto constitucional e que, num sentido amplo, conjuminam-se para formar o conteúdo essencial de uma Constituição.[368] Com o objetivo de colaborar para a ampliação do debate, segue-se o exame detalhado do princípio da reserva do possível.

5.3.1. O orçamento público e o princípio da separação dos Poderes

A reserva do possível, no que se refere ao orçamento público, impõe restrições em dois sentidos: por um lado, trata da escassez dos recursos financeiros existentes, ou seja, da limitação à efetividade dos direitos sociais a prestações materiais diante da carência ou insuficiência de verbas públicas destinadas ao atendimento dessas prestações; de outro ângulo, a reserva do possível traz a lume a discussão acerca dos limites da intervenção judicial na efetivação dos direitos sociais a

[367] CANOTILHO, 2004, p. 109.

[368] Sobre o conteúdo essencial das Constituições, cfe. SARLET, 2005, p. 67-68.

prestações materiais, notadamente dos direitos originários a prestações, uma vez que as decisões alocativas, pela incidência do princípio da separação dos poderes, estão precipuamente afetas à esfera de competência do Legislativo. Pela importância de que se revestem e pelas controvérsias que suscitam, tais pontos serão examinados com maior detalhe a partir de agora.

5.3.1.1. *A escassez dos recursos financeiros*

O conceito de escassez provém da Economia e refere-se à noção de finitude dos meios disponíveis, o que, *in casu*, corresponde à finitude real e concreta dos recursos financeiros existentes. "Escassos são todos os recursos finitos, já que, em tese, será possível ocorrer uma situação onde seja necessário realizar opção disjuntiva entre atender a um reclamo ou outro, embora também teoricamente ambos devam ser atendidos, pois o recurso não é suficiente para o atendimento de todos", nas palavras de Amaral.[369] Sustenta, então, que as pretensões a prestações positivas fundamentadas em direitos humanos (e fundamentais, acrescente-se) não encontram correlação necessária em deveres estatais, sendo exigências despidas da necessária relação de implicação recíproca entre direito e dever.[370]

Justifica referindo que, no caso da saúde, as estatísticas mostram uma progressão geométrica dos gastos, reflexo do sucesso das políticas de combate à mortalidade infantil, "que traz mais pessoas para a idade adulta, onde sofrerão doenças cujo tratamento é mais sofisticado e caro".[371] Isso gera um descompasso entre necessidades e possibilidades, pois se os direitos fundamentais devem valer para todos e se as necessidades humanas são infinitas, os recursos para o atendimento das demandas daí decorrentes são ontologicamente finitos, limitados no que pertine à arrecadação (garantias dos contribuintes, proibição de confisco) e às despesas (gastos com as despesas do aparelho estatal, gastos com a tutela de outros direitos, sociais ou não, e gastos com a implementação de outras prestações em saúde).[372] Conclui, pois, pela impossibilidade de reconhecer-se um direito absoluto à saúde, "ao menos sem que se fundamente o critério de opção na colisão desse 'direito' com normas constitucionais como a isonomia, a impessoalidade e a motivação, que demandam a adoção de critérios claros e

---

369 Cfe. AMARAL, Gustavo. *Direito, escassez e escolha*: em busca de critérios jurídicos para lidar com a escassez de recursos e as decisões trágicas. Rio de Janeiro: Renovar, 2001, p. 130, nota 277.

370 Cfe. Ibidem, p. 113-115.

371 Cfe. Ibidem, p. 34-35.

372 Cfe. Ibidem, p. 108-110. Sobre a escassez dos recursos em saúde, consultar FAGOT-LARGEAULT, 2001, p. 86.

sindicáveis na alocação dos recursos escassos[373] – assertiva que pode ser estendida para os demais direitos sociais a prestações materiais.

A escassez dos recursos financeiros demonstra que os direitos fundamentais possuem, todos, uma dimensão econômica comum, atrelada aos custos exigidos para que sejam concretizados. Em paráfrase a Dworkin, Holmes e Sunstein acentuam que "[l]evar a sério os direitos significa levar a sério a escassez",[374] pois a efetividade dos direitos está submetida a razões bastantes mundanas, quais sejam, às constrições orçamentárias. Os direitos têm "custos de oportunidade", pois os recursos consumidos na realização de alguns direitos obviamente se tornam indisponíveis para realizar outros bens, inclusive outros direitos.[375] A efetivação dos direitos, portanto, é dependente do contexto que os engloba, quer porque o modo como são interpretados e aplicados altera-se com as circunstâncias, os avanços e os recuos do conhecimento; quer por estarem enraizados num dos terrenos mais movediços da política, que é o processo orçamentário anual, cuja decisão se dá por meio de compromissos *ad hoc*. Diante disso, Holmes e Sunstein consideram mais realística a definição dos direitos (fundamentais) como poderes individuais, derivados da condição do indivíduo enquanto membro de uma comunidade política e correspondentes a investimentos seletivos de recursos escassos, elaborados para a solução de problemas e objetivos comuns.[376] Seria mera retórica descrevê-los como invioláveis, peremptórios e conclusivos, pois "[n]ada que custe dinheiro pode ser um absoluto". [...] Direitos são pretensões relativas, não absolutas", o que não significa que as decisões sobre as políticas públicas de cumprimento dos direitos fundamentais devam ser tomadas por contadores, mas tão-somente que as autoridades públicas e os próprios cidadãos devem ter em conta os custos orçamentários.[377]

Na verdade, o estudo dos juristas norte-americanos salienta o fato de que todos os direitos fundamentais, e não apenas os direitos sociais a prestações materiais, demandam recursos e despesas públicas, de modo a superar-se a concepção que atribuía relevância econômica aos *welfare rights* e a negava aos clássicos direitos de liberdade, porque requereriam apenas uma atuação estatal negativa. Conforme assinalam, essa tese não é somente imprecisa, mas também encoraja a fantasia de que os tribunais podem impor as próprias soluções, com ou sem que os Poderes Legislativo e Executivo as suportem financeiramente.[378] A

---

373 Cfe. Ibidem, p. 38.

374 Cfe. HOLMES; SUNSTEIN, 2000, p. 94.

375 HOLMES; SUNSTEIN, 2000, p. 223-224.

376 Ibidem, p. 122-123.

377 *"Nothing that costs money can be an absolute. [...] Rights are relative, not absolute claims"*. Cfe. Ibidem, p. 97/98.

378 Ibidem, p. 122.

reserva do possível e a contenção decorrente da natural escassez de recursos financeiros e orçamentários restringem, dessarte, a efetividade de todos os direitos fundamentais, não apenas dos direitos sociais a prestações materiais.

Advirta-se, contudo, que não há propriamente ineditismo nesse trabalho. Como já asseverava Schmidt em estudo publicado no ano de 1981, os clássicos "direitos de liberdade" demandam "prestações" a cargo do legislador, notadamente por exigirem a organização de instituições e procedimentos capazes de assegurá-los. "Isso hoje é fora de discussão", reverberava. O que diferenciaria os "direitos de liberdade" dos "direitos fundamentais sociais" é que o conteúdo das prestações é bastante mais indeterminado nestes do que naqueles, tornando os "direitos fundamentais sociais" mais dependentes da atuação legislativa conformadora do que os "direitos de liberdade". Além disso, a realização dos "direitos fundamentais sociais" não se exaure apenas no fornecimento das prestações materiais, mas depende da "iniciativa autônoma do indivíduo na persecução das chances que lhe são abertas". Dessa forma, os "direitos fundamentais sociais" possuem dimensões defensivas, assim como os "direitos de liberdade" reclamam prestações estatais, sobretudo protetivas.[379]

Essa posição retoma a classificação funcional dos direitos fundamentais (com base na qual se admite que tais direitos originam dimensões múltiplas e muitas vezes simultâneas, embora possam ser agrupados de acordo com a função que precipuamente desempenhem na ordem jurídica) como pressuposto teórico para uma compreensão mais exata e adequada da idéia de custos dos direitos e, a partir dela, da concepção de reserva do possível. Os direitos a prestações em sentido estrito referem-se "à atuação dos poderes públicos como expressão do Estado Social (no sentido de criação, fornecimento, mas também distribuição de prestações materiais já existentes)"; enquanto os direitos a prestações em sentido amplo "dizem respeito às funções do Estado de matriz liberal, dirigido principalmente à proteção da liberdade e igualdade na sua dimensão defensiva", abarcando tanto direitos à proteção mediante edição de normas jurídico-penais, quanto o estabelecimento de normas e garantias de organização e procedimento.[380] Nesse senso, os custos com a proteção dos direitos de matriz liberal, incluindo a organização de instituições públicas e procedimentos atrelados à proteção da liberdade e igualdade numa dimensão defensiva, constituem o objeto típico dos direitos a prestações em

---

379 SCHMIDT, 1981, p. 800-802. Foram preservadas entre aspas as expressões originais do autor alemão, muito embora, como já reiterado anteriormente, tome-se como parâmetro do presente estudo a classificação funcional dos direitos fundamentais proposta por Ingo Wolfgang Sarlet.

380 SARLET, 2005, p. 210-211.

sentido amplo; ao passo que os custos da concretização dos direitos sociais a prestações materiais, além da dimensão defensiva que possam mediatamente assumir, retomam as funções públicas do Estado Social – criação, fornecimento e distribuição de prestações materiais existentes. Por tratar-se de atuação relacionada ao Estado de matriz liberal, os direitos a prestações em sentido amplo normalmente não são enfatizados pela doutrina, nem tampouco enfocados numa análise mais detida, motivo por que também comumente não se lhes opõem as ressalvas apontadas à efetividade dos direitos sociais a prestações materiais, especialmente a denominada "reserva do possível".

Essas questões guardam pertinência com a definição de quais seriam as atividades eminentemente estatais (segurança, organização das instituições, polícia), escapando, por isso, dos obstáculos de concretização impostos às prestações (sociais) materiais, reflete Vieira de Andrade. A segurança pública, exemplifica, constitui uma das prestações que se exige do Estado; no entanto, "por estar associada à própria essência do poder, é vista como um axioma e um dado político, não sendo contabilizada como um direito dos particulares".[381] Ela sempre foi vista como exercício de uma função comunitária, e não propriamente um meio de proteção dos direitos individuais, uma vez que a noção de que ao Poder Público incumbiria a defesa dos direitos individuais somente apareceu com o Estado-prestador.[382]

Desse modo, o estudo de Holmes e Sunstein demonstra que, sendo inerente a todos os direitos fundamentais a imprescindibilidade das despesas financeiro-orçamentárias, carece de sentido a distinção entre direitos "com" e "sem" custos, assim como a eventual equiparação dessa idéia à classificação dos direitos em positivos e negativos e, ainda, a delimitação das objeções resultantes da escassez financeira apenas aos direitos sociais a prestações materiais. Se todos os direitos têm custos e, por isso, acarretam gastos públicos, todos os direitos estão submetidos à reserva do possível. Além disso, a reserva do possível não constitui critério de discriminação nem tampouco de fundamentalidade, como se fosse aplicável somente aos direitos sociais a prestações materiais e para retirar-lhes o caráter de fundamentalidade, ao passo que, porque não incidente sobre os direitos de defesa, assegurar-lhes-ia a fundamentalidade constitucional.

Tal entendimento é falacioso e confunde conceitos e conseqüências jurídicas, não podendo ser aceito a partir dos pressupostos aqui acolhidos. A multifuncionalidade dos direitos fundamentais, que podem gerar diferentes posições jurídico-subjetivas passíveis de efetiva-

---

381 ANDRADE, 2001, p. 51.

382 Ibidem, p. 143.

ção (pretensões à defesa, proteção e prestação material); a fundamentalidade formal e material, que em nada se relaciona à idéia de custos, mas que decorre da expressa consagração constitucional, quer pela previsão de mecanismos especiais e reforçados de proteção, quer pela relevância axiológica, para a comunidade que os consagra, dos bens jurídicos tutelados por esses direitos, e, finalmente, a indivisibilidade e interdependência de todos os direitos fundamentais, reflexo das normas internacionais de direitos humanos; são razões o bastante para afastar o raciocínio equivocado e admitir, entre outros, que a reserva do possível pode ser objetada à generalidade dos direitos fundamentais enquanto limitação decorrente da inerente escassez de recursos econômicos, financeiros e orçamentários.

Como lembra Novais, a reserva do possível deve viger como um mandado de otimização dos direitos fundamentais: o condicionamento material faz dos direitos sociais, sempre, direitos "sob reserva do possível", a impor ao Estado não uma garantia absoluta de inviolabilidade e de tutela da autodeterminação individual, mas, antes, o dever jusfundamental de, "tanto quanto possível", promover as condições ótimas de efetivação da prestação estatal em questão e preservar os níveis de realização já atingidos.[383] Esse dever de otimização, aliás, conforma-se ao dever de progressividade do artigo 2º, item 1, do Pacto Internacional de Direitos Econômicos, Sociais e Culturais – PIDESC –,[384] previsto como determinação de aplicação estatal eficaz dos recursos financeiros disponíveis.[385] Abramovich e Courtis dessumem dois sentidos complementares da noção de progressividade, quais sejam, "o reconhecimento de que a satisfação plena dos direitos estabelecidos no Pacto supõe uma certa gradualidade" e a noção de de "progresso, consistente na obrigação estatal de melhorar as condições de gozo e exercício dos direitos econômicos, sociais e culturais".[386] Conforme

---

383 "Há, então, pretensões instrumentais de direitos de liberdade que, assumindo um carácter essencialmente fáctico, padecem das mesmas condicionantes orçamentais, reservas do possível e indeterminabilidade que caracterizam os direitos sociais". Isso valeria mesmo no caso de pretensões a prestações normativas, submetidas a uma reserva do "politicamente oportuno" ou do "politicamente adequado". Cfe. NOVAIS, 2004, p. 295-297.

384 "Cada Estado-parte no presente Pacto compromete-se a adotar medidas [...], principalmente nos planos econômico e técnico, até o máximo de seus recursos disponíveis, que visem a assegurar, progressivamente, por todos os meios apropriados, o pleno exercício dos direitos reconhecidos no presente Pacto, incluindo, em particular, a adoção de medidas legislativas". Redação do dispositivo conforme texto aprovado pelo Decreto-legislativo nº 226, de 12 de dezembro de 1991 e promulgado pelo Decreto nº 591, de 06.07.1992, que internalizaram o Pacto Internacional de Direitos Econômicos, Sociais e Culturais no Brasil.

385 RODRIGUEZ, 2002, p. 23.

386 Tradução livre do original espanhol: "La noción de progresividad abarca dos sentidos complementarios: por un lado, el reconocimiento de que la satisfacción plena de los derechos establecidos en el Pacto supone una cierta gradualidad. [...] De allí que la noción de progresividad implique un segundo sentido, es decir, el de progreso, consistente en la obligación estatal de

Gialdino, o dever de progressividade impõe que os recursos existentes sejam direcionados, da melhor maneira possível, à consecução dos direitos explicitados pelo PIDESC. Com relação ao direito à saúde, significa que os Estados-Partes têm a obrigação concreta e constante de avançar o mais expedita e eficientemente possível à plena realização do direito ao mais alto nível de saúde, nos termos do artigo 12 do diploma internacional.[387]

A reserva do financeiramente possível pode ser assim interpretada como objeção à efetividade dos direitos fundamentais, especialmente dos direitos sociais a prestações materiais, consistente no respeito às decisões orçamentárias estabelecidas pelo legislador democrático, na ponderação concreta entre a escassez dos recursos financeiros disponíveis e o dever de otimizar – e, no caso dos direitos previstos pelo PIDESC, otimizar progressivamente – a concretização dos direitos fundamentais. Como propugna Vieira de Andrade,[388] essa escolha na afetação dos recursos públicos, diversa da mera repartição de receitas segundo o princípio da igualdade, fundamenta a insindicabilidade judicial das opções legislativas, uma vez que o princípio democrático, por outorgar ao legislador as tarefas de conformação dos direitos e de alocação dos recursos públicos, opera como limite (imanente) aos "direitos sociais"; assim como o princípio da separação dos Poderes pois, definidas constitucionalmente as competências e funções políticas, não cabe ao Judiciário intervir em seara reservada ao legislador ordinário, que atua por imposição e delegação constitucional. A exarcebação de um tal controle, adverte o constitucionalista, pode levar a um Estado Judicial.

À insindicabilidade judicial das decisões orçamentárias devem corresponder a transparência e o controle dos recursos públicos – no caso, aplicados à efetivação dos direitos sociais. Comparato[389] advoga a

---

mejorar las condiciones de goce y ejercicio de los derechos económicos, sociales y culturales". ABRAMOVICH; COURTIS, 2002, p. 93.

387 GIALDINO, 2001, p. 517-518. PIDESC, artigo 12, item 1: "Os Estados-partes no presente Pacto reconhecem o direito de toda pessoa de desfrutar o mais elevado nível de saúde física e mental."

388 ANDRADE, 2001, p. 185-187. E conclui: "As políticas de habitação, saúde, segurança social, educação, cultura, etc., dadas as suas complexidade e contingência, não podem estar determinadas nos textos constitucionais e a sua realização implica opções *autónomas* e *específicas* de órgãos que disponham simultaneamente de capacidade técnica e de legitimidade democrática para se *responsabilizarem* por essas opções. Não é, por isso, legítimo ao intérprete – seja ao juiz, para justificar a assunção de poderes fiscalizadores, seja ao próprio legislador, para se eximir da sua responsabilidade política – imputar à Constituição uma intencionalidade que ultrapasse o conteúdo mínimo que decorre do estabelecimento de directrizes de legislação. Podemos falar aqui da necessidade de uma *concretização jurídico-política* da Constituição ou de uma *conformação* do conteúdo dos direitos fundamentais". Ibidem, p. 188.

389 COMPARATO, Fábio Konder. O Ministério Público na defesa dos direitos econômicos, culturais e sociais. In: CUNHA, Sérgio Sérvulo da; GRAU, Eros Roberto. (Org.) *Estudos de direito constitucional em homenagem a José Afonso da Silva*. São Paulo: Malheiros, 2003, p. 256-257.

necessidade de discriminação das verbas vinculadas à realização dos direitos sociais a prestações materiais, tornando passível de controle o dever constitucional de efetivação de tais direitos. Entende que o Poder Executivo não teria liberdade para optar entre fazer ou não fazer a previsão dessas despesas orçamentárias, nem de liberar ou deixar de liberar os recursos públicos a tanto destinados, já que se está diante do atendimento a uma imposição constitucionalmente estabelecida e, por isso, do exercício de atividade administrativa vinculada. Tal entendimento arrima-se na Lei de Responsabilidade Fiscal (Lei Complementar nº 101/2000), cujo artigo 8º, § 2º, exclui a possibilidade de limitação das despesas públicas que consistam em obrigações constitucionais e legais do ente estatal. "Uma vez que os direitos resultam de escolhas estratégicas sobre qual a melhor forma de aplicar os recursos públicos", esclarecem Holmes e Sunstein, "há boas razões democráticas para que as decisões sobre quais direitos proteger, e em que grau, devam ser feitas do modo mais aberto possível, por uma população informada tanto quanto possível, para quem os agentes políticos, incluindo os juízes, devem endereçar as suas razões e justificativas".[390]

Trazendo a questão para o direito à saúde, a legislação brasileira prevê a necessidade de elaboração do denominado "Plano de Saúde" – Lei nº 8.080/90, artigo 36, *caput*[391] – com base nas proposições adotadas pelas Conferências de Saúde e mediante participação dos Conselhos de Saúde. O plano de saúde compatibiliza "as necessidades da política de saúde com a disponibilidade de recursos, ou seja, não se trata de elaborar um manifesto amplo sobre o que deveriam ser os serviços de atendimento à saúde, mas sim de definir estratégias e prioridades na reserva do possível", alerta Weichert.[392] No caso do direito à saúde, portanto, a definição das políticas públicas em atenção às limitações decorrentes da reserva do possível têm um foro de decisão bastante diversificado e contam com a participação direta de representantes da população por meio das Conferências de Saúde – fato que impõe maior cuidado à intervenção judicial nesses casos.

---

390 Tradução livre do original inglês: "Because rights result from strategic choices about how best to deploy public resources, there are good democratic reasons why decisions about which rights to protect, and to what degree, should be made in as open a manner as possible by a citizenry as informed as possible, to whom political officials, including judges, must address their reasonings and justifications". Cfe. HOLMES; SUNSTEIN, 2000, p. 227. Em complementação, ver p. 228-229.

391 Lei nº 8.080/90, art. 36: "O processo de planejamento e orçamento do Sistema Único de Saúde – SUS será ascendente, do nível local até o federal, ouvidos seus órgãos deliberativos, compatibilizando-se as necessidades da política de saúde com a disponibilidade de recursos em planos de saúde dos Municípios, dos Estados, do Distrito Federal e da União".

392 WEICHERT, Marlon Alberto. *Saúde e federação na Constituição brasileira*. Rio de Janeiro: Lumen Juris, 2004, p. 175 – grifos originais.

A reserva do financeiramente possível, outrossim, traz conseqüências quanto à decisão concreta sobre o tratamento de saúde exigível. Partindo de decisão da Corte Constitucional italiana, num caso em que se contrapunham a liberdade do paciente na escolha do tratamento médico e a obrigação estatal de oferta da prestação escolhida, Mathieu[393] defende que a ausência de liberdade do paciente frente às escolhas terapêuticas é dupla. De uma parte, o direito à saúde não acarreta direito ao financiamento de um tratamento livremente escolhido, se este último não decorrer de indicação médica específica, como decidiu a Corte ao asseverar que, havendo disponibilidade de tratamento adequado mais econômico, não pode o indivíduo pretender que sua escolha pessoal prevaleça sobre a opção menos custosa. A ausência de liberdade liga-se ao caráter limitado dos recursos disponíveis. De outra parte, não se reconhece irrestritamente a liberdade de escolha do doente quando postulada uma prestação estatal, visto que, em nome das exigências de saúde pública e em atenção ao princípio da dignidade humana, o Estado tem o direito (e o dever) de proteger, não somente o conjunto da população, mas o próprio doente contra si mesmo, interditando, se for o caso, o acesso do paciente a certas terapias – *verbi gratia*, tratamentos cuja eficácia não foi comprovada, medicamentos não aprovados pelos órgãos de vigilância sanitária, terapias experimentais, etc. Nas palavras da Corte Constitucional italiana, "a pretensão segundo a qual o Estado deveria ser obrigado a fornecer gratuitamente outras prestações médicas cuja eficácia é hipotética não seria razoável. Não se pode fazer repercutir sobre o serviço sanitário nacional as conseqüências das livres escolhas individuais concernentes ao tratamento médico preferido".[394]

A referência indica um caminho não percorrido pelo legislador brasileiro, pelo menos ainda não totalmente, na compatibilização entre os recursos financeiros disponíveis e a necessidade de efetivação do direito à saúde da população, individual e coletivamente. Trata-se do amplo estabelecimento de protocolos de terapêutica e conduta médica, acessíveis a todo indivíduo que tencione obter, diretamente do Poder Público, a prestação material decorrente da tutela do direito à saúde – e, por conseguinte, igualmente acessíveis ao juiz que esteja frente a alguma pretensão de prestação de medicamentos ou tratamento médico. Na verdade, a criação e o desenvolvimento de protocolos servem de diretriz para todos os envolvidos e durante todo o processo: o doente

---

393 MATHIEU, 1998.

394 Tradução livre do original francês: "la prétention selon laquelle l'Etat devrait être tenu de fournir gratuitement d'autres prestations médicales dont l'efficacité est hypothétique ne serait pas raisonnable. On ne peut faire retomber sur le service sanitaire national les conséquences des libres choix individuels concernant le traitement thérapeutique préféré". apud Ibidem, 1998.

informa-se sobre quais prestações pode dispor, a Administração fica ciente dos objetos (remédios e tratamentos) que pode ser exigida a alcançar, e o magistrado, diante do caso concreto, tem condições de averiguar em quais obrigações pode condenar o ente público responsável. Além do financeiramente possível, o estabelecimento de protocolos formaliza publicamente a compatibilização com o "faticamente possível", isto é, com a escassez dos próprios recursos de saúde – médicos especializados, hospitais, centros de atendimento especial, remédios raros. Junto a essa medida, a criação e o acesso a centros de informação, inclusive pelos magistrados, asseguraria certeza e correção às ordens judicias de encaminhamento de pacientes, evitando impasses no atendimento e, em última análise, na realização adequada do direito à saúde. A "Central de Leitos" é um dos primeiros exemplos disso, que evita internações sem que haja leitos vagos – situação bastante comum nos Centros ou Unidades de Tratamento Intensivo – CTI/UTI. Mantida a situação atual, contudo, ainda resta ao médico responsável pelo funcionamento da entidade hospitalar escolher qual dos internados dará lugar ao paciente que possui decisão judicial a si favorável, o que atenta contra todo o sistema de assistência médica já estabelecido (filas, critérios médicos de encaminhamento s CTIs/UTIs, princípios de ética médica); ou optar pela não-internação do paciente favorecido pela decisão judicial e sujeitar-se, entre outros, à responsabilização penal por descumprimento de ordem judicial.

Frente às complexidades desse quadro, pode-se retomar a dimensão juridicamente relevante da reserva do possível que, para além dos limites financeiros e fáticos, vincula a efetivação dos direitos fundamentais à distribuição de poderes e funções estatais na forma como estipulada pela Constituição, amarrando-a ao princípio da separação dos Poderes. Em função da particular natureza de que se revestem, os direitos sociais remetem aos poderes constituídos a responsabilidade de determiná-los, concretizá-los e densificá-los, "numa medida adequada às disponibilidades financeiras do Estado e compatível com a margem de conformação política dos titulares do poder democraticamente legitimados", escreve Novais.[395]

Em primeira linha, o tema indica o estreito liame existente entre a reserva do possível e o princípio constitucional da separação dos Poderes; num segundo momento, aponta para a relação entre reserva do possível e o também constitucional princípio federativo. Tanto a separação dos Poderes, quanto o princípio federativo, na forma como instituídos pela Carta de 1988, informam o desenho constitucional da distribuição nas competências constitucionais, horizontal e vertical-

---

395 NOVAIS, 2004, p. 297-298.

mente estabelecidas. Considerando, entretanto, que num contexto abrangente de outros sistemas constitucionais, a separação dos Poderes é mais genericamente acolhida do que a federação; assim como o fato de que o federalismo assume diferentes formas em cada Estado; a dimensão jurídica da reserva do possível será tratada em termos de separação dos Poderes, no próximo tópico, ficando para o item então subseqüente o exame, já centrado no direito pátrio, das relevantes inferências com o princípio federativo.

5.3.1.2. *O princípio da separação dos Poderes*

O princípio da separação dos Poderes, desde a clássica teorização de Montesquieu, traz ínsita a busca de racionalização do Estado, pela limitação e organização do poder estatal e submissão do próprio Estado ao Direito. Como esclarece Novais, tal processo dependeu, dentre outras condições, do reconhecimento de personalidade e capacidade jurídicas ao Estado; da conformação jurídica das atividades estatais, em termos de estruturação e repartição de funções entre órgãos; e do estabelecimento de uma hierarquia jurídica entre os atos estatais, com fito de assegurar supremacia à lei escrita – e posteriormente à Constituição, acrescente-se – e de viabilizar o controle jurídico desses mesmos atos, mediante confronto com normas hierarquicamente superiores. O Estado de Direito passou a supor, como elementos essenciais, a garantia dos direitos fundamentais e a divisão de poderes.[396]

Foi no Estado Liberal de Direito do século XVIII que o princípio da separação dos Poderes do Estado desenvolveu-se como mecanismo de garantia da liberdade individual pela racionalização do funcionamento do aparelho estatal. O cerne da teoria de Montesquieu estava na crença de que a liberdade individual somente ficaria assegurada se o poder não estivesse concentrado, pois pressupunha uma inevitável tendência de abuso por quem o detivesse. Propôs, então, mediante especialização orgânica e funcional, a divisão jurídica dos diferentes Poderes do Estado, assim submetidos ao Direito, acreditando que desse equilíbrio e neutralização recíproca resultaria, em última análise, a proteção da liberdade individual. "Montesquieu propunha, então, não uma rígida separação entre esses três poderes – como frequentemente se confundiu –, mas uma colaboração, equilíbrio e interdependência", refere Novais.[397]

Já no Estado Democrático e Social de Direito, a divisão dos Poderes se tornou o processo de distribuição e integração racionalizadas das várias funções e órgãos do Estado, com vista à eficiência da

[396] NOVAIS, 2004, p. 22-23.

[397] Cfe. NOVAIS, 2004, p. 25.

atuação estatal e, simultaneamente, à salvaguarda dos direitos fundamentais. A progressiva diluição das fronteiras entre as funções executiva e legislativa permitiu que o Executivo passasse a legislar, por iniciativa própria ou delegada, e que os atos legislativos pudessem perder em generalidade e abstração, fruto de uma legislação de efeitos concretos, direcionada ao atendimento de situações e necessidades específicas. Finalmente, o reforço da separação, independência e relevância da função judicial, especialmente pela admissão do controle de constitucionalidade das leis e atos administrativos, colaborou para o surgimento da jurisdição constitucional e, em alguns sistemas, dos Tribunais Constitucionais.[398]

Hoje se entende que o princípio da separação dos Poderes comportaria dois aspectos complementares. Uma primeira dimensão negativa, no sentido de divisão, controle e limite, que apõe medida jurídica e desconcentração ao poder estatal, para garantia e proteção da esfera jurídico-subjetiva dos indivíduos. Como leciona Canotilho, pela "criação de uma estrutura constitucional com funções, competências e legitimação de órgãos, claramente fixada, obtém-se um controlo recíproco do poder (*checks and balances*) e uma *organização jurídica de limites* dos órgãos do poder".[399] A segunda dimensão, de seu turno, tem caráter positivo e se refere à "constitucionalização, ordenação e organização do poder do Estado tendente a decisões funcionalmente eficazes e materialmente justas", em que passa a significar a responsabilidade pelo exercício de um poder, explica o jurista.[400] Reiterando a coexistência desses dois aspectos da separação dos Poderes, Milanez salienta que o aspecto funcional tem como finalidade precípua a busca de eficiência governamental, alocando-se as funções públicas a quem esteja melhor preparado para executá-las, tornando o Estado, como um todo, mais eficiente.[401] "O que importa num estado constitucional de direito", por conseguinte, "não será tanto saber se o que o legislador, o governo ou o juiz fazem são actos legislativos, executivos ou jurisdicionais, mas se o que eles fazem *pode ser feito* e é feito de *forma legítima*".[402]

---

398 NOVAIS, 2004, p. 34-35.

399 CANOTILHO, 2003a, p. 251 – grifos originais. Mais adiante, refere o autor a necessidade de proteção do núcleo essencial do princípio da separação dos Poderes, como condição de legitimidade do exercício atípico de funções pelos órgãos de poder. Ibidem, p. 251-252.

400 CANOTILHO, José Joaquim Gomes. *Direito Constitucional e Teoria da Constituição.* 7ª ed. (reimp.) Coimbra: Livraria Almedina, 2003, p. 250.

401 MILANEZ, 2004, p. 206-207.

402 CANOTILHO, 2003a, p. 251 – grifos originais. Mais adiante, refere o autor a necessidade de proteção do núcleo essencial do princípio da separação dos Poderes, como condição de legitimidade do exercício atípico de funções pelos órgãos de poder. Para maior aprofundamento, consultar Ibidem, p. 251-252.

A partir dessas premissas, podem-se construir duas linhas de interpretação acerca da reserva do possível, no que pertine à ligação com o princípio da separação dos Poderes. No sentido "clássico" de ordenação das funções estatais e, portanto, de organização jurídica dos limites à atuação dos órgãos do Estado, o princípio da separação dos Poderes procura atribuir a cada órgão funções determinadas e próprias e, nesse sentido, intenta vedar o exercício do poder por órgãos diversos daqueles aos quais tenham sido discriminadas constitucionalmente as funções estatais. Isso significa, no âmbito da reserva do possível, que há uma reserva de competência para o Legislativo, poder ao qual se incumbem a elaboração do orçamento público e a conseqüente tomada das decisões alocativas, na qualidade de representante da sociedade. Nesse senso, as decisões a respeito da forma de aplicação dos recursos públicos na efetivação dos direitos fundamentais, inclusive dos direitos sociais a prestações materiais, incluem-se no âmbito das competências constitucionalmente atribuídas ao Legislativo e cujo exercício, por conseguinte, foi excluído aos demais Poderes, Executivo e Judiciário. Cabível pois, reconhecer-se a ocorrência de inconstitucionalidade, por ofensa ao princípio da separação dos Poderes (CF, art. 2º), sempre que decisões alocativas, isto é, decisões acerca da aplicação dos recursos públicos, sejam tomadas por administradores e juízes em desconsideração às opções legislativas já estabelecidas – que, no caso brasileiro, constam das leis e planos orçamentários.

O que se pretende sustentar é que a regulação dos âmbitos de liberdade que correspondem aos cidadãos dependa exclusivamente da vontade dos respectivos representantes, mormente porque a necessidade de regramento na regulação de direitos de grande complexidade – como os direitos sociais a prestações materiais, pode-se exemplificar – é inevitável.[403] A lei desempenha uma função garantista em relação ao sistema de direitos fundamentais tomado como conjunto, delimitando o exercício de cada direito em função da fruição dos demais. Uma vez que não existem direitos absolutos, cabe à lei, no marco da Constituição, assegurar o desenvolvimento normativo e equilibrado dos distintos direitos constitucionais. Como aduz Arnau, a manutenção da sistematicidade do conjunto de direitos é obtida de maneira mais adequada pela intervenção do legislador do que pela prática judicial.[404]

---

403 ARNAU, Juan Andrés Muñoz. Los límites de los derechos fundamentales en el derecho constitucional español. Pamplona: Aranzadi, 1988, p. 107. Em sentido semelhante, mas salientando a necessidade de preservação do conteúdo essencial do direito, cfe. MARTÍNEZ-PUJALTE, Antonio-Luis. *La garantía del contenido esencial de los derechos fundamentales*. Madrid: Centro de Estudios Constitucionales, 1997, p. 47-48.

404 Ibidem, p. 105, nota 173.

A tese é corroborada pela doutrina brasileira. Propugna Amaral[405] que não há um critério único a ser empregado para todas as decisões alocativas, mas um leque deles, que podem ser utilizados e combinados entre si, demonstrando-se assim o caráter nitidamente discricionário e político dessa espécie de decisão. Diante disso, os intérpretes por excelência das decisões alocativas seriam os Poderes Legislativo e Executivo – este nos limites prestabelecidos por aquele, advirta-se – e não o Judiciário, pois se trata de decisões eminentemente políticas e até discricionárias, necessariamente disjuntivas, ou seja: a opção pela aplicação de recursos numa certa política impede a aplicação desses mesmos recursos em outra; a opção por efetivar determinado direito representa a opção por não efetivar, ou efetivar "menos", outros direitos. "Quanto menos [de realização de um direito fundamental] só pode ser decidido politicamente, e só pode ser decidido politicamente: é para isso que servem os arranjos políticos na democracia".[406] Salvo a existência de disposição constitucional ou legal expressa em sentido diverso, sempre haverá espaço para tais decisões alocativas. Também por isso, deve-se atentar para o denominado "excesso de otimismo normativo", atinente à ingenuidade ou demagogia do discurso que propaga a garantia plena de todas as possíveis formas de efetivação de todos os direitos a todos os titulares simultaneamente – como se isso fosse de algum modo possível. "O atendimento ao legítimo interesse de todos não depende apenas dos elevados propósitos dos membros do Legislativo e do Executivo, mas [de] uma combinação de diversos fatores que, no seu conjunto, jamais serão plenamente controláveis". Há necessidade de um crivo especial, em que o "dever-ser" há de aproximar-se do "poder-ser", arremata.[407]

Com razão Holmes e Sunstein,[408] portanto, ao asseverarem que a dimensão econômica dos direitos traz uma série de questões adicionais, não restritas apenas a quanto custam realmente, mas concernentes à investigação de quem decide como alocar os escassos recursos públicos para a proteção de quais direitos e para quem. Haveria, assim, uma inviabilidade de intervenção judicial sobre as opções alocativas feitas, especialmente em termos de macropolíticas públicas, mesmo porque os magistrados operam com inadequadas e parciais fontes de informação.[409] Ressalvam, no entanto, que circunstâncias como custos exorbitantes ou capacidades administrativas escassas até poderiam

[405] AMARAL, 2001, p. 206.

[406] Cfe. AMARAL, 1983, p. 66-67.

[407] Cfe. Ibidem, p. 31 e 199-200.

[408] HOLMES; SUNSTEIN, 2000, p. 31.

[409] Cfe. Ibidem, p. 94-95.

escusar o Estado da proteção de meros interesses, mas somente escusarão a falência na proteção de direitos fundamentais sob condições especiais e altamente restritas – a justificar a excepcionalidade da objeção da reserva do possível, dessarte. "Para violar valores constitucionais centrais, o Estado deve ter do seu lado valores ainda mais pesados".[410]

No caso do direito à saúde, muito embora haja regramento constitucional prescrevendo a vinculação de parte das receitas públicas ao investimento em medidas para efetivá-lo, a inexorável escassez dos recursos impõe a necessidade de opções alocativas, no âmbito das quais se realizará o direito dentro do que seja possível, fática e juridicamente. "Uma sábia gestão de orçamentos de saúde, que não são extensíveis indefinidamente, precisa de reflexão quanto à relação custo/benefício dos investimentos consentidos", lembra Fagot-Largeault.[411]

O princípio da separação dos Poderes, contudo, também é concebido de modo funcional e cooperante, sob o influxo da eficiência na realização das tarefas estatais e, conforme exposto, a partir de uma restaurada interpretação das idéias de Montesquieu: colaboração, equilíbrio e interdependência entre os Poderes. Nessa direção, outros valores constitucionais ganham peso e permitem o exercício da atividade jurisdicional mesmo em searas tidas como tipicamente políticas e, por isso, impassíveis de controle judicial. É o caso, no direito constitucional brasileiro, da garantia fundamental de inafastabilidade da jurisdição (CF, art. 5º, XXXV), que possibilita o acesso de todas as pessoas ao Judiciário sempre que haja lesão ou ameaça de lesão a direito, qualquer direito. Recupera-se assim, ainda que resguardada uma necessária prudência, a índole política da atividade judicial, muitas vezes obscurecida pelo véu ideológico do culto à lei e à separação dos Poderes, como adverte Leal.[412]

Em vista disso, retomam-se as idéias já antes esposadas acerca da premência de ponderação concreta dos bens constitucionais em conflito, a fim de que a decisão a respeito da efetividade de um direito

---

410 Cfe. HOLMES; SUNSTEIN, 2000, p. 99-100.

411 FAGOT-LARGEAULT, 2001, p. 89.

412 LEAL, Rogério Gesta. O Poder Judiciário e os direitos humanos no Brasil. *Revista da AJURIS*, Porto Alegre, v. 30, n. 90, p. 259-284, jul. 2003, p. 279. Para o jurista gaúcho, a formação jurídica no Brasil caracteriza-se pelo extremado apego à normatização jurídica e às feições liberal-burguesas decorrentes do apelo cientificista do discurso positivista. Daí o pensamento preponderante dos operadores jurídicos ao conceberem o direito positivo como uma dimensão autônoma do político e um fundamento do Estado, em que o culto à lei e à separação dos Poderes se colocam como véus ideológicos que dissimulam e invertem a natureza eminentemente política do Direito, a resultar, muitas vezes, na equiparação entre obediência política e obediência legal e na atribuição de um papel invisível ao juiz. Ibidem, p. 262-263.

fundamental possa atender, na maior medida possível, à otimização, possível e real, dos direitos fundamentais e dos demais valores, princípios e bens constitucionais como um todo sistêmico. A decisão judicial que interfira em políticas públicas, sobremodo quando imponha o dispêndio e/ou alocação de recursos públicos, deve ter presente o caráter excepcional de que se reveste, uma vez que mitiga a separação dos Poderes consagrada constitucionalmente para permitir a intervenção direta do Judiciário nas decisões sobre políticas públicas – *in casu*, de efetivação dos direitos sociais a prestações materiais, especialmente do direito à saúde.

A excepcionalidade desse tipo de provimento judicial se manifesta na garantia de proteção ao que já se denominou, neste estudo, de parâmetros mínimos de efetividade dos direitos fundamentais. A garantia contra a efetivação insuficiente do direito posto em causa, de acordo com os princípios da proporcionalidade e razoabilidade; a salvaguarda do núcleo essencial desse direito; assim como a proteção da parcela de conteúdo do direito que se enquadre no mínimo existencial são passíveis de justiciabilidade, pelo menos como premissa inicial, autorizando a ingerência judicial para dar prevalência ao direito fundamental concretamente pretendido.[413] Princípios como a dignidade da pessoa humana interferem de modo incisivo no resultado dessa ponderação, mormente diante da urgência na obtenção da tutela judicial[414] [415]

Nessa direção, recorda Ariza que se os direitos civis e políticos definem as regras do jogo, os direitos sociais intervêm para mudar o resultado do jogo e, assim, acabam por alterar implicitamente essas

---

[413] Cumpre aqui referir a advertência de Gialdino, sustentando a necessidade de distinguir-se entre a falta de capacidade e a falta de vontade de um Estado para cumprir as obrigações estabelecidas no Pacto Internacional de Direitos Econômicos, Sociais e Culturais – PIDESC. A interpretação que a jurisprudência internacional tem conferido ao tema indica, primeiro, que o Estado tem a obrigação de provar a própria incapacidade no cumprimento das obrigações de concretização dos direitos previstos pelo PIDESC; e, segundo, que a escassez de recursos não releva aos Estados o dever de respeito mínimo à obrigação de realizar os direitos econômicos, sociais e culturais. Cfe. GIALDINO, 2001, p. 525. Em sentido semelhante, cfe. MORAIS, 2003, p. 25.

[414] Concordamos, pois, com a argumentação desenvolvida por SARLET, ao defender que ao menos quanto a prestações de cunho emergencial, cujo indeferimento acarretaria o comprometimento irreversível ou o sacrifício de outros bens essenciais – vida, integridade física e dignidade humana; e mediante um juízo concreto de ponderação, com base numa interpretação sistemática e observados os parâmetros da proporcionalidade; há de se reconhecer ao particular o direito subjetivo à prestação reclamada judicialmente, fazendo relevar tais bens. Cfe. SARLET, 2002a, p. 8-9.

[415] A urgência da tutela judicial na salvaguarda dos direitos fundamentais é objeto de interessante análise por Silveira Neto, que traça a relação entre direitos humanos (denominação utilizada pelo autor) e processo, em que a tutela antecipada apareceria como instrumento para a garantia de rápida e efetiva solução dos conflitos sobre direitos humanos. Cfe. SILVEIRA NETO, 2002, p. 36.

mesmas regras. Os direitos sociais exigem a adoção de decisões políticas que estão condicionadas por circunstâncias econômicas, mas estas não podem constituir um empecilho insolúvel para limitar-lhes a própria capacidade de realização prática, especialmente quando se trate de direitos que, levados a sério, busquem superar exatamente as condições econômicas.[416] Adverte, contudo, que o ativismo judicial em matéria de direitos sociais a prestações materiais é mais "grave" ou "arriscado", por pressupor uma substituição do juiz ao legislador e a conseqüente invasão das competências políticas e orçamentárias. Dessa forma, é o legislador democrático quem deve definir o conteúdo dos direitos sociais, conquanto reconheça ao Tribunal Constitucional a possibilidade de demarcar um mínimo, para que tenha sentido a afirmação de que os direitos sociais tenham um conteúdo.[417]

Em direção semelhante, Lemaitre Ripoll[418] reconhece que não é competência principal dos juízes o estabelecimento dos limites e benefícios aos direitos sociais, senão de outros ramos do poder. Sem embargo, o que não seja responsabilidade principal dos juízes não implica uma ausência total de justiciabilidade desses direitos, consentindo a jurista que há certos casos em que o Judiciário, em defesa da Constituição e dos valores por esta priorizados, pode e deve intervir.

Ao mesmo tempo, entretanto, o caráter excepcional evidencia-se nas objeções incidentes sobre esse tipo de provimento judicial. O princípio da supremacia da Constituição, especialmente no sentido de preservação das decisões do constituinte originário, demanda do intérprete todo o esforço para resguardar a unidade do sistema instituído, com a busca pela efetividade simultânea de todas as normas constitucionais – e não só de algumas. A realização dos direitos fundamentais não pode desconsiderar a necessidade de salvaguarda de outros princípios constitucionais, ainda mais se essenciais à configuração de Estado fixada constitucionalmente. A separação dos Poderes insere-se nesse contexto, justificando o cotejamento das competências constitucionais e das restrições orçamentárias à tutela do direito fundamental. Ao contrário do que fazem crer majoritariamente as decisões do Judiciário brasileiro,[419] nem os direitos fundamentais, nem

---

416 A tese é defendida com base nas observações de Barcellona (BARCELLONA, P. Los sujetos y las normas. El concepto de Estado social. Tradución E. Díaz-Otero. In: OLIVAS, E. *Problemas de legitimación en el estado social*. Madrid: Trotta, 1991, p. 34). Cfe. ARIZA, 2001, p. 270.

417 Cfe. ARIZA, 2001, p. 267/268.

418 LEMAITRE RIPOLL, Julieta. La redistribución del acceso a la justicia: análisis de la jurisprudencia del mínimo vital. In: JURISPRUDENCIA constitucional sobre el mínimo vital. Bogotá: Universidad de los Andes, Facultad de Derecho, 2002, p. 79.

419 A simples pesquisa aos repositórios de jurisprudência nacional demonstra inequivocamente que o Judiciário brasileiro dá contornos absolutos ao direito à saúde, principalmente quando no outro pólo da lide encontra-se a Fazenda Pública, ignorando quaisquer argumentos relacionados à separação dos Poderes, a questões orçamentárias, a competências constitucionais de execução

tampouco o princípio da separação dos Poderes, são absolutos. Diante da evidência que é a escassez, não se há falar em direitos absolutos, mas em direitos "possíveis". O alargamento das formas concretas de efetivação desses direitos, embora diretriz e tarefa de todo o jurista, não pode obscurecer a importância da preservação do equilíbrio de poder que existe na distribuição constitucional de competências.

Ademais, há de se ter sempre presente que a concretização dos direitos fundamentais, e notadamente dos direitos sociais a prestações materiais, também depende da organização de instituições e procedimentos próprios, cuja execução não está afeta ao Judiciário, ao menos em linha de princípio. Os deveres constitucionais de proteção dos direitos fundamentais passam pelo exercício dessa competência, exercício que, embora possa (e deva) submeter-se ao controle judicial, não pode (nem deve) ser por este substituído. A justiciabilidade dos direitos fundamentais pressupõe que condições institucionais e políticas sejam criadas, e que todos eles possam ser exigíveis. Assevera Rodriguez que "estes direitos são o limite à discricionariedade do Estado no momento de fixar políticas públicas em matéria social e em matérias macroeconômicas"[420] – competências cujo exercício, seja pela incidência do princípio da separação dos Poderes, seja pela regência do princípio democrático, escapa ao âmbito de poder normalmente reconhecido ao Judiciário.

No caso do direito brasileiro, essa distribuição do poder estatal se dá em duas direções e de conformidade a dois princípios: horizontalmente, segundo o princípio da separação dos Poderes – tópico ora examinado; e verticalmente, consoante o princípio federativo – matéria que se passa a desenvolver no próximo item.

5.3.2. *As competências constitucionais e o princípio federativo*

O princípio federativo será aqui abordado na forma como delineado pelo sistema constitucional pátrio vigente e, de modo ainda mais específico, no que se relacione à concretização do direito fundamental à saúde, sobretudo quanto à dimensão prestacional material desse direito. Tais recortes na matéria se justificam pelos objetivos a que se dispõe o presente trabalho, centrado no estudo dos limites à efetivação

---

de políticas públicas. Essa avaliação é reiterada em doutrina, *v.g.*: "[...] a jurisprudência brasileira tende a não ver a questão da escassez de recursos, seja presumindo que haja recursos, seja tendo por imoral qualquer consideração orçamentária" (AMARAL, 2001, p. 173). "As cortes brasileiras, portanto, não consideram as questões de alocação de recursos públicos e dos limites estabelecidos pela doutrina da separação dos poderes, quando o direito à saúde está em jogo. Atribuem a este direito um peso quase absoluto, ao mesmo tempo em que tomam os outros fatores envolvidos como meros interesses secundários do Estado" (MILANEZ, 2004, p. 210).

420 Cfe. RODRIGUEZ, 2002, p. 24.

dos direitos sociais a prestações materiais, com foco no direito à saúde. Assim, a análise do princípio federativo só interessará naquilo que diga respeito diretamente ao direito à saúde, dentro do contexto do ordenamento constitucional brasileiro – o que justifica, por outro lado, a ausência de aprofundamento da investigação por outras veredas que, conquanto interessantes, fogem da linha de pesquisa proposta. Assentados esses esclarecimentos, pode-se passar ao exame da matéria propriamente dita.

5.3.2.1. Princípio federativo – considerações teóricas necessárias

A idéia de federação traz ínsita a noção de descentralização do poder e da autonomia, no sentido de capacidade de autogoverno, por meio da emanação de leis e decisões próprias por diferentes entes dentro de um mesmo Estado constitucional. Trata-se de forma de Estado, contrapondo-se o Estado federal ao Estado unitário, em termos teóricos e genéricos, pela subsistência de vários ou de um único centro de poder autônomo, respectivamente.

A primeira delimitação conceitual, portanto, há de concernir à identificação dos elementos que caracterizam um Estado como federal ou unitário. Weichert propõe como critério de discrímen a titularidade da autonomia política, ou seja, a forma como se dá o exercício do poder de decisão, sobretudo quanto à condução da comunidade de que se trate. "Nesse contexto, quando se fala em descentralização política, tem-se em vista a existência de mais de um plano de órgãos dotados de poder de decisão independentes", distanciando-se, com isso, da denominada "descentralização administrativa, que decorre de uma opção do único poder político efetivamente existente". Só há descentralização política quando coexistam diferentes centros de poder, com efetiva e definitiva autonomia política; ao contrário, configura-se a descentralização administrativa quando, a despeito de até mesmo uma eventual subdivisão do poder central em órgãos administrativos e legislativos locais, esteja previamente assegurada a sobreposição da decisão central às decisões locais. É pela titularidade da autonomia que o ente estatal exerce as capacidades de autogoverno e auto-organização, com possibilidade de editar livremente a própria Constituição. E conclui: "a essência do federalismo reside na *existência de dois ou mais planos de ordenamentos jurídicos e governos politicamente autônomos, atuando concomitantemente sobre um mesmo povo e território, conforme uma Constituição*".[421]

---

[421] WEICHERT, 2004, p. 16-17 e 77 – original grifado.

As noções de descentralização administrativa e descentralização política parecem assemelhar-se ao significado atribuído por Dallari[422] às expressões *desconcentração* e *descentralização* propriamente dita – termos que, pelo uso alargado, carecem de precisão conceitual. Desconcentração é a distribuição de funções e atividades administrativas, cuja execução é repassada ao nível local, sob o controle e em consonância às prioridades definidas pela esfera central de governo. Já a descentralização seria a distribuição do poder político entre esferas autônomas, ou seja, entre entes não-centrais, com capacidade de dar a si mesmos as próprias leis. A desconcentração, portanto, é forma comum de "divisão de tarefas" nos Estados unitários, em que apenas o desempenho de certas funções é delegado às esferas marginais, mantida a unidade de poder e comando no ente central; a descentralização, diversamente, é o modo próprio de "divisão de poder" nos Estados federados, em que os entes não-centrais, além da execução de medidas administrativas preestabelecidas, detêm autonomia de decisão e gestão.

A descentralização existente no federalismo carrega consigo três noções que se entrecruzam: democratização, subsidiariedade e, no caso brasileiro, municipalização. Weichert assinala que o federalismo democratiza o exercício do poder por fragmentá-lo verticalmente: ademais da separação horizontal das funções executiva, legislativa e judicial, agrega-se uma separação vertical, em que o poder é compartilhado entre os membros da federação – no caso brasileiro, União, Estados, Distrito Federal e Municípios. Essa divisão de poder efetua-se pela repartição de competências que, pela evidente relevância de que se reveste, é matéria sobre a qual há reserva constitucional.[423]

Esclareça-se, contudo, que esses modelos teóricos guardam as mais variadas formas de positivação constitucional e de eficácia social, não sendo raro encontrar modelos estatais unitários marcados pela grande desconcentração administrativa e, assim, pela ampla participação das esferas locais na decisão e execução de políticas públicas, donde o evidente caráter democrático do respectivo *modus vivendi*; enquanto também parece comum identificar Estados que, sob o rótulo de federados, guardam uma extraordinária concentração de poder no ente central e um correlativo esvaziamento das competências dos entes descentralizados, inviabilizando com que, na prática, participem das decisões sobre políticas públicas e, por isso, apresentando contornos de

---

422 DALLARI, 1991, p. 404-405.

423 Cfe. WEICHERT, 2004, p. 81-82. Sob o enfoque do direito à saúde, Schwartz sustenta que há uma nítida ligação entre descentralização da saúde e democracia no modelo adotado pela Constituição de 1988. Cfe. SCHWARTZ, Germano. Gestão compartida sanitária no Brasil – possibilidade de efetivação do direito à saúde. SCHWARZT, Germano (Org.). *A saúde sob os cuidados do direito*. Passo Fundo: UPF, 2003, p. 144-145.

uma democracia enfraquecida. A Espanha é um bom exemplo do primeiro modelo; ao passo que algumas democracias latino-americanas, incluindo o Brasil, infelizmente podem ser apontadas como exemplos do segundo tipo.[424] No que se refere à concentração do poder, tem-se o federalismo centrífugo, em o poder se concentra nos entes periféricos; federalismo centrípeto, em que há a exacerbação das competências centrais; e federalismo equilibrado, sistema no qual a condução de políticas se dá pelas esferas central e locais, dependendo do interesse predominante, ou por todas as esferas, de forma concorrente, se o interesse é simultaneamente comum a elas.[425] Ainda se fala em federalismo centralizado, quando há forte interferência do governo central nas unidades subnacionais, assimilando-as, na prática, a agências administrativas; e, diversamente, em federalismo cooperativo, gravado pela elevada capacidade decisória e financeira das unidades subnacionais que, ao lado do ente central, desempenham um amplo leque de atribuições. Assim, concluem Nascimento e Zioni, *"da tensão entre primazia de competências comuns e de competências exclusivas emerge a característica fundamental dos federalismos centralizado e cooperativo"*, aproximando-os, em maior ou menor grau, a *"um ideal de relações intergovernamentais de tipo federativo"*.[426]

Aprofundando o exame da distribuição das competências constitucionais, Bercovici[427] define a coordenação como modo de atribuição e exercício conjunto dessas competências, dentro do qual cada ente federado possui certo grau de participação, podendo atuar de maneira isolada ou autônoma, na busca de um resultado comum e adequado ao interesse de todos. "A materialização da coordenação na repartição de poderes são as competências concorrentes", em que a decisão comum, tomada em escala nacional, é então adaptada às peculiaridades e necessidades dos entes locais no momento em que autonomamente por esses executada. Na cooperação, por sua vez, as decisões são tomadas conjuntamente, pelo co-exercício das competências e, dessarte, pela corresponsabilização executiva.[428] A cooperação impede a atuação isolada de qualquer dos entes, pressupondo a estreita interdependência e o interesse comum numa série de matérias e programas, cuja execução não pode ser outorgada com supremacia nem exclusividade a

---

424 Nesse sentido, consultar WEICHERT, op. cit., p. 13-14 e 19; e NASCIMENTO, Paulo Roberto do; ZIONI, Fabíola. Relações federativas no SUS: autonomia nas relações intergovernamentais da CIB-SP. *Revista de Direito Sanitário*, v. 3, n. 2, p. 11-33, jul. 2002, p. 14.

425 WEICHERT, 2004, p. 93.

426 NASCIMENTO; ZIONI, op. cit., p. 14.

427 BERCOVICI, Gilberto. A descentralização de políticas sociais e o federalismo cooperativo brasileiro. *Revista de Direito Sanitário*, v. 3, n. 1, p. 13-28, mar. 2002, p. 16-17.

428 Ibidem, p. 15.

nenhum dos entes federados. "Na cooperação, em geral, a decisão é conjunta, mas a execução se realiza de maneira separada, embora possa haver, também, uma atuação conjunta, especialmente no tocante ao financiamento das políticas públicas", esclarece o jurista. Em termos de direito constitucional positivo, retrata-se a cooperação nas competências comuns previstas pelo artigo 23 do texto constitucional de 1988 – aliás, a fonte da cooperação é tão-só a Constituição, de modo que, para além dos casos nela estabelecidos, predomina o princípio da autonomia dos entes federados no exercício das competências constitucionais.[429]

A noção de descentralização se justifica diante da decadência do paradigma estatal-nacional que sinalizou, senão a falência, pelo menos a inadequação do modelo de concentração da capacidade decisória num poder central. "O Estado se tornou grande demais para os pequenos problemas e pequeno demais para os grandes problemas".[430] Observou-se que determinadas questões surgem e devem ser solucionadas dentro de contextos bastante focalizados, de acordo com as peculiaridades e os interesses que sejam próprios aos atores envolvidos. Trata-se das medidas locais, efetivadas no âmbito do Município ou de pequenas regiões, quer provenham de políticas públicas e governamentais, quer sejam induzidas por organizações de ordem privada. Constatou-se que "as unidades políticas menores, por serem as mais próximas dos problemas regionais e locais, têm mais aptidão para enfrentá-los que os gigantescos, custosos e distantes aparatos estatais hipertrofiados durante toda longa Era dos grandes enfrentamentos".[431] [432]

---

429 BERCOVICI, 2002, p. 17-18. O autor ainda refere que a diferenciação entre competências concorrentes e comuns se dá exatamente pela forma como a decisão é realizada pelos entes federados, se conjunta ou isoladamente – o que muitas vezes não seria bem compreendido em doutrina. Ibidem, p. 17. Para ele, a federação brasileira estaria enquadrada na chamada "descentralização por ausência", em que há descentralização de receitas e competências executivas sem, contudo, o planejamento da forma de atuação e das relações entre União e entes federados. À atribuição das tarefas para Estados e Municípios sem o correspectivo repasse das verbas públicas, corresponde a ausência de comprometimento desses entes com a adoção das políticas públicas nacionais. Trata-se de uma transferência não planejada e descoordenada dos encargos, em detrimento, a final, do projeto constitucional de federalismo cooperativo, a enfraquecer o papel de todos na federação: a debilidade institucional e administrativa do ente central torna-se visível, enquanto a preservação dos interesses estadual e municipal impõem a ruptura do planejamento nacional de execução de políticas públicas. Por isso, "[o] debate não deve ser entre descentralização e centralização, mas qual descentralização e para que (e para quem) descentralizar". Ibidem, p. 19-23.

430 BELL, Daniel. apud MOREIRA NETO, Diogo de Figueiredo. Globalização, regionalização, reforma do Estado e da Constituição. *Revista de Direito Administrativo*, Rio de Janeiro, v. 211, p. 1-20, [s.d.], p. 2.

431 Ibidem, p. 3.

432 Sugerindo que "o fenômeno centralização-descentralização deve ser analisado mais como um *continuum* do que como uma dicotomia", cfe. SOUZA, Celina. Dez anos de descentralização: a experiência dos municípios brasileiros. In: FACHIN, Roberto Costa e CHANLAT, Alain (Org.). *Governo Municipal na América Latina:* inovações e perplexidades. Porto Alegre: Sulina, Editora da Universidade/UFRGS, 1998, p. 31-54.

A tônica desse referencial acha-se no "princípio da subsidiariedade", apontado por Moreira Neto como uma nova doutrina de repartição de poderes, tendo por premissa essencial a divisão e alocação em níveis sucessivos de competências, revelando a concentração dos poderes necessários ao atendimento o mais eficientemente possível das demandas da sociedade.[433] A lógica é procurar-se a solução de um problema a partir de menores, em direção a maiores formas de organização. Logo, um problema só caberá ao Poder Público municipal se as entidades privadas da própria sociedade não o puderem resolver; passarão para a esfera estadual apenas as demandas que não puderem ser respondidas pela administração municipal; e à esfera nacional, tão-somente o que não puder ser solucionado pelo Poder Público estadual. Não resta dúvida, por outro lado, de que terão de ser outorgados e transferidos os recursos financeiros correspondentes a essa partilha e atribuição de competências, preservando-se as capacidades administrativas divididas.

No caso brasileiro, aos aspectos de democracia e subsidiariedade que conformam a descentralização ainda se agrega o importante elemento da municipalização. De fato, pode-se asseverar que, no Brasil, o Município surgiu como fruto da solidariedade, do auxílio mútuo e da realização dos interesses comuns – idéia que se reforça diante da dimensão continental do território brasileiro, onde os núcleos populacionais ficavam extremamente distantes uns dos outros, assim como da autoridade central exercida pela Coroa, conquanto representada. Cada núcleo urbano tinha de bastar-se a si mesmo, fato que promoveu a solidariedade entre os habitantes e possibilitou a representatividade, mesmo censitária, dos dirigentes locais. Nada obstante, bem ou mal constituído, o governo municipal da incipiente sociedade brasileira era indubitavelmente representativo. Essa tradição secular de autogoverno local e de escolha direta dos próprios governantes talvez explique o forte sentimento municipalista existente no Brasil, assim como o fato de ter-se erigido a autonomia local à categoria de princípio constitucional.[434] "A preservação da autonomia municipal", refere Dallari, "é consensualmente aceita como a forma de descentralização política adequada à formação histórico-sócio-cultural e política do Brasil".[435]

433 MOREIRA NETO, [s.d.], p. 4.

434 Nesse sentido, conferir DALLARI, Adilson Abreu. A participação popular no Município contemporâneo. In: El Municipio. Buenos Aires: Ciudad Argentina, 1996, p. 219-236. Além disso, assinale-se que a autonomia municipal não é consagrada expressamente pela Constituição da República de 1988, mas pode ser dessumida do disposto nos artigos 1°, 18, 29 e 30 do texto constitucional, por cujas normas se afirma o Município como ente federativo, juntamente com a União, os Estados-membros e o Distrito Federal. Essa discussão, contudo, foge ao objeto proposto para este estudo.

435 DALLARI, S., 1988a, p. 57-63.

Releva notar, portanto, que no sistema brasileiro a descentralização passa pelo reconhecimento do Município como terceiro nível da federação, dado que tem competência para se autogovernar e gerir os próprios interesses, editando e fazendo cumprir as leis por si produzidas.[436] Sem aprofundar o exame de tais questões, não se pode deixar de fazer referência, no entanto, à diretriz por meio da qual se delineiam as competências municipais, qual seja, o "interesse local". A definição do conceito encontra-se num critério de predominância e não exatamente de exclusividade desse interesse, configurado em termos de consecução legislativa e/ou executiva de políticas públicas. "O entrelaçamento dos interesses dos Municípios com os interesses dos Estados, e com os interesses da Nação, decorre da natureza mesma das coisas. O que os diferencia é a predominância, e não a exclusividade", na lição de Sampaio Dória. Embora o mundo contemporâneo dificilmente apresente problemas que tenham reflexos circunscritos a um só nível – local, regional, estadual, nacional –, pode-se afirmar como atribuição municipal o exercício da competência para a qual haja predominante interesse local.[437]

Consolidadas as premissas teóricas necessárias à compreensão do sistema federativo brasileiro, pode-se prosseguir ao exame das relações entre federação e direito à saúde, pois, como aludido inicialmente, o modelo federativo, sobretudo no que concerne às competências constitucionais, incide como dimensão do princípio da reserva do possível e, nesse sentido, aponta objeções à efetivação dos direitos sociais a prestações materiais. A questão será analisada logo adiante, com relevo para o direito à saúde.

5.3.2.2. *Princípio federativo e direito à saúde*

Importa lembrar, preliminarmente, que a regionalização das ações de saúde constitui idéia bastante antiga, que se reporta à Grécia clássica. Hipócrates defendia que as doenças deveriam ser tratadas de acordo com as particularidades locais, pois a cidade e o tipo de vida teriam influência sobre a saúde de quem nela habitasse. De fato, o cuidado com a saúde tradicionalmente foi sempre conferido à esfera local: da caridade cristã dos hospitais de benemerência ao modelo de polícia médica do Estado liberal, a saúde sempre foi tratada no âmbito municipal.[438]

A partir disso e já numa análise atual, Dallari defende que o direito à saúde só estará assegurado numa organização estatal e social

---

436 Essa peculiaridade confirma as conclusões de Weichert ao verificar que o federalismo é moldado pelo contexto histórico-social. Cfe. WEICHERT, 2004, p. 64-65.

437 Cfe. DALLARI, S., 1991, p. 401/405, inclusive quanto à menção a Sampaio Dória.

438 Nesse sentido, cfe. DALLARI, S. op.cit, p. 401-405.

que privilegie o poder local, "uma vez que a responsabilidade deve ser especificada para que o direito seja garantido". No sistema constitucional vigente, essa responsabilidade cabe precipuamente ao Município. "Pode-se, portanto, definir a saúde, o conteúdo do direito à saúde e a responsabilidade por sua garantia no Município", sustenta. Destaca, todavia, que isso não significa a atomização dos serviços de saúde, pois o planejamento do sistema deve ser nacional, por meio de lei geral que fixe os objetivos comuns para as políticas públicas e ações executivas em saúde.[439]

Com efeito, o texto constitucional de 1988 imbricou as noções de descentralização sanitária e democracia.[440] A municipalização das ações e dos serviços de saúde veio ao encontro da posição de vanguarda ocupada pelo Município no federalismo brasileiro, em que privilegiado o poder local e valorizados os espaços municipal e regional. Apareceu como exigência da organização nacional, "pois descentralizar é, antes de tudo, uma questão de democracia", colocando-se em primeiro plano o atendimento às necessidades locais. Trata-se de "uma forma de melhor racionalização na busca da participação popular na efetivação do direito à saúde, já que procura detalhar, a partir de uma realidade local, o sistema e o conceito de saúde", conclui Schwartz.[441]

A municipalização conforma, então, vários aspectos da efetivação do direito à saúde. A decisão das políticas públicas em saúde deve atentar para o interesse local, seja no planejamento nacional do sistema, seja no exercício das competências constitucionalmente asseguradas ao ente municipal. Abrangendo tanto as competências legislativas quanto aquelas de cunho executivo, a municipalização indica e justifica, como linha de princípio hermenêutico, a presunção em favor da responsabilidade municipal pela disponibilização das prestações materiais necessárias à concretização do direito à saúde. Com arrimo nesses mesmos fundamentos, pode-se também afirmar a presunção em favor da vigência do princípio da subsidiariedade, ou seja, do reconhecimento da responsabilidade sucessiva – subsidiária e não solidária, portanto – pelo oferecimento dessas prestações materiais em saúde, reconhecida a partir do ente local em direção ao ente nacional.

Não obstante haver posicionamentos divergentes em doutrina e jurisprudência, propugnando pela existência de solidariedade entre os entes federativos no que respeita à realização do direito à saúde, sobretudo quanto ao fornecimento das prestações materiais, uma

---

439 DALLARI, S., 1988a, p. 57-63 Embora esse texto tenha sido elaborado ainda antes da Constituição de 1988, as linhas interpretativas para a compatibilização, teórica e prática, entre o modelo federativo e a garantia do direito à saúde permanecem, como visto, precisas.

440 SCHWARTZ, 2003, p. 68.

441 Ibidem, p. 145-146.

interpretação sistemático-conformadora[442] do texto constitucional de 1988 não respalda uma tal conclusão. De recordar, primeiramente, que é princípio assente no direito das obrigações que a solidariedade não se presume, mas decorre de lei ou contrato.[443] Ademais, no caso do direito à saúde há um agravante contra a admissão da tese, visto que, nem a Constituição Federal, nem tampouco a Lei Orgânica da Saúde – Lei nº 8.080/90 –, estabeleceram a solidariedade entre os entes federativos no que tange à responsabilidade pelas prestações materiais de consecução do direito à saúde. Ao contrário, ao consagrar princípios como a forma federativa de Estado e a autonomia municipal, a Constituição Federal de 1988 definiu explícita e expressamente a forma por meio da qual se devem organizar as instituições do Estado brasileiro – argumento que por si só já impediria o reconhecimento da tão propalada solidariedade na efetivação do direito à saúde. Agregue-se ainda, no entanto, a estreita relação entre poder descentralizado e democracia, nos termos já abordados anteriormente, a reforçar o argumento de quebra do sistema constitucional pela interpretação que ignora as conseqüências da adoção da forma federativa de Estado e da consagração da autonomia municipal.

Nessa direção, cumpre recordar que o texto constitucional estabeleceu uma série de normas a respeito da repartição constitucional das competências legislativas e executivas entre os entes da federação, não determinando, em nenhum momento, a ocorrência de solidariedade. No caso do direito à saúde, a Constituição ainda foi mais eloqüente, pois não deixou o dever de tutela protetiva nem a correspectiva dimensão prestacional de organização e procedimento a cargo da legislação conformadora, instituindo, ela própria, o Sistema Único de Saúde – SUS. Dessarte, ademais das normas comuns sobre a distribuição das competências constitucionais, o texto de 1988 fixou princípios e regras específicos quanto à efetivação do direito à saúde, inclusive no que concerne à repartição das competências, assentando desde já, em nível constitucional originário, o resultado da ponderação entre o direito fundamental e os demais interesses em conflito, de maneira a garantir da melhor forma possível tanto o direito à saúde como, entre outros, a organização federativa do Estado.

Diante desse conjunto normativo e presente a tradição do constitucionalismo brasileiro, há de ser afastado o entendimento que admite a solidariedade entre os entes federativos na consecução das medidas

---

442 Sobre a interpretação sistemática e o papel da hermenêutica, consultar STRECK, 1999 e FREITAS, 2002.

443 Nesse sentido, o artigo 265 do atual Código Civil, repetindo o que dispunha o artigo 896 do Código Civil de 1916, estabelece: "A solidariedade não se presume; resulta da lei ou da vontade das partes."

tendentes à realização do direito à saúde, sobremodo daquelas relacionadas ao fornecimento de prestações materiais, para afirmar-se, em sentido diverso, que as relações entre União, Estados-membros, Distrito Federal e Municípios se regulam pela subsidiariedade na responsabilidade pelo oferecimento das prestações materiais, mesmo quando postuladas por meio de pretensão originária.

Na verdade, a análise de algumas das posições doutrinárias que defendem a ocorrência de solidariedade demonstra, *permissa venia*, a fragilidade dos fundamentos que as embasam. De modo geral, constata-se que tais orientações parecem partir de uma compreensão inexata da forma de organização do Sistema Único de Saúde – SUS –, notadamente quanto à incidência do princípio federativo nas relações voltadas à concretização do direito à saúde. Cury, por exemplo, advoga que a solidariedade decorre da unidade do SUS: "[a] responsabilidade dos entes da federação é solidária, uma vez que essa lei [Lei nº 8.080/90] prevê que os serviços relativos à saúde integram uma rede regionalizada, constituindo um sistema único".[444] De maneira semelhante, Slaibi sustenta que o federalismo cooperativo acolhido pela Constituição de 1988 teria consagrado, no tema da saúde pública, a solidariedade das pessoas federativas – orientação que seria inferida da competência comum prevista no artigo 23, inciso II, do texto constitucional, bem assim da criação de um sistema único, financiado com recursos do orçamento da seguridade dos três níveis da federação (CF, art. 198, *caput* e § 1º), segundo a autora.

Conforme explicitado neste estudo, a unidade do SUS guarda relação com a coerência interna, inerente à concepção de qualquer sistema como tal. Unidade, por conseguinte, significa que as partes integrantes de um sistema deverão ser ordenadas e submeter-se a princípios fundamentais, sob pena de se reduzirem a um conjunto de "singularidades desconexas", como explica Weichert. No caso do direito à saúde, a unidade do sistema foi prescrita constitucionalmente, ao se fixarem os princípios norteadores do SUS e a forma de execução das ações nele abrangidas, por meio da imposição de uma atuação conjunta e coordenada de todos os entes, dentro dos parâmetros nacionais de um só sistema. Trata-se de política específica, "que ao invés de contar com a voluntária cooperação dos entes federativos, pré-estabelece a participação de todos no seu âmbito [do SUS]".[445] Ao normatizar a formulação de um sistema único na saúde, esclarece o jurista, "a Constituição não está informando que o sistema se caracteri-

---

444 CURY, 2005, p. 126.

445 WEICHERT, 2004, p. 185-186.

zará pela unidade interna, mas sim que haverá apenas um sistema nacional de saúde".[446]

Unidade, portanto, não se confunde com responsabilidade solidária pelas ações e serviços de saúde prestados, menos ainda porque incidentes o princípio federativo e a repartição vertical de competências como modos pelos quais se distribui o poder no Estado brasileiro e no próprio SUS. Essa distribuição de competências e, pois, de responsabilidades, dá-se também em nível infraconstitiucional, por meio das normas prescritas pela Lei nº 8.080/90, especialmente nos artigos 15 a 19. Cuida-se da lei nacional sobre normas gerais de saúde que, promulgada exatamente pela necessidade de resguardar a unidade do sistema de saúde, desceu ao detalhamento das atribuições específicas de cada uma das esferas federativas, desdobrando a competência material comum prescrita no artigo 23, inciso II, do texto constitucional pátrio.[447]

Retomando a análise das divergentes posições da doutrina, mencione-se que Schwartz interpreta a ausência de regra constitucional taxativa acerca da responsabilidade pelas ações e serviços de saúde como indicação da ocorrência de solidariedade, a justificar, inclusive, a possibilidade de o indivíduo escolher contra quem demandar. "A saúde é dever do Estado, [...] entendido como todos os Estados Membros da Federação", ou seja, "a saúde é dever da União, dos Estados, do Distrito Federal e dos Municípios, tratando-se de competência comum, sendo tarefa de todos os entes federados".[448] Por isso, entende que o cidadão poderia acionar qualquer dos entes federados, postulando a proteção da saúde.[449]

Ademais do desprezo ao aludido princípio geral de direito das obrigações que impede presuma-se a solidariedade,[450] essa posição aparentemente contradiz a concepção sistêmica de direito à saúde, proposta pelo mesmo autor,[451] e o caráter democrático dos foros de decisão das políticas de saúde, que contam com a participação popular

---

446 WEICHERT, 2004, p. 150-151.

447 Ibidem, p. 212-213.

448 SCHWARTZ, 2003, p. 101.

449 Ibidem, p. 81. Slaibi sustenta a mesma tese, embora pareça cair em contradição ao afirmar que no Estado de Direito tem a responsabilidade quem tem o poder de decidir e resolver. Ora, se nas políticas de saúde o poder de decisão é dividido entre os entes federados e, dentro destes, conta também com a participação direta da comunidade envolvida, impossível haver hierarquia, devendo subsistir a especialização e subsidiariedade entre os níveis da federação. Consultar SLAIBI, Maria Cristina Barros Gutiérrez. Direito fundamental à saúde: tutela de urgência. *Revista Forense*, v. 373, p. 421-434, maio/jun. 2004, p. 424.

450 Consoante referido, o artigo 265 do atual Código Civil, repetindo o que dispunha o artigo 896 do Código Civil de 1916, estabelece: "A solidariedade não se presume; resulta da lei ou da vontade das partes."

451 Cfe. SCHWARTZ, op. cit., 2003, p. 43

e, assim, com a gestão compartida dos riscos. "Entender a gestão compartida em saúde é entender a impossibilidade de o Estado abarcar todas as possibilidades advindas da miríade comunicativa sanitária". Por essa razão, "o espaço público sanitário necessita da participação popular, tanto por uma necessidade democrática como por uma necessidade fática/comunicacional".[452] A definição de políticas locais de saúde, mediante participação dos cidadãos nas Conferências Municipais de Saúde e, desse modo, a assunção do risco pela comunidade local envolvida,[453] contrariam a lógica da atribuição solidária de responsabilidade a todos os entes federativos. A descentralização das decisões em saúde, com a assunção do risco em nível local, corrobora o argumento da subsidiariedade na responsabilidade pelas ações e serviços de saúde. A solidariedade, dentro dessa lógica, equivaleria à responsabilização pelo risco integral – teoria que, no direito constitucional e administrativo brasileiro, é adotada unicamente para a hipótese de responsabilidade do Estado pelos danos nucleares (CF, art. 21, XXIII, "c").

A propósito do caráter participativo das decisões sobre as políticas públicas em saúde, mostram-se bastante interessantes as conclusões de Nascimento e Zioni, a partir de estudo casuístico das relações federativas no âmbito das Comissões Intergestores Bipartites no Estado de São Paulo – CIB/SP. Com base na análise das atas das reuniões da CIB/SP, entendem que as atribuições formalmente conferidas perdem importância diante da qualidade das relações federativas desenvolvidas no sistema de saúde, pelo grau de participação dos entes federados na elaboração das regras de repasse das verbas públicas, em que discutem os fatores condicionantes à transferência de recursos. No caso da CIB/SP, "os entes se portam de maneira autônoma na disputa dos recursos e na indução conjunta de um modelo de atenção, participando das discussões nacionais", a demonstrar a ocorrência de relações cooperativas de federalismo, assim como a ausência de violação à isonomia entre os diversos entes, uma vez que as disposições, mesmo limitativas, são resultado de arranjos acordados e firmados por representantes de todos os níveis da federação.[454]

Sem ingressar no exame da existência de solidariedade ou subsidiariedade, Oliveira admite haver um dever genérico de proteção à saúde pelo Estado, "mas o Estado em todos os seus níveis, isto é, União, Estados, Distrito Federal e Municípios, cada um na medida de suas atribuições".[455] Também assim Dallari, sustentando posição que

[452] SCHWARTZ, op. cit., 2003, p. 120 e 147.

[453] Em sentido semelhante, cfe. WEICHERT, 2004, p. 171.

[454] NASCIMENTO; ZIONI, 2002, p. 28.

[455] OLIVEIRA, Euclides Benedito de. Direito à saúde: garantia e proteção pelo Poder Judiciário. *Revista de Direito Sanitário*, v. 2, n. 3, p. 36-58, nov. 2001, p. 43.

parece mais adequada, ao propor a interpretação conjunta e sistemática das normas constitucionais – de todas elas, isto é, tanto das normas que estruturam o Estado brasileiro quanto daquelas que consagram direitos fundamentais – que não podem ser aplicadas isoladamente. "Encontra-se, pois, o juiz, vinculado à ponderação dos princípios constitucionais, interpretando a Constituição como totalidade"; e conclui: "a forma de Estado instituindo ou não esferas autônomas de poder político é fundamental à responsabilização em matéria sanitária".[456]

Além disso, Dallari faz a contextualização histórica da Constituição Federal, salientando que o final dos anos de 1980 foi marcado pelo conflito, não apenas nacional, entre uma tendência centralizadora da legislação, sobretudo em face da complexidade tecnológica dos serviços e produtos sanitários, e a afirmação das autonomias locais, especialmente quanto à eficácia social das normas jurídicas. A repartição constitucional das competências procurou compatibilizar a tendência centralizadora à autonomia municipal, assentando um sistema constitucional de competências, que assegura dupla titulação ao Município para legislar sobre proteção e defesa da saúde: primeiro, pelo exercício da competência suplementar à legislação federal e estadual; segundo, no que se refere ao interesse local de proteção e defesa da saúde, objeto da competência própria prevista no artigo 30, inciso I, do texto de 1988.[457]

A posição de Weichert guarda simetria com esse entendimento. No campo das competências legislativas, refere o autor a existência de uma repartição horizontal, que adota como regra geral a enuneração das competências da União (CF, art. 22) e dos Municípios (CF, art. 30, II), com a reserva do remanescente aos Estados (CF, art. 25, § 1º). As competências da União são definidas por um rol de matérias, enquanto as competências do Município seguem o critério do interesse local. Ao mesmo tempo, dá-se uma repartição vertical limitada, com a atribuição, para a União, da competência para edição de normas gerais (CF, art. 24, § 1º); para os Estados, de normas complementares e, na ausência da legislação nacional, também de normas gerais (CF, art. 24, §§ 2º e 3º, respectivamente); e para os Municípios, de normas complementares e supletivas, dentro dos limites do interesse local (CF, art. 30, II). Com essa técnica, a Constituição preservou a unidade do sistema de competências, outorgando à União o papel de indicar o norte comum a todos os integrantes da federação, que então deverá ser comple-

[456] DALLARI, S., 1991, p. 405.

[457] Ibidem, p. 401-404.

mentado pelas normas específicas a cada uma das gamas próprias de competências.[458]

No âmbito das competências executivas e/ou administrativas, tratadas pelo autor como "competências materiais", também existiria uma combinação das duas técnicas referidas. Pela distribuição horizontal, à União cumpririam as atribuições enumeradas no artigo 21, enquanto aos Municípios caberiam aquelas elencadas no artigo 30, incisos III, IV, V e VIII, restando aos Estados as competências remanescentes (CF, art. 25, § 1º). Já em termos verticais, o artigo 23 teria arrolado as competências comuns a todos os entes da federação. Entende Weichert, no entanto, que o Sistema Único de Saúde – SUS – constituiria um subsistema de repartição de competências materiais, com a retirada de parcela da autonomia política dos entes subnacionais pela decisão do constituinte originário em fazê-los integrantes de um sistema único e por isso vinculados, nos respectivos ordenamentos jurídicos, aos princípios e regras postos pela própria Constituição:[459] "o SUS compõe um subsistema de repartição de competências materiais na Constituição, no qual", acentua o autor, "embora haja como regra geral o exercício da competência comum (art. 23, II), os entes federais são obrigados a atuar integrados e sob uma coordenação nacional única, não se aplicando a norma do parágrafo único do artigo 23".[460]

A unidade do SUS como subsistema de competências materiais ainda se reforça por outros dois mecanismos. O primeiro deles é a concepção de que cada nível governamental possui um órgão único de direção sobre os serviços de saúde a si atribuídos (CF, art. 198, I), de modo que "à unidade externa que integra os entes se soma a unidade de comando dentro de cada um deles, assegurando a eficiência do sistema como um todo", assinala ainda Weichert. O segundo mecanismo estaria no financiamento do SUS, cuja arrecadação se concentra na União que, em momento ulterior, repassa as verbas públicas aos entes subnacionais. O financiamento é único porque compartilhado isonomicamente entre a sociedade nacional, dentro de um só sistema de saúde.[461]

---

458 WEICHERT, 2004, p. 95-96 e 211.

459 Ibidem, p. 95-96 e 210-211.

460 Ibidem, p. 209. É interessante atentar para a fundamentação que precede à referência citada no texto. Afirma o autor: "O esquema básico de repartição de competências adotado pela Constituição brasileira de 1988 conduzia ao seguinte dilema: (a) ou se previa a competência de saúde no ente federal, provocando os males do centralismo gigantesco, (b) ou se remetia essa atribuição aos Municípios ou aos Estados, que não teriam condições de, sozinhos, suportarem os ônus dos serviços, (c) ou se remetia a questão para a competência comum, assumindo-se o risco de adoção de políticas incongruentes e de desperdício de esforços e recursos, (d) ou chegava-se ao meio termo disso tudo: todos trabalham, mas dentro de um sistema unificado. Evidentemente, constitucionalizou-se essa última solução".

461 Ibidem, p. 187 e 192.

Tal concepção reporta-se às noções aqui fixadas acerca da vigência do princípio federativo como dimensão da reserva do possível e, assim, como objeção à efetividade do direito à saúde. Com efeito, a concretização do direito à saúde, notadamente enquanto direito social a prestações materiais, depende da compreensão adequada da repartição constitucional de competências entre os entes federativos e, em especial, das regras específicas do Sistema Único de Saúde – SUS –, a fim de que se possam manejar os instrumentos jurídicos existentes na busca da garantia do direito fundamental sem, contudo, cair-se em subjetivismos nem ideologias. Por mais humanitárias que possam ser as posições diversas, inclusive em termos de jurisprudência, o desrespeito às normas constitucionais de competência, com a extensão de uma responsabilidade solidária e indiscriminada a todos os entes da Federação, não apenas viola "cláusulas pétreas" e "princípios sensíveis" da Constituição Federal,[462] mas acarreta, na prática, o grave risco da inefetividade do direito fundamental à saúde. O alargamento exagerado da pretensa tutela jurídica não raro transmuda-se em esvaziamento do direito, que nesse caso é sem dúvida fundamental.

Se o objetivo da organização de um sistema de saúde único é a articulação de todos os serviços e ações de saúde para que, de forma ordenada, otimizem-se os escassos recursos financeiros, sociais, médicos e sanitários, em todos os níveis da federação, a atuação conjunta dos entes públicos propicia um ganho de escalas e evita a sobreposição de estruturas – como alerta Weichert. Nesse contexto, "a descentralização é um princípio e a direção única é uma regra, [...] indicando que os serviços devem ser primordialmente executados pelos Municípios", a teor do artigo 30, inciso VII, da Constituição Federal. A descentralização remete aos entes locais a execução das ações e serviços de saúde, porque melhor capacitados para avaliar as necessidades mais prementes da população e, com isso, para desenvolver condutas preventivas e curativas mais eficazes[463] – recuperando-se, em última análise, as observações e conclusões de Hipócrates. Ao combinar os princípios da descentralização e hierarquização, o Sistema Único de Saúde – SUS – adotou e pressupôs, relativamente à execução dos serviços de saúde, o princípio da subsidiariedade, "no sentido de atribuir aos Estados e à União somente as tarefas que Municípios e Estados, respectivamente,

---

462 São denominados "princípios sensíveis", segundo tradição do constitucionalismo brasileiro, os princípios constitucionais cuja inobservância é causa de intervenção federal, nos termos do artigo 34, inciso VII da Constituição Federal; dentre eles, destacam-se: os direitos da pessoa humana (alínea "b") e a autonomia municipal (alínea "c"). Já as "cláusulas pétreas", ou cláusulas de intangibilidade, correspondem aos limites materiais ao poder de reforma constitucional; encontram-se positivados no artigo 60, § 4° da Constituição Federal, entre outros, a forma federativa de Estado (inciso I) e os direitos e garantias individuais (inciso IV).

463 Ibidem, p. 165-166.

não puderem executar satisfatoriamente, ou que requeiram dimensão regional ou nacional". Adverte o jurista, contudo, que tal descentralização deve ser gradativa, pertimindo a crescente capacitação dos entes locais no escopo da assunção e gestão plena dos serviços de saúde no âmbito próprio de competência.[464]

Reitera-se, desse modo, a orientação aqui proposta no sentido da presunção em favor da vigência do princípio da subsidiariedade na execução das ações e serviços de saúde, inclusive quanto ao fornecimento de prestações materiais, a afastar, por conseguinte, a idéia de solidariedade entre os entes da Federação. Esse entendimento guarda consonância às normas constitucionais que instituíram a forma federativa do Estado brasileiro e a autonomia dos Municípios, ambos resguardados, entre outros, como "cláusulas pétreas" e "princípios sensíveis" do mesmo sistema constitucional.[465]

Outrossim, a presunção em favor da subsidiariedade não impede uma eventual ponderação *in concreto* com os demais valores e direitos em jogo, mas procura, pela exata delimitação das competências constitucionais, a definição da responsabilidade pela consecução das ações e políticas de saúde, a fim de que a tutela desse direito fundamental possa ser postulada frente ao ente federativo que realmente detenha o dever constitucional de prestá-la, sem delongas nem argumentos oblíquos. Procura, em última análise, dar efetividade não somente ao sistema de direitos fundamentais, mas ao sistema constitucional como um todo, resguardando a força normativa e a supremacia unitária da Constituição.

5.3.3. *O acesso à saúde e os princípios da igualdade e da universalidade*

A última dimensão em que se desdobra o princípio da reserva do possível, pelo menos para o que consistirá objeto de análise do presente estudo, alude ao problema do princípio da igualdade e, em função deste, do acesso às prestações materiais decorrentes do direito à saúde.

---

[464] WEICHERT, 2004, p. 166-167.

[465] Como acentua Canotilho, as cláusulas de irrevisibilidade não se representam, em si, um método dogmaticamente útil de proteção dos direitos fundamentais, pois a inalterabilidade do núcleo essencial desses direitos não decorre do caráter inviolável ou intransponível das cláusulas, mas da superioridade axiológica dos próprios direitos ao consubstanciarem a identidade jurídico-cultural da Constituição. O que as cláusulas de irrevisibilidade fazem é impedir *"que o 'legislador constitucional' aproveite a natureza constitucional da lei de revisão para ultrapassar o limite de qualquer direito: o núcleo essencial"*. Cfe. CANOTILHO, 2003b, p. 798-800. A observação é válida para o contexto brasileiro e reforça a argumentação desenvolvida no presente estudo, visto que o constituinte pátrio assegurou formalmente a mesma proteção reforçada aos direitos fundamentais, por um lado, e aos princípios da federação e da autonomia municipal, de outro (CF, arts. 34, VII e 60, § 4°, da Constituição Federal).

Muito embora o raciocínio a ser desenvolvido tome por premissa o exame da relação entre princípio da igualdade e direitos fundamentais sociais, o foco de discussão ficará centrado nas repercussões do princípio da igualdade sobre o acesso ao direito à saúde ou, mais propriamente, às prestações materiais em saúde – recorte temático observado ao longo do estudo. Com tais ressalvas, pode-se passar ao debate do assunto.

5.3.3.1. *O princípio da igualdade – considerações pertinentes*

A premissa inicial da análise concerne à compreensão da relação entre princípio da igualdade e direitos fundamentais sociais – tidos estes em sentido amplo, a abranger as liberdades sociais e os direitos sociais a prestações materiais. Nota-se, desde logo, que o Estado Social de Direito põe à mostra a insuficiência do paradigma da igualdade como generalidade da lei, refletindo a exigência de "tratamento igual daquilo que é igual e tratamento desigual daquilo que é desigual", na expressão de Novais. A igualdade meramente jurídica é substituída pela busca de igualdade fática, ou seja, da "igualdade de oportunidades e da disponibilização das condições materiais que, pelo menos, atenuem as desigualdades de partida". Para atingir esse desiderato, tornam-se admissíveis leis discriminatórias, com introdução de fatores de compensação ou equalização que, por meio de tratamentos privilegiados, procuram superar as desvantagens fáticas e assegurar a igualdade de oportunidades a todas as pessoas.[466] O princípio da igualdade não determina o mesmo tratamento ou benefício a todos, mas assegura apenas que, no processo de formação da vontade política e na concessão de benefícios ou imposição de sacrifícios por parte do Estado, os indivíduos sejam tratados com igual preocupação e respeito: "o princípio da igualdade não lhe garante [ao indivíduo] o mesmo tratamento, mas antes um tratamento como igual", na referência a Dworkin.[467] Em última análise, essa garantia decorre da ligação próxima entre os princípios da igualdade e da dignidade da pessoa humana. "É porque todos têm igual dignidade que devem ser tratados como iguais", arremata o jurista luso.[468]

Tais noções já evidenciam a nota marcante da relação entre princípio da igualdade e direitos sociais, qual seja, a idéia de que os

---

466 NOVAIS, 2004, p. 104-105. Em termos políticos, refere-se o jurista português à crescente conscientização sobre a necessidade de igual participação democrática na produção de resultados de igualdade, donde a preocupação com a representatividade nas assembléias parlamentares, o direito das minorias, a igualdade de oportunidades na competição eleitoral, a igualdade de sufrágio e a universalização dos direitos políticos. Ibidem.

467 NOVAIS, 2004, p. 109.

468 Ibidem, p. 110.

direitos sociais dirigem-se à equalização das diferenças fáticas entre os indivíduos. Como explica CORSO, os direitos sociais são historicamente direitos de indivíduos que, em termos sociais ou existenciais, encontram-se numa situação de desvantagem em relação à generalidade dos cidadãos. A universalidade desses direitos não significa que devam ser assegurados de "igual" forma a todas as pessoas. "Se em abstrato os direitos sociais correspondem a posições que potencialmente qualquer um pode ocupar (não apenas o pobre, mas o rico que se torna pobre, não apenas o deficiente físico, mas o sadio que se torna inválido)", em termos concretos, argumenta o jurista, "os direitos sociais vêm reconhecidos como direitos dos cidadãos desiguais: direitos cuja satisfação vem requerida em função da igualdade (*Gleichheit*), ou melhor, da equalização (*Angleischung*)".[469]

Retomam-se, pois, as observações assentadas alhures, para acentuar que os direitos sociais, ao contrário dos direitos civis e políticos, não têm por pressuposto a igualdade como equiparação entre os indivíduos, nem a universalidade *a priori*, no sentido de serem assegurados *prima facie* a todas as pessoas; de modo diverso, nos direitos sociais, a universalidade é o objetivo a ser atingido no "ponto de chegada", ou seja, com a realização concreta desses direitos e, por isso, não se há falar em igualdade como equiparação, pois a premissa dos direitos sociais é exatamente a desigualdade fática entre os indivíduos. Os direitos sociais fundam-se no entendimento de que a desuniforme distribuição de recursos na sociedade impede muitas pessoas de satisfazerem autonomamente (isto é, por si mesmas) as próprias necessidades. Essa situação representa um grave obstáculo à obtenção do nível mínimo de humanidade necessário para "ser pessoa" e, em conseqüência, para a fruição de todos os demais direitos fundamentais. Tal circunstância direciona a avaliação sobre quais diferenças podem ser consideradas relevantes e, por isso, quais delas podem justificar discriminações de fato (econômicas, sociais e culturais) para oferecer instrumentos, sob a forma de direitos, a quem se encontre numa situação de inferioridade.[470]

Os direitos sociais assinalam, sobretudo, um patamar de proteção a ser atingido. Neles a universalidade torna-se a meta a ser atingida no ponto de chegada, isto é, com o resultado da efetivação desses direitos. Por isso não se há falar de igualdade como equiparação, reputada um

---

[469] Tradução livre do original italiano: "Se in astratto i diritti sociali corrispondono a posizioni che potenzialmente a chiunque può capitare di occupare (non solo il povero, ma il ricco che diventa povero, non solo l'handicappato, ma il sano che diventa invalido), in concreto, i diritti sociali vengono riconosciuti come diritti dei cittadini ineguali: diritti la soddisfazione dei quali viene chiesta in funzione di eguaglianza (*Gleichheit*), o meglio di uguagliamento (*Angleichung*)". Cfe. CORSO, 1981, p. 781 – grifos originais.

[470] PECES-BARBA MARTÍNEZ, 2000, p. 47-50.

critério injusto porque oblitera a desigualdade real que existe entre as pessoas. A igualdade deve comportar diversificações, na medida em que é necessário discriminar entre desigualdades diversas; deve-se-á tratar de modo desigual o que é diferente e, assim, podem ser titulares de direitos econômicos, sociais e culturais somente aquelas pessoas que precisem de ajuda, não quem dela prescinda. Igualdade como diferenciação e universalidade no ponto de chegada são os caracteres que distinguem os direitos sociais.[471]

Com tal argumentação, Peces-Barba traz a lume o problema do tratamento diferenciado dos sujeitos no que respeita à titularidade dos direitos fundamentais sociais. Considerando-se que nos direitos sociais a igualdade é compreendida exatamente como diferenciação, e a universalidade é o objetivo a ser atingido, *a posteriori*, por meio das prestações sociais oferecidas, a titularidade dos direitos sociais (a prestações materiais) deve circunscrever-se aos indivíduos que careçam de ajuda, não se dirigindo às pessoas que dispensem um tal auxílio. Por isso sustenta a diversidade das ações protetivas do Estado, a partir de um nível mínimo de garantia de segurança, paz e participação na formação da vontade estatal, por meio, então, dos direitos individuais, civis e políticos; até atingir um nível máximo de satisfação das necessidades, por intermédio, a sua vez, dos direitos econômicos, sociais e culturais. Na primeira hipótese, serão titulares dos direitos todos os indivíduos, enquanto, no caso dos direitos sociais, serão tituladas somente as pessoas com necessidade. Para ele, a generalização da assistência sanitária distancia-se da finalidade dos direitos sociais se elastecida, em termos semelhantes, a quem já é auto-suficiente e àquelas pessoas que não possuam as mesmas condições. Mais do que razões econômico-fiscais, esse é um problema de justiça. A defesa do Estado social depende de não se admitir a contraditória postulação de generalização desses direitos, sintetiza o autor.[472]

A falência do Estado-providência, aliás, põe em xeque o paradigma da intervenção estatal, refere Vieira de Andrade. Não se pode aceitar o equívoco de atrelar os direitos sociais à igualdade, assim como os ideais de justiça social à construção de uma sociedade igualitária. A fraternidade, oriunda da tríade francesa, implica uma nova concepção dos direitos sociais, em que não se atribuam a todos os cidadãos indistintamente, mas sim àqueles todos que deles necessitem e na medida dessa necessidade, uma vez que a abstração e a universalidade não se adaptam às distinções fáticas existentes dentro do próprio grupo

---

[471] PECES-BARBA MARTÍNEZ, 2000, p. 48.

[472] Segundo o jurista, o futuro do Estado social, e dos direitos que lhe constituem o fundamento, passaria necessariamente por este esclarecimento. Cfe. PECES-BARBA MARTÍNEZ, 2000, p. 49-50.

de beneficiários dos direitos sociais. Os direitos sociais a prestações tendem a constituir discriminações positivas e, por esse motivo, cada vez menos se mostram como direitos universais de igualdade. Paralelamente, o conteúdo essencial dos direitos sociais, enquanto mínimo indispensável à existência, é encarado como direito pleno, de todos, à prestação por parte do Estado. Dessarte, cabe ao Estado assegurar a existência de serviços universais em certas áreas, mas não tem ele obrigatoriamente de manter serviços públicos em regime de monopólio (na saúde, na segurança social, na educação e na cultura, como na energia, na água, nas telecomunicações e nos transportes), muito menos serviços gratuitos (ou tendencialmente gratuitos) – que, aliás, têm revelado efeitos fortemente regressivos em termos sociais.[473]

Como salientam Holmes e Sunstein, a relação entre princípio da igualdade e direitos sociais está na igualação das "condições iniciais de liberdade", ou seja, na garantia de igualdade de oportunidades que capacitem os indivíduos a superar as condições sociais, econômicas e culturais que os separam. Não corresponde à noção de paternalismo, porquanto as prestações materiais de auxílio devem ser conferidas somente aos necessitados e na medida dessas carências, permitindo e incentivando que o indivíduo, já munido de similares condições de partida, empenhe-se no desenvolvimento de si próprio. No lugar da eliminação da assistência governamental, os recursos públicos devem ser canalizados ao intuito de estimular e subsidiar os esforços privados – por exemplo, pela provisão de créditos para negócios, incentivos financeiros para quem empregue e treine trabalhadores de baixa qualificação, treinamento para o trabalho –, tratando os beneficiários dos direitos sociais como potenciais produtores, e não como casos de caridade. No caso do direito à educação, exemplificam, à prestação de escolas, livros e professores corresponde, por parte dos estudantes, a obrigação de estudarem. Esse é o cerne da idéia de igualdade de oportunidades, ou de garantia de oportunidades minimamente decentes para todos, que valoriza os indivíduos que recebem e utilizam os benefícios oferecidos.[474] Nesse senso, "direitos de propriedade" e direitos sociais representam esforços para integrar cidadãos, diferentemente situados, a uma vida social comum. Ao envolverem transferências de recursos, cuidados médicos, comida, moradia, trabalho, treinamento profissional, ou algumas combinações disso, os direitos

[473] ANDRADE, 2001, p. 64-65.

[474] HOLMES; SUNSTEIN, 2000, p. 213-214. Os autores norte-americanos justificam esse posicionamento com argumentos históricos e reiteram, nesse sentido, as considerações já aqui examinadas a respeito do surgimento da proteção e da assistência à saúde, que teriam razões muito mais conectadas à prudência do que a razões morais ou humanitárias; cfe. Ibidem p. 196.

sociais constituem uma forma, entre muitas, de fazer os indivíduos partícipes de um projeto nacional compartilhado.[475]

A tese encontra eco no Brasil. Torres, por exemplo, defende que "[a] igualdade de chances ou de oportunidades, que é igualdade na liberdade, informa a idéia de mínimo existencial, que visa a garantir as condições iniciais da liberdade". E arremata: "pela igualdade de chances garantem-se as condições mínimas para o florescimento da igualdade social, que pode se compaginar até com uma certa desigualdade final provocada pelo esforço de cada um".[476] Já Netto aponta para o simultâneo caráter inclusivo e exclusivo dos direitos fundamentais, pois, se por um lado promovem a inclusão social, por outro e ao mesmo tempo, produzem exclusões fundamentais. "A qualquer afirmação de direitos corresponde uma delimitação, ou seja, corresponde ao fechamento do corpo daqueles titulados a esses direitos", ou "à demarcação do campo inicialmente invisível dos excluídos de tais direitos".[477]

Aplicada ao direito à saúde, a concepção de igualdade como diferenciação e universalidade como objetivo no ponto de chegada, ou a mencionada garantia de igualdade de chances e oportunidades aos indivíduos, como já referido *en passin*, tem aplicação na definição do acesso às ações e aos serviços de saúde, notadamente quanto aos aspectos de universalidade e integralidade. Ao contrário do que defende parcela da doutrina,[478] a universalidade dos serviços de saúde não traz, como corolário indispensável, a gratuidade das prestações materiais; assim como a integralidade do atendimento não impede, face à preservação de outros valores e interesses, a restrição no acesso a determinadas medidas terapêuticas. Examinem-se essas assertivas cuidadosamente.

5.3.3.2. *A possibilidade de cobrança pelos serviços públicos de saúde*

O Sistema Único de Saúde – SUS – configura, por decisão do constituinte originário, um subsistema de regras e princípios, por meio do qual se organiza a prestação dos serviços de saúde. Como tal, guarda unidade e coerência não apenas interna, mas também externa-

---

[475] Cfe. Ibidem, p. 198.

[476] TORRES, Ricardo Lobo. A metamorfose dos direitos sociais em mínimo existencial. SARLET, Ingo Wolfgang (Org.). *Direitos fundamentais sociais:* estudos de direito constitucional, internacional e comparado. Rio de Janeiro: Renovar, 2003, p. 37.

[477] NETTO, Menelick de Carvalho. A hermenêutica constitucional e os desafios postos aos direitos fundamentais. In: SAMPAIO, José Adércio Leite (Org.) *Jurisdição constitucional e direitos fundamentais.* Belo Horizonte: Del Rey, 2003, p. 145.

[478] Com fundamentação mais aprofundada, confira-se a posição defendida por WEICHERT, 2004, especialmente p. 158/162, sobre os princípios da universalidade e igualdade; e p. 169/171, quanto ao atendimento integral.

mente, estabelecendo critérios e meios pelos quais ocorre a ponderação do interesse de efetivação do direito à saúde com o resguardo de outros valores, bens, interesses e direitos constitucionais – o princípio federativo e a autonomia municipal, por exemplo.

Nesse contexto de explicitação constitucional das políticas públicas de concretização do direito à saúde, há previsão de universalidade do atendimento, não, porém, de gratuidade. Assim, um primeiro argumento em favor da possibilidade de cobrança pelos serviços de saúde – a despeito do imprescindível debate acerca da forma, dos limites e dos instrumentos de controle sobre essa cobrança – está exatamente na ausência de previsão constitucional expressa num tal sentido. Com isso se excluem, ademais, as considerações relacionadas à previsão legal da gratuidade, seja porque o artigo 43 da Lei nº 8.080/90[479] resguarda apenas a gratuidade das ações e serviços públicos e privados já contratados, a indicar que não se cuida de uma garantia genérica; seja porque, dada a evidente escassez dos recursos em saúde, não apenas financeiros, a dinâmica deve substituir o engessamento das soluções inicialmente engendradas de modo que, a final, logre-se uma efetividade mais plena do direito à saúde.

Outras razões, entretanto, merecem ser examinadas. Estudo elaborado pelo Banco Mundial já sugeria, em 1987, a cobrança pelos remédios e serviços médicos prestados a usuários que possuíssem condições para tanto, como mecanismo para viabilizar a realocação dos recursos em programas de saúde preventiva e primária, dedicados à proteção da camada mais pobre da população. Esta era uma, entre várias providências políticas, cuja adoção tinha por escopo otimizar o financiamento da saúde. Além dela, indicava-se a criação de incentivos à iniciativa privada, a fim de que fornecesse serviços de saúde em custos condizentes às possibilidades de pagamento do público em geral, bem como a descentralização dos serviços estatais de saúde – medida acolhida pela Constituição de 1988 e pela Lei nº 8.080/90, na criação do Sistema Único de Saúde – SUS.[480]

Releva mencionar, outrossim, que a cobrança pelos serviços de saúde é prevista em outros ordenamentos jurídicos, cabendo a referência, porque neles inspirou-se o constituinte brasileiro, aos sistemas constitucionais germânico e português. Na Alemanha, o fornecimento de medicamentos não é gratuito, coadunando-se à situação financeira do segurado. Para os beneficiários do "seguro-saúde legal", os medicamentos são em grande margem custeados pelas caixas de assistência de

---

479 Lei nº 8.080/90, artigo 43: "A gratuidade das ações e serviços de saúde fica preservada nos serviços públicos contratados, ressalvando-se as cláusulas dos contratos ou convênios estabelecidos com as entidades privadas".

480 Cfe. CURY, 2005, p. 61-62.

saúde, restando somente o pagamento de pequena soma pelos beneficiários, diferente conforme o volume de medicamentos contido na embalagem fornecida. Ao mesmo tempo, "[c]láusulas sociais cuidam para que ninguém seja sobrecarregado pelo pagamento. Pessoas de baixa renda, assim como crianças e jovens, estão por princípio excluídos da exigência de pagamento", explica Cury.[481]

Já em Portugal, a jurisprudência do Tribunal Constitucional antecipou-se ao que posteriormente se consolidaria como alteração no texto da Constituição de 1976 e admitiu, no Acórdão nº 330/89, o estabelecimento de "taxas moderadoras" para acesso aos cuidados públicos de saúde. Nessa decisão, o Tribunal distinguiu entre os sentidos corrente e constitucional-normativo do termo "gratuito" – visto que, àquela altura, o texto constitucional lusitano ainda previa a gratuidade dos serviços de saúde – para entendê-lo compatível com o pagamento de taxas racionalizadoras da utilização dos serviços, explica Novais. Hoje, "o Estado já não está obrigado a criar um Serviço Nacional de Saúde gratuito, mas antes 'um serviço nacional de saúde universal e geral e, tendo em conta as condições económicas e sociais dos cidadãos, tendencialmente gratuito'".[482]

O acesso aos serviços de saúde, mediante cobrança de quem possua e na justa medida dessas condições econômicas, delineia-se como uma possível alternativa à evidente escassez dos recursos financeiros e médicos disponíveis à efetivação do direito à saúde também no Brasil. Atendendo à concepção de igualdade como diferenciação e universalidade no ponto de chegada – de todo adequadas ao contexto constitucional e social de um país que, como o nosso, luta por uma distribuição mais justa da riqueza – a restrição à gratuidade das prestações em saúde figura como dimensão da reserva do possível, que admite discriminações positivas no acesso às ações e aos serviços de saúde públicos. De outra banda, viabiliza uma distribuição social dos ônus pela consecução dos direitos sociais a prestações materiais – o que parece mais adequado e igualitário se comparado às díspares condições sociais, econômicas, culturais e políticas da população brasileira.

A adoção de um sistema "tendencialmente gratuito", à semelhança daquele instituído no direito português, proporcionaria a flexibilidade necessária à conformação entre escassez de meios e atendimento

---

481 Cfe. Ibidem, p. 64.

482 NOVAIS, 2004, p. 316-317. O texto integral do dispositivo constitucional está assim posto: "Art. 64º (Saúde). 1. Todos têm direito à protecção da saúde e o dever de a defender e promover. 2. O direito à protecção da saúde é realizado: a) Através de um serviço nacional de saúde universal e geral e, tendo em conta as condições económicas e sociais dos cidadãos, tendencialmente gratuito. [...]".

prioritário da população mais carente, sem cair no discurso subjetivo nem ideológico da disponibilização simultânea das mesmas prestações a todo o conjunto da população. Na menção já feita a Dworkin, o princípio da igualdade não assegura idêntico tratamento jurídico aos indivíduos, mas, diversamente, que sejam tratados como iguais[483] – na medida da respectiva (des)igualdade, lembrando fórmula clássica. A reavaliação do sistema de saúde brasileiro e, principalmente, das políticas públicas na área não pode esquivar-se do debate sobre a possibilidade e os limites da cobrança, mesmo parcial, das prestações em saúde.

5.3.3.3. *A integralidade possível das prestações sanitárias*

As considerações a respeito do acesso às prestações em saúde, outrossim, remetem para campo ainda mais árduo e retomam a discussão pertinente aos critérios de regência das decisões alocativas, ante a escassez de recursos médicos e financeiros. De modo mais preciso, versam sobre a natureza das prestações oferecidas, cogitando dos limites à integralidade do tratamento de saúde fornecido. A resolução para os dilemas daí suscitados – se é que realmente se poderá alcançar alguma posição definitiva – além das questões jurídicas já examinadas, abre-se ao diálogo interdisciplinar e ao recurso aos princípios éticos, que tanto presidem as ciências jurídicas como as ciências da saúde (medicina, enfermagem, odontologia, psicologia). O manejo desse instrumental teórico comum, dado o pressuposto ético normativo a que ambas as ciências se reportam, e ao mesmo tempo peculiar, em função do desenvolvimento por cada uma dessas áreas do conhecimento, fornece novos elementos ao juízo concreto de ponderação, seja na decisão de casos individuais, seja no planejamento das ações e serviços em saúde pública.

Nessa linha, cumpre afastar, de imediato, eventuais interpretações "absolutistas" do direito à saúde que, conforme demonstrado alhures, acabam levando a resultados contrários à efetivação mais plena do direito. De forma semelhante, o otimismo normativo deve ceder lugar a uma posição de maior prudência que, sem propalar a garantia irrestrita de todas as possíveis dimensões de todos os direitos simultaneamente, intenta de fato maximizá-los num contexto constitucionalmente sistemático e socialmente adequado à realidade fática brasileira.

A necessidade de se aportarem parâmetros à integralidade das prestações em saúde acompanha a prática médica, seja pela escolha de quem atender ou a quem direcionar os parcos recursos terapêuticos disponíveis, seja pelo processo de crescente publicização da gestão da

[483] Cfe. Ibidem, p. 109.

morte, em que à estratégia do "mais é melhor" (mais recursos de saúde para aumentar anos de vida), contrapõe-se o debate da qualidade de vida assim obtida. Além disso, pesquisas demonstram que a decisão a respeito do que é melhor ou pior para a própria saúde varia de paciente para paciente: "[p]essoas diferentes escolherão diferentemente, mas de qualquer forma essa escolha para elas terá um sentido", recorda Fagot-Largeault.[484]

O critério teórico de resolução desses dilemas propõe orientações distintas, correspondentes a duas tradições do pensamento ocidental, como sintetiza Fagot-Largeault: a corrente teleológica ou utilitarista, cujo expoente é John Stuart Mill, e as teorias deontológicas, alicerçadas na filosofia de Imannuel Kant. Para o moralista teleológico ou utilitarista, "o objetivo da vida moral é tornar o mundo tão bom quando ele possa ser para o conjunto dos seres sensíveis (expostos ao sofrimento)". O valor de um ato é medido pelas conseqüências que dele procedam, sendo "eticamente correta a conduta de onde resulta o máximo de bem (felicidade) e/ou o mínimo de mal (infelicidade)", enquanto maximização da vantagem global pela soma das vantagens individuais. Já o moralista deontólogo entende que há coisas que um ser que respeita a si mesmo se recusa a fazer, considerando irrazoável dispor da vida de uma pessoa para salvar a de outra, assim como pedir que alguém se sacrifique com tal desiderato. Nenhum fim, por melhor que seja, justifica tal meio; um ser autônomo não pode querer a própria supressão.[485]

Como assinalado, a superação dessas posições deu-se pela teoria da justiça de John Rawls, que asseverou a prevalência do justo sobre o bem, justificando a opção por organizações sociais direcionadas à permanente correção das desigualdades naturais, entre as quais a doença, com o fim de restabelecer a igualdade de oportunidades e a liberdade de cada pessoa.[486] Em termos individuais, a concepção da justiça como eqüidade determina que todo o doente seja tratado como ser autônomo e capaz de decidir sobre si mesmo, a menos que a própria doença já o impeça de assim proceder. Em termos de políticas públicas de saúde, a preponderância do justo impõe "que não se fará o 'bem' das pessoas, apesar delas, e que as grandes decisões serão submetidas ao controle democrático".[487] Seguindo o raciocínio de Rawls, Fagot-Largeault

---

484 FAGOT-LARGEAULT, 2001, p. 84-87 e 89-90. Mais adiante, referirá ela que "[o]s argumentos fundados sobre a distinção entre o efeito visado e o efeito produzido permitem, sem ter uma ética conseqüencialista, calcular obliquamente a aceitação das conseqüências do que fazemos". (Ibidem, p. 99).

485 Ibidem, p. 91-93.

486 FAGOT-LARGEAULT, 2001, p. 93.

487 Ibidem, p. 96.

argumenta que, numa sociedade democrática, dentro da qual convivem pessoas com filosofias e sensibilidades diferentes, "as soluções procedimentais são aquelas que prevalecem se for necessário definir uma regra que se imponha a todos", num contexto em que a comunicação representa o menor denominador ético comum entre os indivíduos. Segundo a autora, a publicização das decisões em saúde deve passar por essa "discussão", comprendida menos no sentido de busca de um consenso, nem sempre viável em termos coletivos, e mais propriamente como abertura suficiente para aceitar a validade de posições não coincidentes. A própria ética médica estaria impregnada de noções oriundas de ambos os referenciais filosóficos; a vigência concomitante de preceitos teleológicos ("primeiro não prejudicar, depois fazer de tudo para que a saúde do doente melhore, enfim contribuir para a melhoria da saúde pública) e preceitos deontológicos ("respeito da vida privada, não discriminação") revelam esse fato.[488]

Enfocando o problema da integralidade do atendimento à saúde a partir dos princípios da Bioética, Pessini e Barchifontaine destacam a singularidade do contexto latino-americano. Segundo eles, enquanto a Bioética norte-americana enfatiza o princípio da autonomia, pela ênfase à utilização de novas tecnologias (uso ou retirada de aparelhos, aceitação ou não do consentimento informado); nos países da América Latina a mera existência dessas novas tecnologias, ou de centros médicos avançados, suscita questionamentos acerca da discriminação e injustiça da assistência à saúde. Nestes países, o ponto nodal não está no modo como a tecnologia é usada, mas em quem tem acesso a ela. "Conceitos culturalmente fortes, como justiça, eqüidade e solidariedade, deverão ocupar na bioética latino-americana um lugar similar ao princípio da autonomia nos Estados Unidos".[489] Em vista disso, defendem que a Bioética latino-americana, porque não pode esquivar-se do cenário de pobreza e exclusão social que a envolve, tem de abandonar a visão "micro" em favor de uma "macroética", que assegure vida digna para todas as pessoas e eqüidade na alocação dos recursos em saúde, financeiros ou sanitários. "Não estamos questionando o valor incomensurável de toda e qualquer vida que deve ser salva, cuidada e protegida. Temos, sim, que não perder a visão global da realidade excludente latino-americana na qual a vida se insere"; trata-se de uma

---

[488] FAGOT-LARGEAULT, 2001, p. 100-101. Sobre os princípios de Bioética e a forma como solucionam essas questões na área da saúde, consultar KIPPER; CLOTET, 1998, p. 37-51; PESSINI, BARCHIFONTAINE, 1998, p. 81-85 e GOLDIM, no sítio www.bioetica.ufrgs.br.

[489] PESSINI, Léo; BARCHIFONTAINE, Christian de Paul de. Boética: do principialismo à busca de uma perspectiva latino-americana. In: COSTA, Sérgio Ibiapina Ferreira; OSELKA, Gabriel; GARRAFA, Volnei (Coord.). *Iniciação à Bboética*. Brasília: Conselho Federal de Medicina, 1998, p. 91.

ética social, preocupada com o bem comum, a justiça, a eqüidade e a responsabilidade social – e menos com direitos e virtudes pessoais.[490]

Sem adentrar propriamente no exame dos critérios utilizados pela Bioética para a solução dos conflitos na área da saúde, sobretudo no que tange à alocação dos recursos finaceiros e sanitários, a menção ao tema provoca algumas considerações. À evidência, desde logo demonstra que as "escolhas trágicas", assim como eventuais restrições ao direito à saúde não constituem ponto de investigação e debate exclusivo às ciências jurídicas, mas, de modo diverso, permeiam outras realidades. Em função disso, pode-se intuir que o diálogo entre esses dois ramos do conhecimento certamente aporta(rá) novas perspectivas para a análise da efetividade do direito à saúde, individual e coletivamente, somando esforços e experiências, com o fito de concretização de melhores condições de saúde para todos.

Por outro lado, ao tratar de princípios como autonomia individual e justiça, esta num sentido de eqüidade na distribuição dos recursos de saúde, a Bioética aproxima-se do sistema jurídico e com este dialoga, demonstrando o elo comum na discussão da eficácia do direito à saúde pelo prisma da garantia de autonomia individual e da justa distribuição de recursos, financeiros e sanitários. Além disso, tal abertura material também se faz no campo das decisões alocativas, chamando a atenção para a necessidade de se construírem critérios diferentes e apropriados, quer se esteja frente a uma decisão individual, ligada à "microética", quer se esteja diante de uma decisão coletiva, então atrelada à "macroética". Em termos de justiciabilidade do direito à saúde, esse referencial teórico comum amplia o espectro de instrumentos postos à disposição do crivo judicial, na busca por decisões mais justas.

Com isso, recuperam-se as considerações antes formuladas acerca das objeções impostas pela reserva do possível ao acesso às ações e aos serviços de saúde, inclusive no que concerne à integralidade do atendimento. Num contexto em que a disparidade social se reflete também pela pretensão a prestações materiais em saúde, os questionamentos provindos da Bioética abrem o leque à disposição do julgador, autorizando que justifique a exclusão de certa prestação material requerida e, assim, relativize a integralidade de atendimento sempre que outros valores, bens e princípios prevaleçam na hipótese concreta, mormente se constitucionais. Asseguram que o magistrado, pela preponderância dos valores da "macroética", possa priorizar *in concreto* situações que consolidem políticas públicas de justiça social, em detrimento daquelas que, na realidade dos fatos, possam significar privilé-

---

490 Ibidem, p. 91-93.

gios – e a gratuidade dos serviços de saúde serve de exemplo disso. Em consonância às posições defendidas neste trabalho, corrobora-se a existência de uma presunção *juris tantum* em favor da integralidade do atendimento em saúde, a indicar que, diante das circunstâncias fáticas e jurídicas do caso, que abrangem tanto o responsável pelo fornecimento das prestações materiais em saúde quanto o indivíduo postulante, possa o magistrado indeferir o tratamento, parcial ou totalmente, em favor da prevalência de outros direitos, bens, valores e princípios que se mostrarem, no juízo de ponderação, carentes de tutela judicial protetiva. A justiça do sistema de saúde depende do cotejo das políticas públicas e das ações sanitárias à macroética que, como tal, conforma a atuação de todos os operadores, em termos de consecução de medidas, bem como pela decisão dos casos levados ao acertamento via judicial. A desconsideração dessas circunstâncias acarreta não apenas a quebra de unidade e coerência do sistema, mas tinge de parcialidade as decisões (administrativas, legislativas e judiciais) assim tomadas.

Presentes as considerações acerca das objeções passíveis de oposição à eficácia dos direitos fundamentais sociais a prestações materiais e, notamente, ao direito à saúde, cumpre adentrar no exame de alguns dos instrumentos jurídicos que vêm sendo referidos como soluções para a superação de tais restrições, em doutrina e jurisprudência. Com esse sentido, serão abordadas as noções de conteúdo ou núcleo essencial dos direitos fundamentais e, subseqüentemente, a garantia de proteção ao denominado mínimo existencial.

5.4. A garantia do conteúdo essencial dos direitos fundamentais

A garantia de proteção ao conteúdo essencial dos direitos fundamentais reporta-se à concepção de um limite último de interpretação, que atue como parâmetro definidor da extensão do conteúdo dos direitos fundamentais, delimitando-lhes, internamente, o âmbito de garantia efetivo. O conteúdo ou núcleo essencial[491] incide, pois, "como a fronteira final na conformação objetiva positivo-jurisprudencial dos bens jurídicos em conflito", resume Aranha.[492]

Esse entendimento remonta à interpretação conferida pela doutrina alemã ao artigo 19.2 da Lei Fundamental de Bonn, cujo texto dispõe: "[e]m nenhum caso um direito fundamental pode ser afetado em seu conteúdo essencial". A cláusula de proteção do conteúdo essencial

---

491 As expressões "conteúdo" e "núcleo essencial" serão aqui usadas indistintamente, não havendo diferença relevante na doutrina consultada a esse respeito.

492 ARANHA, Márcio Iorio. Conteúdo essencial das cláusulas pétreas. *Notícia do Direito Brasileiro*, Brasília, n. 7, p. 389-402, 2000, p. 396.

consubstancia o "limite dos limites" à restrição de direitos fundamentais, assinala Martínez-Pujalte.[493] Muito embora a Constituição pátria não contenha dispositivo semelhante, a garantia de salvaguarda do conteúdo essencial é reiteradamente apontada pela doutrina estrangeira – sobremodo alemã, portuguesa e espanhola, em cujos textos constitucionais espelhou-se o constituinte brasileiro de 1986/1987 – como parâmetro mínimo de garantia dos direitos fundamentais, motivo pelo que, não obstante referida ausência de positivação, cumpre analisar e perquirir a possibilidade de inferir-se tal cláusula do direito constitucional vigente, ainda que de maneira implícita.

Nessa direção, registre-se que a conceituação daquilo que configura o conteúdo essencial responde a duas linhas teóricas principais, como mencionam Vieira de Andrade, Martínez-Pujalte e Canotilho.[494] Quanto ao objeto da garantia, esclarece Canotilho,[495] a teoria objetiva defende que a proteção outorgada pelo núcleo ou conteúdo essencial é concernente à norma objetiva de direito fundamental, e não a eventual direito ou posição subjetiva individual que possam dela exsurgir; "o objecto de protecção do preceito é a garantia geral e abstracta prevista na norma e não a posição jurídica concreta do particular", assegurando-se a eficácia global do direito fundamental. A teoria subjetiva, ao contrário, pretende que a proteção do núcleo ou conteúdo essencial dirija-se à salvaguarda da dimensão subjetiva individual do direito fundamental de que se trate, vedando o sacrifício do direito subjetivo que, em última análise, signifique o aniquilamento do direito fundamental.

No que pertine ao valor da proteção da cláusula do núcleo ou conteúdo essencial, partem as teorias relativas da premissa de que qualquer restrição a direitos fundamentais necessita de uma justificação. Com base nisso, sustentam que o conteúdo essencial de um direito fundamental não se encontra preestabelecido pela norma constitucional, mas que corresponde ao resultado de um juízo concreto de ponderação entre os bens constitucionalmente protegidos e em situação de colisão, mediante incidência do princípio da proporcionalidade. O conteúdo essencial, assim, acaba reduzido ao princípio da proporcionalidade, sendo ofendido sempre que as restrições impostas ao direito fundamental mostrem-se desproporcionadas ante um juízo concreto de

---

493 Cfe. MARTÍNEZ-PUJALTE, 1997, p. 20, de onde se partiu para a tradução do dispositivo constitucional germânico.

494 Cfe: ANDRADE, 2001, p. 293-295; MARTÍNEZ-PUJALTE, op. cit., p. 20-23; CANOTILHO, 2003a, p. 458-461. Na doutrina nacional, pode-se encontrar referência ao tema em BARROS, 2000, p. 99 et seq.; e MENDES, Gilmar Ferreira. COELHO, Inocêncio Mártires; BRANCO, Paulo Gustavo Gonet. *Hermenêutica constitucional e direitos fundamentais*. Brasília: Brasília Jurídica, 2000, p. 241-246.

495 CANOTILHO, op. cit., p. 459.

concordância prática; e, diversamente, está resguardado o conteúdo essencial, ou adequadamente delineado, quando justificada a restrição em termos de proporcionalidade e razoabilidade.

De seu turno, as teorias absolutas apregoam que podem ser distinguidos, em cada direito fundamental, um núcleo permanente e uma parte acessória ou não-essencial. A essa esfera permanente, ilimitável pelo aplicador e desenhada abstratamente, corresponde o conteúdo essencial de cada direito fundamental, sendo admissíveis apenas as restrições sobre a parcela que lhe seja acessória ou não-essencial. Trata-se dos elementos absolutamente indispensáveis a que um direito possa ser reconhecido como tal; ou, numa acepção defensiva, do âmbito mínimo de autodeterminação, assegurado ao titular do direito, em face da ingerência estatal ou privada.[496] Delimita-se, portanto, o espaço de maior intensidade valorativa – o *"coração do direito"*, nas palavras de Vieira de Andrade.[497]

Apesar de diversos, ambos posicionamentos teóricos conduzem a resultados práticos semelhantes, rechaçando a vulneração do conteúdo essencial do direito fundamental, ainda que assim o exigissem outros bens constitucionais. Para Vieira de Andrade, o limite último estaria no conteúdo de dignidade da pessoa humana assegurado pelos direitos fundamentais: o legislador não pode "destruir ou restringir gravemente a liberdade física em geral ou a intimidade do cidadão comum", subvertendo ou desfigurando "o valor e a garantia constitucionais ínsitos em cada um dos diversos preceitos relativos aos direitos fundamentais".[498]

Já Martínez-Pujalte[499] entende que os direitos fundamentais, inclusive pela posição central que ocupam no sistema constitucional, são insuscetíveis de limitação por outros bens, mesmo se dotados de hierarquia constitucional – tese propugnada pelas teorias relativas. Por outro lado, as teorias absolutas, ainda que aparentemente reforcem a proteção dos direitos fundamentais ao admitirem a existência de um "núcleo duro", alheio à intervenção legislativa por equivaler ao conteúdo essencial dos direitos fundamentais, acabam mitigando excessivamente a proteção oferecida pela garantia. Na prática, obrigam a uma insustentável distinção entre partes principal e acessória dos direitos fundamentais, seja porque o parâmetro para o controle de constitucionalidade legislativa passa a ser apenas a parcela da norma constitucional que estabelece o direito fundamental, e não toda ela; seja porque o

---

[496] Cfe. ANDRADE, 2001, p. 293-295. MARTÍNEZ-PUJALTE, 1997, p. 20-23. CANOTILHO, 2003a, p. 458-461.

[497] ANDRADE, 2001, p. 294.

[498] Ibidem, p. 297.

[499] MARTÍNEZ-PUJALTE, 1997, p. 28-31.

texto constitucional reconhece os direitos fundamentais inteiros, integrais, e nessa condição é que atuam estes como limite de proteção e orientação para os Poderes Públicos.

Nenhum dos aportes teóricos parece resolver definitivamente a questão; na verdade, antes de contrárias, as teorias relativa e absoluta se compatibilizam reciprocamente e, nessa condição, devem ambas servir de instrumento à definição do conteúdo essencial de direitos fundamentais. Esta, aliás, a orientação preconizada pelo Tribunal Constitucional espanhol ao afirmar que haveria dois caminhos, complementares entre si, para a identificação do conteúdo essencial de um direito subjetivo – qualquer direito, não apenas fundamental. No primeiro deles, o conteúdo essencial seria buscado a partir da concepção abstrata que se tenha do direito, como o reconhecem os juristas (*opinio juris doctorum*), num momento pré-legislativo. Corresponderia ao conjunto de faculdades e possibilidades de ação necessário a que o direito possa ser descrito como pertencente a certo tipo, e sem o qual, portanto, deixaria de ser afirmado como tal. Já o segundo caminho procuraria definir os "interesses juridicamente protegidos", ou seja, o núcleo dos direitos subjetivos; a essencialidade demarcaria aquela parte do conteúdo do direito que é absolutamente imprescindível a que tais interesses, que dão vida a esse direito, resultem real, concreta e efetivamente resguardados. *Contrario sensu*, o conteúdo essencial não estaria protegido quando submetido o direito a limitações que o tornem impraticável, que o dificultem além do razoável ou que o despojem da necessária salvaguarda.[500]

Arnau sugere, ademais, que a interpretação dos preceitos constitucionais, mormente se ressalvada a estabilidade e fixidez que os caracteriza, deve tender a enriquecê-los historicamente e atualizá-los, sempre em favor da dignidade humana, como vem decidindo a jurisprudência constitucional espanhola.[501] Esse apelo ao princípio da dignidade da pessoa humana, como visto, também é aludido por Vieira de Andrade, para quem o conteúdo essencial abrangeria as faculdades que tipicamente integram o direito fundamental, enquanto "projecção da ideia de dignidade humana individual na respectiva esfera da realidade", ou seja, "aquelas dimensões dos valores pessoais que a Constituição visa em primeira linha proteger e que caracterizam e justificam a existência autônoma daquele direito fundamental".[502]

---

500 A jurisprudência refere-se ao fundamento n. 8 da Sentencia 11/1981, de 8 de abril (RTC 1981, 11), citada por ARNAU, 1998, p. 91-92.

501 Cfe. Sentencia 11/1981, de 8 de abril (RTC 1981, 11), fundamento n. 8, apud Ibidem, p. 93, nota 153.

502 ANDRADE, 2001, p. 171-172.

Com Aranha[503] deve-se advertir, todavia, que a equiparação do conteúdo essencial à idéia de dignidade humana, como se todos os direitos fundamentais pudessem ser reduzidos a esse princípio, não pode ser importada sem ressalvas para o direito brasileiro. Enquanto os sistemas alemão, português e espanhol claramente privilegiam a dignidade da pessoa humana frente a outros valores constitucionais, o ordenamento constitucional brasileiro, nada obstante a consagre como princípio fundamental, não contém regra semelhante em termos de hierarquia formal nem axiológica. Prova disso é que nem todos os direitos fundamentais assegurados pelo texto de 1988 são passíveis de recondução ao princípio da dignidade da pessoa humana.[504]

A relação entre dignidade humana e direitos fundamentais é de complementaridade, o que impede o esvaziamento tanto dos direitos como do princípio. O que se pode consentir é que a dignidade humana, quando integrante do conteúdo de algum direito fundamental, necessariamente se inclua no respectivo núcleo essencial.[505] O conteúdo essencial, por outro lado, possibilita a relativização do princípio da dignidade da pessoa humana, exatamente pela natureza principiológica de que se reveste esta enquanto norma; o aplicador do direito sempre deverá decidir qual o conteúdo de dignidade encontra-se no direito e se há, ou não, violação da dignidade da pessoa humana no caso concreto. De sua vez, a prioridade da vida por si só já determina uma ponderação do princípio da dignidade, sobremodo porque a proteção da vida consta do próprio conceito de dignidade.[506] Eventual relativização do princípio da dignidade humana, isto é, da norma jurídica, não significa, entretanto, que se esteja a transigir com o caráter inviolável da dignidade humana como qualidade inerente a todas as pessoas, que as torna sujeitos de direitos e destinatárias de igual respeito e proteção tão-só pela condição humana.[507]

Dessarte, não se confundem, embora estreitamente ligadas, as noções de conteúdo essencial dos direitos fundamentais e de dignidade da pessoa humana. Ademais, o princípio da dignidade da pessoa

---

[503] ARANHA, 2000, p. 396-398.

[504] A título meramente exemplificativo, citem-se, no artigo 5º da Constituição Federal, os incisos XXI (representação associativa), XXIV (perda da propriedade por desapropriação, embora a justa indenização possa gerar controvérsias), XXV (requisição da propriedade em caso de iminente perigo público), e LIX (ação penal privada).

[505] Nesse senso, conferir Ingo Wolfgang Sarlet, trazendo a lição de T. Geddert-Steinacher.(SARLET, 2001, p. 117.

[506] Nessa direção, M. Kloepfer apud Ibidem, p. 127, nota 227.

[507] Ibidem, p. 130-131. Com mais detalhes explica Pavia que, no plano da ética, a dignidade tem uma validade absolutamente geral; porém, ao mesmo tempo em que o direito positivo se afirma, o princípio experimenta um processo de historicização dentro de uma dada sociedade e num momento determinado, o que relativiza o absolutismo dos direitos. Cfe. PAVIA, 2000, p. 139.

humana, enquanto norma jurídica fundamental, possui um conteúdo essencial próprio e, portanto, apenas este (na hipótese de uma necessária harmonização da dignidade de diversas pessoas) será intangível.[508] Cuida-se da vedação de qualquer conduta que importe em coisificação e instrumentalização do ser humano, que o trate como meio, e não como fim.

Talvez por todas essas razões é que Martínez-Pujalte[509] propõe abandonar-se desde logo a idéia de que existem conteúdos não essenciais ou acessórios aos direitos fundamentais, para afirmar que o conteúdo essencial corresponde ao "conteúdo sem mais", ao "conteúdo constitucionalmente declarado" ou ao "direito fundamental como tal". Nesse sentido, a cláusula do conteúdo essencial condiciona o legislador – e não só a este – como um dado prévio, que dirige e baliza a ação legislativa, vinculando os Poderes Públicos ao conteúdo dos direitos fundamentais. Em outros termos: a cláusula de proteção do conteúdo essencial serve para realçar o *status* jurídico dirigente dos direitos fundamentais no sistema constitucional, qual seja, operarem não apenas como limites à atuação dos Poderes Públicos, mas como critérios orientadores da ação política. Dessa forma, o conteúdo essencial consolida um mandado de adequado desenvolvimento dos direitos fundamentais pelos Poderes Públicos.[510]

A vinculação dos demais Poderes, contudo, ocorre de modo diverso, em atenção às singularidades de cada qual. Se ao Judiciário é outorgada a importante tarefa de concreção e configuração do direito fundamental no caso *sub judicio*, tomando como parâmetro a Constituição; no caso dos atos administrativos normativos essa vinculação é indireta, uma vez que a conformação dos direitos fundamentais é tarefa precipuamente legislativa. Com isso, os atos do Executivo estão sempre submetidos a certa lei de regência e também sujeitos ao controle de legalidade. Nos termos da legislação espanhola, são taxados de nulos de pleno direito os atos administrativos *stricto sensu* que importem em lesão ao conteúdo essencial dos direitos e liberdades suscetíveis de amparo constitucional. "Essencial", nesse contexto, não tem função especificativa, senão explicativa: o conteúdo dos direitos fundamentais é essencial em si mesmo, pois deriva da própria natureza jurídica do direito; é um conteúdo pré-legal e, em certo sentido, pré-constitucional.[511]

---

508 SARLET, op. cit., p. 134.

509 MARTÍNEZ-PUJALTE, 1997, p. 42-44.

510 As conclusões do jurista espanhol tomam por referência a doutrina de Peter Häberle. Cfe. Ibidem, p. 83-84.

511 Sobre o conceito de conteúdo essencial em Martínez-Pujalte, Cfe. op. cit., p. 100-101 e 103-105.

Conquanto se admita que a conformação dos direitos fundamentais é função precipuamente atribuída ao legislador ordinário, os contornos do ordenamento constitucional brasileiro impedem que a tese seja adotada sem ressalvas. No Brasil, a superveniência do ato legislativo regulador de certo direito fundamental não afasta o controle de constitucionalidade que se exerça sobre os atos administrativos a este relacionados, sendo de recordar, apenas a título exemplificativo, a possibilidade de simultaneamente suscitar-se manifestação judicial acerca da violação de normas legais e constitucionais, jurisdição esta que se estende da primeira instância até o conhecimento da matéria pelo Superior Tribunal de Justiça e pelo Supremo Tribunal Federal, respectivamente. Outrossim, a ausência de ato legislativo conformador não impede, pelo menos em termos teóricos, o exercício de atividade reguladora direta por meio de ato administrativo normativo – caso em que, havendo afronta aos direitos fundamentais, pode-se ter somente o controle de constitucionalidade da medida inquinada. Feitas as devidas observações, contudo, a orientação do jurista espanhol pode ser acolhida e, a partir disso, finalmente definir-se o conteúdo ou núcleo essencial como o parâmetro mínimo de eficácia, que garante a inviolabilidade do âmbito de proteção efetiva de um direito fundamental, delimitado segundo as pretensões jurídicas passíveis de exigibilidade judicial originária e dentro do qual é ilícita a ingerência, quer do Estado, quer de particulares, que descaracterizarem o direito como tal.[512]

Na delimitação do conteúdo essencial de certo direito fundamental, como antes assinalado, deve-se primeiramente buscar a definição do "tipo abstrato" do direito, que preexiste conceitualmente ao momento legislativo, ou seja, as faculdades ou possibilidades de atuação necessárias para que o direito possa ser identificado como pertencente ao tipo descrito. Essas características estariam na metalinguagem jurídica, nas idéias generalizadas e nas convicções normalmente aceitas entre os juristas – em suma, pertenceriam ao senso comum teórico. Em segundo lugar, deve-se atentar para os interesses jurídicos que estejam ou que se pretendam tutelados pelo direito, falando-se em essencialidade para referir àquela parte do conteúdo do direito que é absolutamente necessária a que esses interesses juridicamente protegidos redundem real, concreta e efetivamente assegurados. Finalmente, a harmonização do resultado assim obtido deve considerar, ademais dos critérios de proporcionalidade e razoabilidade, a necessidade de preservação da unidade constitucional; a delimitação do conteúdo essencial dos direitos fundamentais deve atentar, pois, para a integralidade

---

512 Ibidem, p. 107-108 e 114.

das normas constitucionais, segundo os cânones de uma interpretação sistemática, que assegure concretude ao princípio da unidade da Constituição.[513]

No caso dos direitos sociais, pode-se adotar o entendimento de Vieira de Andrade e afirmar, com ele, que "o núcleo essencial se configura como um 'conteúdo mínimo' do direito", visto que a atuação conformadora do legislador é geralmente necessária – e por vezes até mesmo imprescindível – ao exercício desses direitos fundamentais. Talvez seja conceitualmente mais preciso afirmar que, no ordenamento constitucional pátrio, o conteúdo essencial dos direitos fundamentais sociais corresponde às pretensões jurídicas passíveis de justiciabilidade imediata e originária, despicienda, então, legislação conformadora. Tais pretensões representam as diferentes dimensões assumidas pelo direito fundamental em causa, abrangendo deveres de não-ingerência, deveres de proteção e deveres de assistência. Na primeira hipótese, pode-se afirmar a existência de uma obrigação originária para o Estado, impedindo que intervenha na esfera de liberdade individual que informa o direito fundamental social, entendido no sentido de direito de defesa. No caso dos deveres de proteção, deve-se reconhecer a existência de pretensões originárias a organização e procedimento – conquanto o controle das omissões inconstitucionais, sobremodo pela ausência de legislação reguladora, tenha sido reduzido a uma efetividade quase insignificante pela jurisprudência do Supremo Tribunal Federal, tanto a respeito da ação direta de inconstitucionalidade por omissão, quanto, sobretudo, no que concerne ao mandado de injunção. Quanto aos deveres de assistência, há de se admitir, em casos que equivaleriam à aniquilação do próprio direito fundamental em exame ou à dignidade da pessoa humana naquilo que tenha de mais básico, o reconhecimento de pretensões originárias a prestações materiais, a despeito da ausência de legislação infraconstitucional conformadora.

Diversamente, não se consente com a admissão irrestrita de deveres originários oriundos da eficácia dos direitos fundamentais em relação a particulares, entendendo-se como prevalentes, num juízo concreto, os princípios da liberdade e da legalidade. Também se considera de configuração jurídica improvável – mas não impossível – o reconhecimento de pretensões coletivas originárias, porque comum a necessidade de organização de instituições para atuarem na defesa judicial desses direitos, bem como a previsão de procedimentos de tutela apropriados, notadamente no campo do direito processual – muito embora tais exigências possam por vezes ser supridas por outras normas constitucionais, como no caso da atuação do Ministério Públi-

---

513 Cfe. Ibidem, p. 63-65.

co, por exemplo. Quanto às pretensões a prestações materiais acredita-se que, excluídas as hipóteses de tutela de urgência ao conteúdo essencial ou ao mínimo de dignidade humana, impossível, pelo menos em linha de princípio, o reconhecimento da proteção originária ao direito fundamental em questão.

Além disso, a garantia de respeito ao conteúdo essencial dos direitos fundamentais justifica a vedação de retrocesso social. De acordo com a formulação de Sarlet,[514] o princípio da vedação do retrocesso social pretende impedir que o legislador ordinário, pela revogação ou alteração da legislação infraconstitucional conformadora, desconstitua ou afete gravemente o grau de concretização já reconhecido a determinado direito fundamental e, com isso, acarrete violação à própria Constituição. Refere o constitucionalista que a proibição de retrocesso decorreria diretamente do princípio da segurança jurídica, enquanto princípio constitucional fundamental implícito, direcionado à proteção da confiança do indivíduo e da sociedade na ordem jurídica – e, em especial, na ordem constitucional – no sentido de garantia de certa estabilidade e continuidade do e no Direito, sob pena de fraude à Constituição. Dessa forma, conquanto haja necessidade de adaptação dos sistemas de prestações sociais às exigências de um mundo em constante transformação, "o clamor da humanidade por segurança e justiça sociais – em suma, por direitos sociais efetivos – continua a ser um dos principais desafios e tarefas do Estado", a justificar a aplicação do princípio a situações de evidente descompasso entre a efetivação já alcançada de determinado direito fundamental social e a legislação superveniente que suprima, ou simplesmente esvazie o direito.[515]

Salientando a importância do papel do Judiciário, defende Streck que, na ausência de cumprimento da Constituição por omissão estatal na realização das políticas públicas, deve o interessado socorrer-se da via judicial como instrumento de efetivação dos direitos fundamentais determinados pelo pacto constituinte. O Judiciário "pode servir como via de resistência às investidas dos Poderes Executivo e Legislativo, que representem retrocesso social ou a ineficácia dos direitos individuais ou sociais" já conquistados, resguardando-os das investidas de maiorias políticas eventuais.[516]

A partir da jurisprudência do Conselho Constitucional francês, explica Novais[517] que o denominado *effet cliquet* foi primeiramente

---

[514] SARLET, 2002a, p. 7.

[515] SARLET, 2003c, p. 128, 136, 145 e 152.

[516] STRECK, 1999, p. 38/39.

[517] Cfe. NOVAIS, 2004, p. 80.

reconhecido em relação às liberdades fundamentais. Na decisão DC 83-165, de 20 de janeiro de 1984, asseverou-se a impossibilidade de revogação total de lei que dispusesse sobre a matéria até então disciplinada pelo diploma que se pretendia superar, "sem a substituir por outra que ofereça garantias com eficácia equivalente". Mais tarde, no caso apreciado pela decisão DC 90-287, de 16 de janeiro de 1991, o Conselho Constitucional viria a estender o *effet cliquet* à tutela dos direitos sociais.

No âmbito do Tribunal Constitucional de Portugal, o Acórdão nº 509/02 afirma a inconstitucionalidade da legislação que excluía um determinado grupo de beneficiários da fruição do direito ao auxílio denominado "rendimento social de inserção". Adotando uma posição cautelosa quanto à eficácia do princípio da proibição do retrocesso, decorrente da ponderação entre a busca de efetividade dos direitos sociais e a liberdade de conformação democraticamente atribuída ao legislador ordinário, a decisão assevera que o princípio se faz vigente sempre que a legislação superveniente afete o núcleo essencial consagrado dos direitos fundamentais sociais. "O legislador pode optar, amplamente, por outro tipo de realização" do direito fundamental social, "por modificá-lo, por substituí-lo, por conferir-lhe diferente grau, medida ou ritmo de realização; não pode é, a não ser com justificação constitucional bastante, pura e simplesmente, integral ou parcialmente, suprimir a realização que o direito social já obtivera". E conclui o acórdão: "se mantendo-se as condições materiais anteriores, o Estado retira, suprime ou anula o grau de realização do direito social, ele pode estar a criar ou a repor, objectiva e inconstitucionalmente, uma situação de inconstitucionalidade por omissão", residindo nisso a vinculatividade jusfundamental do direito social.[518]

Na verdade, tal decisão fundamentou-se no entendimento já antes consolidado pelo Acórdão nº 39/84, em que reconhecida a inconstitucionalidade do diploma legal superveniente que revogava parte substancial da lei que instituíra o Serviço Nacional de Saúde – SNS – em cumprimento à obrigação constitucional de realização do direito à saúde – como, a final, ficou decidido. Segundo Novais, "a instituição

---

518 Cfe. NOVAIS, 2004, p. 304-309. Ainda consta das premissas do acórdão: "[...] quando o legislador concretiza ou densifica os direitos sociais ele não o faz a título de liberalidade, de concessão ou de boa vontade. Da natureza jusfundamental dos direitos sociais decorrem imposições legiferantes (GOMES CANOTILHO) ou, mais precisamente, decorre uma obrigatoriedade de realização (de conteúdo não unívoco, mas sempre obrigação), posto que o Estado disponha dos meios para o fazer. Nessa altura, sem que se defenda a elevação das normas ordinárias concretizadoras a normas formalmente constitucionais, estas normas ordinárias passam a integrar, com as normas constitucionais a que dão realização, uma unidade sistemática (JORGE MIRANDA) de natureza material jusfundamental que, enquanto tal, é retirada à livre disponibilidade dos titulares do poder político". Cfe., Ibidem, p. 304-309.

de um Serviço Nacional de Saúde ser[ia] uma verdadeira imposição constitucional e não simples norma programática", porque a Lei Maior prescrevera "concretas e definidas tarefas constitucionais ao Estado e não vagas linhas de acção". Assentou-se que "a concretização legislativa já existente" fora "revogada e não substituída por nova concretização", o que seria defeso no domínio dos direitos fundamentais.[519] Nos termos do acórdão, "a partir do momento em que o Estado cumpre (total ou parcialmente) as tarefas constitucionalmente impostas para realizar um direito social, o respeito constitucional deste deixa de consistir (ou deixa de constituir apenas) numa obrigação positiva, para se transformar ou passar também a ser uma obrigação negativa", isto é, o dever estatal transmuda-se em obrigação de defesa do direito social concretizado, reduzindo a limites mínimos a margem de conformação legislativa, sob pena de incorrer o Estado em inconstitucionalidade por omissão.[520]

Vieira de Andrade, por sua vez, assinala que o princípio da proibição do retrocesso social, enquanto determinante heterônoma vinculativa para o legislador, chega a implicar a elevação, à categoria de direito constitucional, das medidas legais concretizadoras dos direitos sociais. Entretanto, essa constitucionalização – ou bloco de constitucionalidade, poder-se-ia acrescentar – não consiste num efeito automático da concretização legislativa, mas depende da afirmação de uma cogência típica das normas consuetudinárias: prática reiterada de conduta a que se reconhece obrigatoriedade. Segundo ele, deve-se admitir um processo de "osmose" Constituição-lei, em que a última opere como "mediação constitucionalmente caracterizante do programa normativo-material da Constituição". Isso não acarreta, todavia, a aceitação de um princípio geral da vedação do retrocesso social, que degradaria a função legislativa a mera função executiva da Constituição, conforme o jurista. "A *liberdade constitutiva* e *auto-revisibilidade*, ainda que limitadas, constituem características *típicas* da função legislativa e elas seriam praticamente eliminadas se, em matérias tão vastas como as abrangidas pelos direitos sociais, o legislador fosse obrigado a manter integralmente o nível de realização e a respeitar os direitos por ele criados".[521]

---

519 Cfe. Ibidem, p. 312-313.

520 Cfe. NOVAIS, 2004, p. 80-84. Consta do acórdão, na mesma referência: "Aí, por exemplo, onde a Constituição contenha uma ordem de legislar, suficientemente precisa e concreta, de tal sorte que seja possível 'determinar, com segurança, quais as medidas jurídicas necessárias para lhe conferir exequibilidade' (cfr. Acórdão 474/02, ainda inédito), a margem de liberdade do legislador para retroceder no grau de protecção já atingido é necessariamente mínima, já que só o poderá fazer na estrita medida em que a alteração legislativa pretendida não venha a consequenciar uma inconstitucionalidade por omissão – e terá sido essa a situação que se entendeu verdadeiramente ocorrer no caso tratado no já referido Acórdão nº 39/84".

521 ANDRADE, 2001, 390-394.

Já Canotilho argumenta que o princípio da vedação de retrocesso social, ou princípio da proibição de "evolução reacionária", importa que, uma vez obtido certo grau de realização de um direito social, passe este a consistir em garantia institucional e direito subjetivo – correspondentes, portanto, ao reconhecimento de dimensões objetiva e subjetivamente exigíveis. Ademais de limite à atividade legislativa e fundamento de declaração de inconstitucionalidade, tal princípio reflete a existência de "uma obrigação de prossecução de uma política congruente com os direitos concretos e as expectativas subjectivamente alicerçadas", ligada à "protecção da confiança e da segurança dos cidadãos no âmbito económico, social e cultural", assim como à proteção do "núcleo essencial da existência mínima inerente ao respeito pela dignidade da pessoa humana".[522]

Em realidade, todas essas considerações demonstram que os parâmetros mínimos impostos à eficácia dos direitos fundamentais, mormente dos direitos sociais a prestações materiais, estão imbricados e reciprocamente relacionados. Como visto, a proteção do núcleo essencial prende-se à salvaguarda do conteúdo que caracterize o direito como tal e, na medida em que este se encontre voltado à dignidade humana, a tutela da confiança quanto ao nível de proteção das condições sociais alcançadas estará também resguardada pelo princípio da vedação do retrocesso social. Além disso, quando o conteúdo questionado do direito disser respeito à garantia do que se considerem patamares mínimos à existência condigna, estar-se-á na presença do denominado mínimo existencial – matéria do tópico seguinte.

5.5. O mínimo existencial

5.5.1. Delimitação conceitual e características

Não tendo sido consagrada explicitamente pela Constituição da República, a garantia de salvaguarda do mínimo existencial, ou mínimo vital,[523] é delimitada conceitualmente pela doutrina, ora como dado pré-constitucional, ora como direito fundamental decorrente do Estado Social e da proteção à vida, à integridade física e corporal, à dignidade da pessoa humana e a uma série de direitos fundamentais. Trata-se de "um direito às condições mínimas de existência humana digna que não

---

522 CANOTILHO, 2003a, p. 338-340.

523 As expressões não são aqui tomadas como sinônimas. Na verdade, "mínimo vital" compreenderia apenas as prestações materiais necessárias à subsistência, enquanto a expressão "mínimo existencial" tem um sentido mais abrangente, envolvendo todas as prestações necessárias a uma vida com dignidade, que não se resume, portanto, à "sobrevida".

pode ser objeto de intervenção do Estado e que ainda exige prestações estatais positivas", segundo Torres.[524] Refere o jurista que o mínimo existencial é um dado pré-constitucional e, portanto, não outorgado pela ordem jurídica, mas condicionante desta, enquanto direito público subjetivo inerente à pessoa humana, com validade *erga omnes;* além disso, estende-se para além dos direitos catalogados no artigo 5º da Constituição Federal, sendo dotado de historicidade, isto é, de elasticidade suficiente para conformar-se ao contexto social. "Mas é indefinível, aparecendo sob a forma de cláusulas gerais e tipos indeterminados".[525]

Além de derivar da noção de dignidade da pessoa humana, o mínimo existencial também se fundamenta no princípio da liberdade; em princípios constitucionais como a igualdade, o devido processo jurídico e a livre iniciativa; nos direitos humanos; e nas imunidades e privilégios do cidadão. É delineado em termos qualitativos, como proteção daquilo que seja necessário à manutenção das mínimas condições de vida condigna, enquanto condições iniciais da liberdade, isto é, da garantia de pressupostos fáticos que permitam ao indivíduo agir com autonomia. Abrange qualquer direito, no que represente de essencial e inalienável, bem como compreende outras noções, entre as quais a idéia de felicidade do homem. Não se trata, pois, de mera liberdade abstrata.[526]

Para Alexy, a idéia de mínimo existencial reporta-se ao princípio da igualdade de fato, cuja aplicação torna viável uma ponderação racionalmente controlável dos valores em jogo, conforme as circunstâncias espacio-temporais vigentes. Nesse sentido, introduz a noção de um mínimo existencial relativo, passível de se adequar, mesmo enquanto pretensão posta em juízo, às condições vigorantes em dada comunidade. "Tomar em consideração aquilo que o legislador garante em cada caso significaria renunciar a uma pauta jurídico-constitucional para aquilo que o legislador tem de garantir". Essa pauta jurídico-constitucional que orienta racionalmente o processo de definição daquilo que integre o mínimo existencial é obtida, segundo argumenta, pela ponderação do direito fundamental com o princípio da igualdade de fato, que exige oriente-se o aplicador em consonância ao nível de vida efetivamente existente – o que já não aconteceria se o parâmentro

---

524 TORRES, Ricardo Lôbo. A cidadania multidimensional da era dos direitos. In TORRES, Ricardo Lôbo (Org.) *Teoria dos direitos fundamentais*. Rio de Janeiro: Renovar, 1999a, p. 262-263.

525 Ibidem, p. 151.

526 TORRES, Ricardo Lobo. *Tratado de direito constitucional financeiro e tributário*. Rio de Janeiro: Renovar, 1999b, v. 3: Os direitos humanos e a tributação: imunidades e isonomia, p. 144 et seq. O jurista carioca atribui a condição de imunidade tributária ao mínimo existencial, que justificaria a não incidência de tributos sobre a renda mínima, os bens de consumo popular, as prestações estatais da educação, saúde, justiça, etc. (Ibidem, p. 67).

tomado fosse o princípio da dignidade da pessoa humana. "Por isso, a máxima da igualdade, que inclui a igualdade de fato pode fundamentar, em casos referidos ao mínimo vital, direitos concretos definitivos à criação da igualdade de fato".[527]

A noção de mínimo existencial releva nas pretensões à efetivação dos direitos sociais a prestações materiais, servindo como parâmetro que se contrapõe diante de eventuais objeções lançadas à eficácia jurídica e à efetividade social desses direitos. Dessa maneira, fundamenta a exigibilidade judicial de pretensões originárias, é dizer, a exigibilidade de um mínimo à subsistência digna, a uma moradia simples, à educação escolar, à formação profissional e a um nível mínimo de assistência médica.[528] Importa na máxima redução aceitável do conjunto de posições jurídico-subjetivas decorrentes de um direito fundamental, em função dos demais princípios, bens e valores constitucionais, no sentido de salvaguarda das condições mínimas à vida com dignidade (liberdade, autonomia e igualdade). Extrai-se da "norma programática que consagra o princípio da dignidade da pessoa humana um núcleo básico, que é transformado em regra diretamente sindicável pelo Judiciário: o mínimo existencial".[529]

Para Barcellos, o mínimo existencial constitui uma "subcategoria" dos direitos fundamentais, ao passo que Sarlet o tem por direito fundamental,[530] formado por uma seleção de direitos fundamentais a prestações que, pela essencialidade à garantia de condições materiais mínimas (educação, saúde, alimentação, informação) possibilitam o real exercício dos direitos individuais e políticos. Para a autora, a idéia de mínimo existencial representa a tentativa de superação das dificuldades teórica e técnico-jurídica relacionadas à realização dos direitos sociais.[531]

---

[527] Tradução livre do espanhol: "Por ello la máxima de la igualdad, que incluye la igualdad de hecho puede fundamentar, en casos referidos al mínimo vital, derechos concretos definitivos a la creación de la igualdad de hecho". Cfe. ALEXY, 1997, p. 414.

[528] Ibidem, p. 495. Essa noção reitera a afirmação feita neste estudo no sentido de que o conteúdo do mínimo existencial abrange prestações mais amplas do que as necessárias a uma mera "sobrevivência". Adotando a lição de Robert Alexy, cfe. BARCELLOS, Ana Paula de. O mínimo existencial e algumas fundamentações: John Rawls, Michael Walzer e Robert Alexy. In TORRES, Ricardo Lôbo (Org.). *Legitimação dos direitos humanos*. Rio de Janeiro: Renovar, 2002, p. 11-50, em especial p. 39 et seq. Interpretando o mesmo texto, menciona a autora que três princípios se contrapõem à consecução, via Poder Judiciário, das medidas de concretização do mínimo existencial, enquanto extensão da dignidade da pessoa humana."São eles: a separação dos poderes (inclusive a competência de vinculação orçamentária), a competência do legislador democrático e o limite imposto pelo direito de terceiros" (BARCELLOS, 2002, p. 43).

[529] BARCELLOS, 2002, p. 45. Em sentido semelhante, consultar TORRES, 2003, p. 11-14.

[530] Cfe. SARLET, 2005, p. 325. Essa idéia também aparece na jurisprudência de outros países, como se verá nas referências colacionadas ao longo deste estudo.

[531] "A noção de *mínimo existencial* [...] procura representar um subconjunto dentro dos direitos sociais, econômicos e culturais *menor* – minimizando o problema dos custos – e *mais preciso* – procurando superar a imprecisão dos princípios. E, mais importante, que seja efetivamente *exigível* do Estado". Cfe. BARCELLOS, op. cit., p. 23.

O acolhimento dessa idéia, contudo, não pode elidir a fundamentalidade material e formal de que gozam os direitos sociais a prestações materiais no ordenamento constitucional pátrio.[532] Já foi referido alhures que a Constituição Federal de 1988 não faz distinção entre os direitos fundamentais, não apenas prevendo, sob o mesmo Título II, direitos e garantias individuais, direitos políticos e direitos sociais; como conferindo um mesmo regime jurídico a todos esses direitos fundamentais, inclusive quanto ao mandado de aplicabilidade imediata contido no artigo 5º, § 1º, do texto constitucional. As dificuldades atribuídas à exigibilidade dos direitos sociais, dessarte, não se referem propriamente à eficácia jurídica, mas à menor densidade normativa dos preceitos que os consagram, por vezes carentes de interposição legislativa conformadora e do posterior – e pouco aplicado pelo Supremo Tribunal Federal – controle das omissões inconstitucionais. Presentes tais ressalvas, a concepção de mínimo existencial pode ser reconduzida ao intento de superação prática das dificuldades de concretização dos direitos sociais a prestações materiais.

A imprescindibilidade de um mínimo material como pressuposto de exercício dos direitos individuais e políticos também é reconhecida por John Rawls. A posição eqüitativa de oportunidades condiciona os princípios da diferença e da liberdade, pois "a carência daquele mínimo existencial inviabiliza a utilização pelo homem das liberdades que a ordem jurídica lhe assegura", recorda Barcellos.[533] O mínimo existencial corresponde ao pressuposto fático da teoria da justiça como eqüidade, exigindo, como elemento constitucional essencial, que se assegure o atendimento a um conjunto de necessidades básicas do indivíduo.

A propósito, John Stuart Mill já propugnava que se "o Estado deve necessariamente prover subsistência para os criminosos pobres enquanto estiverem cumprindo pena, não fazer o mesmo para os pobres que não tenham ofendido é dar um prêmio para o crime".[534] Logo, ao Estado compete a prestaçã'o de condições mínimas à consecução de uma vida digna, em que estão contidos os deveres de disponibilizar boa educação e saúde, por exemplo. "Todos esses direitos estabelecem e estabilizam as condições para o auto-desenvolvimento individual, bem como a coexistência coletiva e a cooperação".[535]

---

[532] Para tanto, consultar capítulo 3 deste estudo. As noções desenvolvidas tomam por fundamento as teses propugnadas por Ingo Sarlet, desde a primeira edição da obra *A Eficácia dos Direitos Fundamentais*. Cfe. SARLET, 2005.

[533] BARCELLOS, 2002, p. 28-29.

[534] Tradução livre do original inglês: "since the state must necessarily provide subsistence for the criminal poor while undergoing punishment, not to do the same for the poor who have not offended is to give a premium on crime". *Apud* HOLMES; SUNSTEIN, 2000, p. 194.

[535] Tradução livre do original inglês: "All such rights establish and stabilize the conditions of individual self-development and collective coexistence and cooperation". Cfe. Ibidem, p. 231.

Com casos da jurisprudência estrangeira, em que a matéria tem sido discutida com maior freqüência, tais idéias podem ser melhor apreendidas. Novais[536] traz uma série de referências a acórdãos do Tribunal Constitucional de Portugal nos quais, com respaldo no princípio da dignidade da pessoa humana, foi reconhecido um direito fundamental às prestações necessárias para uma existência digna. Refere que primeiramente foram acolhidas as dimensões subjetiva e negativa desse direito, nos casos da atualização de pensões por acidente de trabalho e da impenhorabilidade de prestações sociais na parte excedente ao rendimento mínimo de subsistência, "enquanto um direito a não se ser privado do que se considera essencial à conservação de um rendimento indispensável a uma existência minimamente condigna". Indica, para ilustrar, as decisões proferidas nos Acórdãos n°s 232/91, 349/91, 62/02 e 177/02. Sarlet comenta que, no Acórdão 349/91, decidiu-se pela inconstitucionalidade da penhora de benefício percebido por pensionista, ao argumento de que entre o direito do credor e o direito à existência digna deve este último prevalecer, ainda que em total sacrifício do outro. Já no Acórdão n° 318/99, o mesmo Tribunal Constitucional, sob o fundamento de que o princípio da dignidade da pessoa humana impõe a afirmação de uma subsistência digna (um mínimo à existência), declarou inconstitucional dispositivo do Código de Processo Civil português que autorizava a penhora de até um terço das prestações pagas a título de aposentadoria ou outro benefício social, cujo valor não fosse superior a um salário mínimo nacional. O salário mínimo nacional, ou qualquer outro benefício nesse valor fixado, constituiriam a remuneração básica adequada aos ditames da dignidade da pessoa, no sentido de mínimo que o ordenamento estipula como necessário à sobrevivência digna.[537]

Destaca Novais[538] que, posteriormente, o Tribunal Constitucional também passou a conceber uma dimensão objetiva do princípio da dignidade da pessoa humana, "associado ao direito à segurança social, enquanto proibição de o Estado revogar, sem substituição, as normas jusfundamentais que prevêem a atribuição de prestações, pecuniárias ou em espécie, destinadas a assegurar os pressupostos materiais mínimos de uma existência condigna", donde a dedução de "uma obrigação, juridicamente exigível, de manutenção objectiva das prestações materiais destinadas a assegurar [rar]a existência condigna". No

---

536 NOVAIS, 2004, p. 66-67. Ressalve-se apenas que a jurisprudência portuguesa e o próprio jurista, autor da obra, utiliza indistintamente os termos mínimo vital, mínimo existencial, mínimo de existência – conquanto o sentido atribuído à expressão coincida com aquele aqui desenvolvido.

537 As referências são feitas por SARLET, 2001, nota 208, p. 114.

538 NOVAIS, op. cit., p. 67 et seq.

Acórdão nº 509/02, decidiu-se pela inconstitucionalidade da legislação que revogava a concessão do "rendimento social de inserção" a jovens entre 18 e 25 anos que não possuíssem outros meios de sustento próprio, ao argumento de ausência de previsão de meios alternativos que assegurassem a esse grupo de indivíduos o mínimo à existência digna, direito reconhecido com base nos princípios constitucionais da dignidade da pessoa humana e do Estado de Direito democrático. Complementa Sarlet[539] aduzindo que, no Acórdão nº 151/92, o mesmo tribunal já asseverara a existência de um direito à habitação, enquanto moradia condigna – muito embora na dependência de opções tomadas pelo Estado e, nesse sentido, sujeita às possibilidades fáticas dos recursos disponíveis.

No âmbito do direito francês, Mathieu resume a posição da jurisprudência em matéria constitucional, que tem utilizado o princípio da dignidade da pessoa humana para fundar a distinção de direitos de natureza social, entre os quais o direito a um mínimo de existência, que decorreria da proteção do homem, na sua essência ou existência. "Não se pode deixar morrer um homem de frio, de fome ou de doença e reconhecer, ao mesmo tempo, sua igual pertença à humanidade. A proteção da dignidade do homem pode assim encarnar-se num direito subjetivo, qual seja, o de obter os meios próprios para assegurar sua existência ou todos os meios a sua sobrevivência".[540]

Na jurisprudência alemã, a concepção de mínimo existencial foi construída a partir dos princípios da dignidade da pessoa humana e do Estado Social, como afirmação do direito a prestações materiais básicas sem as quais o indivíduo não pode gozar de autonomia e liberdade, nem tampouco de quaisquer outros direitos. Afirma a jurisprudência tedesca, com base na lição de Dreier,[541] que "'do princípio da dignidade humana, em conjugação com o princípio do Estado social decorre uma pretensão a prestações que garantam a existência', sendo de incluir na garantia do mínimo de existência 'as prestações sociais suficientes', nos termos da legislação sobre auxílio social". Assim, "'o Estado está obrigado a garantir ao cidadão desprovido de meios, através de pres-

---

539 SARLET, 2001, p. 114-115. A propósito do reconhecimento, pelo Conselho Constitucional francês, da promoção de alojamento para as pessoas desfavorecidas como exigência de interesse nacional, consultar PAVIA, 2000, p. 133 et seq..

540 Tradução livre do original francês: "On ne peut laisser mourir un homme de froid, de faim ou de maladie et reconnaître à la fois son égale appartenance à l'humanité. La protection de la dignité de l'homme peut alors s'incarner dans un droit subjectif, celui d'obtenir des moyens propres à assurer son existence ou tout du moins sa survie". Cfe. MATHIEU, 1998.

541 HORST DREIER. *Grundgesetz kommentar,* Band I Mohr Siebeck: Tübingen, 1996, p. 62 e 125-126. A citação é feita no Acórdão nº 509/02, do Tribunal Constitucional português, referente ao Proc. nº 768/02, Plenário, Relator: Conselheiro Luís Nunes de Almeida, *apud* NOVAIS, 2004, p. 89-90.

tações sociais' os 'pressupostos mínimos' para 'uma existência humanamente digna' (BVerfGE, 82, 60 (85))". Em outros termos, o mínimo existencial refere-se a uma série de prestações sociais capazes de assegurar os pressupostos a uma existência humanamente digna, e não apenas um mínimo vital, ou o suficiente à sobrevivência pessoal. Dentre estas, certamente estão incluídas prestações mínimas em saúde.

Na verdade, os alemães teriam identificado duas dimensões distintas do mínimo existencial: de um lado, o direito de não ser privado do que se considera essencial à conservação de um rendimento indispensável a uma existência minimamente digna; e, de outro, o direito a exigir do Estado as prestações que traduzam esse mínimo. O primeiro sentido corresponde à dimensão defensiva do mínimo existencial, que coíbe ingerências sobre o status material e a qualidade de vida já alcançados pelo indivíduo; enquanto que do segundo sentido afere-se a dimensão prestacional do mínimo de existência, passível de suscitar, para o indivíduo, o direito de exigir prestações materiais concretas.

Já no direito colombiano, Arango e Lamaitre[542] mencionam que a sentença T-426/92 foi a primeira decisão a admitir o direito ao "mínimo vital". Tratava-se do caso de um ancião de sessenta e nove anos, que solicitara a substituição do pensionamento recebido do Estado e, transcorrido já um ano, ainda não havia obtido resposta. Em função disso, vivia com familiares e, dada a ausência de meios econômicos de subsistência, não possuía condições de arcar com os custos da cirurgia a que necessitava submeter-se. Ao deferir a tutela, a Corte Constitucional teve por violado o direito fundamental ao "mínimo vital", que "é conseqüência direta dos princípios de dignidade humana e do Estado Social de Direito que definem a organização política, social e econômica justa, acolhida como meta pelo povo da Colômbia em sua Constituição". Na sentença T-283/98, a Corte afirmou que o direito ao "mínimo vital" não se confunde com a mera subsistência, mas concretiza o direito a "uma existência digna com as condições suficientes para desenvolver, na medida do possível, todas as faculdades das quais pode gozar a pessoa humana".[543] Já na sentença T-011/98, explicitou-se

---

[542] Cfe. ARANGO, Rodolfo. LAMAITRE, Julieta (Org.). *Jurisprudencia constitucional sobre el mínimo vital*. Bogotá: Universidad de los Andes. Facultad de Derecho. Centro de Investigaciones Socijurídicas, 2002, p. 12, 15 e 18. Saliente-se que, não obstante a assinalada distinção semântica entre as expressões "mínimo existencial" e "mínimo vital", o texto manteve-se fiel à expressão utilizada pelos acórdãosl, muito embora a Corte Colombiana confira significado amplo à garantia do "mínimo vital", semelhante àquele adotado, neste trabalho, para o conceito de "mínimo existencial".

[543] Os trechos foram traduzidos do original espanhol, respectivamente: "es consecuencia directa de los principios de dignidad humana y de Estado Social de Derecho que definen la organización política, social, y económica justa acogida como meta por el pueblo de Colombia en su

que a subsistência digna da pessoa e de sua família, resguardada pelo mínimo vital, compreende não apenas alimentação e vestuário, mas saúde, educação, moradia, seguridade social e meio ambiente, enquanto exigências mais elementares do ser humano.

Tais desenvolvimentos teóricos resultaram na orientação de que a avaliação do mínimo existencial deve sopesar as necessidades biológicas das pessoas caso a caso, respaldando, com isso, a aplicação de um critério qualitativo no estabelecimento do conteúdo das prestações mínimas e explicando, assim, a variação dos montantes ou prestações concretamente deferidos. A partir da expressão "côngrua subsistência", a Corte Constitucional colombiana estabeleceu esse juízo de adequação do mínimo existencial ao nível de vida, à situação social e às necessidades familiares de quem postula a tutela, permitindo a conformação das obrigações decorrentes do direito às diferentes circunstâncias pessoais de cada um.[544]

Trazendo a questão para a seara nacional, não se pode deixar de fazer referência à decisão proferida pelo Supremo Tribunal Federal – STF – no julgamento da argüição de descumprimento de preceito fundamental – ADPF nº 45. Solicitara-se o controle concentrado da constitucionalidade do veto presidencial aposto ao dispositivo legal que regulamentava as dotações orçamentárias mínimas para a área da saúde, em cumprimento às normas da Emenda Constitucional nº 29/2000. Conquanto o preceito impugnado tenha sido posteriormente substituído por outro, restando então regulada legislativamente a norma constitucional, o STF não se furtou em posicionar-se sobre a questão. Asseverou a impossibilidade de omissão estatal quanto à garantia de "condições materiais mínimas de existência" digna, cuja violação autoriza "a possibilidade de intervenção do Poder Judiciário, em ordem a viabilizar, a todos, o acesso aos bens cuja fruição lhes haja sido injustamente recusada pelo Estado".[545]

Constitución" (Ibidem, p. 12); "el mínimo vital al que se ha hecho referencia, supone un derecho constitucional fundamental a la vida no entendido como mera existencia, sino como una existencia digna con las condiciones suficientes para desarrollar, en la medida de lo posible, todas las facultades de las que puede gozar la persona humana" (Ibidem, p. 15).

544 Cfe. Ibidem, p. 20-21. Os autores referem (p. 19 e 24) que a Corte Constitucional reconheceu, como sujeitos passivos do direito ao "mínimo vital", tanto o Estado, quanto a sociedade e a família – donde se identifica uma eficácia desse direito fundamental nas relações contra particulares. Mais adiante (p. 43), informam que a jurisprudência constitucional ainda estabeleceu a regra de inversão do *onus probandi*, a presumir a boa-fé do requerente da tutela e a determinar, por conseqüência, que o demandado possui a carga da prova acerca da exoneração da responsabilidade. Finalmente (p. 62/64), explicam que o direito ao mínimo vital é normalmente atrelado à prova da urgência da tutela pleiteada – critério que aparece nas sentenças mais importantes sobre o tema.

545 A decisão, relatada pelo Ministro Celso de Mello, encontra-se publicada no Informativo nº 345 do Supremo Tribunal Federal, bem como no Diário da Justiça da União (DJU), de 4 de maio de 2004. A título de informação, refira-se que o exame da garantia do mínimo existencial também

Certo, assim, que a noção de mínimo existencial pressupõe a garantia de condições mínimas de vida humana digna, normalmente pelo fornecimento de prestações sociais materiais. Mas como poderia ser definido esse mínimo em termos de direitos sociais? As considerações acerca desse questionamento serão analisadas adiante.

5.5.2. *Mínimo existencial e direitos sociais*

Postas as premissas anteriores pertinentes à noção de mínimo existencial, pode-se rumar de forma segura para o exame da relação entre os direitos fundamentais sociais a prestações materiais e o mínimo existencial, para, a partir disso, delinear quais seriam pelo menos algumas das obrigações mínimas no que concerne à efetivação do direito à saúde – ou parâmetros mínimos, passíveis de exigibilidade judicial.

A relação entre direitos fundamentais sociais a prestações materiais e mínimo existencial dá origem, basicamente, a duas posições doutrinárias. A primeira delas, cujo expoente é Torres, pode ser sintetizada na idéia de que a jusfundamentalidade dos direitos sociais estaria assegurada tão-somente no que tange ao mínimo existencial, ainda que esse mínimo possa ser maximizado em países mais pobres como o Brasil. Em outros termos, significa que apenas as prestações sociais abrangidas, e assim transformadas num direito ao mínimo existencial, seriam tocadas pela fundamentalidade constitucional, sendo passíveis de aplicabilidade imediata e exigibilidade judicial originária; *contrario sensu*, todas as demais prestações materiais, mesmo se decorrentes de direitos sociais, não constituiriam direito fundamental. O mínimo existencial, numa condição defensiva, vedaria a incidência de tributos sobre os direitos sociais mínimos dos indivíduos, fixando o limite da capacidade contributiva e consistindo, pois, em verdadeira imunidade tributária. Já numa dimensão prestacional, justificaria a entrega, pelo Estado, de prestações materiais às pessoas mais pobres – vislumbrando-se, aqui, uma limitação à idéia de universalidade, visto que apenas os necessitados fariam jus a tais auxílios. Por conseqüência, a efetivação de um máximo em direitos sociais passaria a ser obtida pelo exercício da cidadania reivindicatória e da prática orçamentária, segundo as regras do jogo democrático. Esse entendimento, conforme argumenta o jurista, abriria caminho para a superação da tese do primado dos direitos a prestações sobre os direitos de liberdade, responsável pela inviabilização do Estado Social de Direito; assim como ao desfazimento da confusão entre direitos fundamentais e

---

foi confrontado com a incidência da reserva do possível, especialmente quanto a restrições financeiro-orçamentárias.

direitos sociais, que não tem permitido a efetividade destes últimos nem sequer numa dimensão mínima.[546]

Em apertada síntese, Torres qualifica o mínimo existencial como direito fundamental, cujo alicerce estaria na garantia das condições iniciais da liberdade. A transformação dos direitos sociais em mínimo existencial significaria a metamorfose dos "direitos de igualdade" em "direitos de liberdade", com a vantagem de que a liberdade caracteriza-se simultaneamente como valor e dado existencial, o que não é comum aos bens constitucionalmente resguardados por direitos sociais. Como o homem não pode ser privado do mínimo necessário à conservação da própria vida e das condições iniciais da liberdade, o mínimo existencial – e as prestações sociais nele convertidas – estariam, assim, assegurados. "O fundamento do direito ao mínimo existencial", sublinha o jurista, "está nas condições para o exercício da liberdade, que alguns autores incluem na liberdade para (*freedom to*), por oposição à liberdade de (*freedom from*)", isto é, "na liberdade real, por contraste com a formal, ou na liberdade positiva, para diferenciá-la da negativa".[547]

Essa tese acolhe as concepções vigentes nos ordenamentos constitucionais alemão e português,[548] no que concerne à carência de fundamentalidade dos direitos sociais, ou pelo menos à fundamentalidade mitigada de que se revestiriam, já que não tutelados, de forma plena e rica de instrumentos jurídicos, como os direitos individuais e políticos. Nesses países, são objeto de proteção jusfundamental ampla apenas os direitos de liberdade, razão para que as prestações sociais mínimas sejam reconduzidas a essa categoria, a fim de que possam ser resguardadas, deixando a efetivação máxima dos direitos sociais para o legislador ordinário, em esfera alheia à tutela jusfundamental. Essa concepção restrita possibilitaria a transposição das dificuldades de implementação dos direitos sociais que, pela ausência de regulação legal, insuficiente organização dos serviços, carência de recursos humanos e orçamentários, por uma série de motivos, enfim, acabam não realizados nem mesmo nos níveis mais essenciais.

Tal posição, entrementes, parece não se coadunar à fundamentalidade que o ordenamento constitucional brasileiro reconhece aos direitos sociais, o que se depreende, entre outros, das normas insertas nas cláusulas gerais dos §§ 1º e 2º do artigo 5º do Texto Maior. Como

---

546 TORRES, 2003, p. 1-2.

547 Ibidem, p. 37.

548 A título de exemplo, registre-se a posição de Vieira de Andrade, para quem "só o conteúdo mínimo dos direitos sociais fundamentais pode considerar-se, em regra, constitucionalmente determinado, em termos de ser judicialmente exigível." ANDRADE, 2001, p. 385-388. Em sentido semelhante, conferir CANOTILHO, 1991, p. 488-490.

argumenta Sarlet,[549] ao comparar a ordem constitucional brasileira com as similares alemã e portuguesa, deve-se frisar que a Constituição de 1988 não fez nenhuma ressalva quanto à fundamentalidade dos direitos sociais, nem tampouco à subsistência de um regime jurídico próprio, consagrando-os sob o mesmo Título II, dos "Direitos e Garantias Fundamentais", e outorgando-lhes os mesmos instrumentos jurídicos previstos para a tutela, inclusive judicial, dos direitos individuais e políticos. Não fosse isso suficiente, pode-se sustentar que os direitos sociais – e talvez até com maior razão – são também reconduzíveis à idéia de dignidade da pessoa humana à semelhança de todos os demais direitos fundamentais. Ademais, num contexto em que se estende a fundamentalidade constitucional a outros direitos – direitos reconhecidos em instrumentos internacionais firmados pelo Brasil, direitos implícitos, direitos decorrentes dos princípios e do regime constitucional –, segundo a letra do artigo 5º, § 2º, da Constituição da República, foge à lógica retirar o mesmo caráter jusfundamental a direitos explicitamente positivados e previstos sob a expressão "Direitos e Garantias Fundamentais" como o são os "direitos sociais".

De gizar, portanto, que os direitos sociais representam, assim como os outros direitos fundamentais, o ideário de justiça e solidariedade, liberdade e igualdade reais, detendo a mesma hierarquia axiológico-fundamental conferida à totalidade dos direitos fundamentais. Numa perspectiva formal, as normas de direitos sociais gozam de aplicabilidade imediata e de supremacia normativa, sendo resguardadas pelo mesmo procedimento dificultado e pelas mesmas garantias de intangibilidade estabelecidas para quaisquer emendas constitucionais – como decorre, notadamente, da interpretação conjugada do artigo 5º, § 1º e do artigo 60, § 4º da Constituição Federal. A inadmissão da fundamentalidade dos direitos sociais prestacionais não condiz, enfim, com uma interpretação sistemática do texto constitucional vigente que, conquanto possa ser alvo de críticas, representa a superação de um período histórico de restrição aos direitos fundamentais.

Ressalve-se, todavia, que embora não se possa assentir com as premissas da tese comentada, também não se poderia deixar de referenciá-la, menos ainda de compreender que, em última análise, o objetivo que a direciona seja semelhante ao que impulsiona o presente estudo: fixar criteriosamente os limites à efetivação dos direitos sociais para que, com segurança jurídica, possam ser realmente implementados na sociedade brasileira. Por conseguinte, a questão se transmuda muito mais num problema de efetividade social das normas de direitos

549 SARLET, 2005, p. 131.

sociais a prestações materiais, do que propriamente na ausência de fundamentalidade desses direitos – conforme já aduzido anteriormente.

De outro turno, parte da doutrina sustenta que a teoria do mínimo existencial, pela falta de critérios para a definição de quais direitos e prestações estariam abrangidos na garantia, perder-se-ia num excessivo voluntarismo político, abrindo espaço para negociações e barganhas no âmbito dos direitos fundamentais. O mínimo existencial, nessa acepção, estaria servindo de lastro teórico para interpretar de forma constritiva a aplicação dos direitos sociais, esvaziando-os em amplitude e magnitude – assim como, indiretamente, à própria dignidade humana. "Isto significa que o princípio da dignidade humana, basilar no sistema constitucional, deixa de apresentar sua dimensão social e econômica", explica Barreto.[550]

Contra-argumenta Clève, todavia, que a progressividade de efetivação dos direitos sociais a prestações não é sinônimo de programaticidade, menos ainda de eficácia limitada ou diferida, pois tais direitos conferem posições jurídico-subjetivas negativas originárias, com lastro no princípio da dignidade da pessoa humana. Daí a obrigação estatal de não apenas respeitar o mínimo existencial, enquanto mínimo necessário à vida humana digna, mas de implementá-lo efetiva, ainda que progressivamente. O mínimo existencial, portanto, resulta na proteção de uma dimensão prestacional mínima dos direitos sociais, dotada de justiciabilidade própria e originária, quando então a ponderação real dos interesses em jogo delimitará exatamente o conteúdo albergado por esse mínimo.[551]

Uma vez mais, saliente-se que mínimo existencial não é mínimo de subsistência. Na medida em que estreitamente atado à noção de dignidade da pessoa humana, enquanto esta, pela interpretação sistemática da Constituição brasileira, pressupõe a preservação de uma série de valores e bens, o mínimo existencial há de refletir o escopo de realização do ser humano. Sem cair em excessos, devem ser asseguradas condições de alimento, saúde, educação, moradia, segurança, lazer, informação, que, mesmo em termos mínimos, permitam a fruição de uma vida digna, com liberdade e autonomia individual. "Os direitos sociais não têm a finalidade de dar ao brasileiro apenas o mínimo. [...] Aponta a Constituição, portanto, para a idéia de máximo, mas de máximo possível (o problema da possibilidade)", em que a reserva do possível opere como imposição de "cuidado, prudência e responsabilidade no campo da atividade judicial", segundo Clève.[552]

---

550 BARRETTO, 2003, p. 122.

551 CLÈVE, 2003, p. 159. No mesmo sentido, consultar URIARTE, Edurne. *Introducción a la ciencia politica*: la politica en las sociedades democráticas. Madrid: Tecnos, [sd], p. 100 *apud* STRECK, 2003b, nota 59, p. 209-210.

552 CLÈVE, 2003, p. 159-160.

Segundo o Comitê de Direitos Econômicos, Sociais e Culturais da Organização das Nações Unidas – ONU –, aos Estados-Partes cabe uma obrigação mínima de assegurar a satisfação, ao menos em níveis essenciais, de cada um dos direitos econômicos, sociais e culturais previstos pelo Pacto Internacional de Direitos Econômicos, Sociais e Culturais – PIDESC. Esses níveis básicos diriam respeito ao núcleo essencial desses direitos, enquanto garantia do mínimo existencial à manutenção de uma vida com dignidade, como mencionam Arango e Lamaitre. Na interpretação da Corte Constitucional colombiana, em sociedades historicamente injustas e desiguais, o mínimo existencial tem por fito, ademais da neutralização das situações violatórias da dignidade humana, assegurar a igualdade de oportunidades e a nivelação social.[553]

De acordo com os juristas colombianos,[554] a reflexão sobre estes direitos tem índole moral e política pois, apesar de positivados – como direitos humanos, na esfera internacional, e como direitos fundamentais, no direito interno – a interpretação, a ser conferida pelo aplicador do Direito a esse conjunto normativo, implica resposta a uma pergunta central sobre o "justo", da mesma forma que a consagração dos direitos é resposta a essa mesma pergunta. De uma idêntica positivação dos direitos podem ser deduzidos conteúdos diversos, segundo a teoria de justiça adotada pelo intérprete. A Corte Constitucional colombiana, por exemplo, compreende que dentro do conceito de direito fundamental há o dever positivo do Estado de atuar para prevenir um dano iminente à pessoa, inclusive por desconhecimento dos direitos sociais que titula; trata-se de evitar ou corrigir uma situação de necessidade, em que a liberdade e a igualdade reais do indivíduos se encontram anuladas ou gravemente afetadas. Por detrás dessa jurisprudência, no entanto, vige uma teoria da justiça segundo a qual não é possível falar de igualdade sem igualdade material mínima; de liberdade, sem o acesso aos recursos básicos indispensáveis; nem de vida, senão de vida condigna – conclusão com a qual se pode assentir.

Todas essas considerações demonstram que, não obstante o caráter principiológico das normas de direitos fundamentais, há um núcleo mínimo em cada direito social, estabelecido *in concreto*, segundo as características do próprio direito e em atenção à preservação da dignidade humana, que não pode jamais ser ultrapassado, sob pena de negação do próprio direito, dos demais direitos fundamentais (pela ausência de condições de exercício da liberdade) e da dignidade da pessoa que o titule. Trata-se de um limite mínimo absoluto, que

[553] Sentença T-406/92, cfe. ARANGO; LAMAITRE, 2002, p. 50-51.

[554] Cfe. Ibidem, p. 61-64.

necessariamente deve ser assegurado pelo Estado, a despeito, inclusive, de eventuais questões orçamentárias[555] – conclusão que assinala, ademais, a proximidade concreta que muitas vezes se verifica entre as garantias de conteúdo essencial e mínimo existencial.

O mínimo existencial constitui, portanto, um *quid* a ser imposto sobre o direito fundamental, tanto no sentido de coibir vulnerações pelo Estado ou por terceiros, quanto, numa acepção prestacional, por respaldar a pretensão às condições mínimas de vida digna. Neste aspecto pode ser afirmado como direito fundamental originário, passível de imediata reclamação perante o Poder Judiciário, independentemente da elaboração de procedimentos prévios e da organização dos serviços públicos que o especifiquem. "As prestações relativas à garantia de dignidade da pessoa humana no conceito do mínimo existencial", defende Tavares, "teriam a natureza de direitos fundamentais originários, ou seja, direitos subjetivos a prestações estatais deduzidas diretamente das normas constitucionais consagradoras".[556]

Na determinação do conteúdo que densifica o mínimo existencial, todavia, não deve o Judiciário ir além do que exige a estipulação de um conteúdo mínimo ou essencial, sob pena de injustificadamente invadir a seara de competência legislativa. Tais prestações mínimas devem ser estabelecidas em função de uma análise *in concreto* que, à semelhança da definição do conteúdo essencial dos direitos, leve em conta o tipo de sociedade e as exigências e expectativas referentes ao direito em jogo, uma vez que o conteúdo de um direito não é algo fixo nem alheio à comunidade em que se radica.[557]

5.6. Concretização do direito à saúde

5.6.1. Introdução

Com o título de concretização, propõe-se aqui trazer algumas questões relacionadas ao reconhecimento de um direito subjetivo originário a prestações materiais pertinentes ao direito à saúde. No item anterior, com fundamento doutrinário e jurisprudencial, intentou-se demonstrar a possibilidade de admissão de um direito subjetivo

---

[555] Cfe. GIALDINO, 2001, p. 524.

[556] TAVARES, Marcelo Leonardo. "Direito à saúde (STF): comentário. In MELLO, Celso D. Albuquerque; TORRES, Ricardo Lobo. Arquivos de direitos humanos. Rio de Janeiro: Renovar, 2001, v. 3. *apud* CIETTO, Luiz. Proteção dos direitos humanos e o direito à saúde. *Revista Jurídica*, Campinas, v. 18, n. 2, p. 118-168, 2002, p. 160-163.

[557] Cfe. ARIZA, 2001, p. 268.

originário, ao menos no que se refira ao mínimo existencial. Para além disso, no entanto, parece ainda pender dúvidas.

Como afirma Trubek,[558] os "direitos sociais, enquanto *social welfare rights* implicam a visão de que o Governo tem a obrigação de garantir adequadamente tais condições para todos os indivíduos". A idéia de *welfare* denota a responsabilidade imputada ao Estado concernente à garantia e implementação das condições de bem-estar geral, especialmente pela realização dos direitos enumerados no Pacto Internacional de Direitos Econômicos, Sociais e Culturais – PIDESC – e, com mais razão, dos direitos reconhecidos como fundamentais pela Constituição Federal de 1988. Segundo o autor, esta é uma idéia universal, visto que acolhida por quase todas as nações do mundo, a despeito da duvidosa forma pela qual o *social welfare* há de ser alcançado em cada sistema nacional.

Um parâmetro importante para aferir a implementação desses direitos acha-se no "dever de progressividade", por meio do qual se impõe ao Estado a obrigação de ampliar as possibilidades de efetivação dos direitos previstos no PIDESC, dentre os quais o direito à saúde. Esse dever de progressividade, como referido neste estudo, incide na ponderação entre os interesses do indivíduo, no sentido de a si garantir o mais alto nível de saúde; e os interesses estatais de resguardo da liberdade de opção política, sobretudo quanto à objeção da reserva do possível. Como sugere Comparato,[559] as medidas a que alude o artigo 2º, alínea I, do PIDESC, consistiriam em programas de ação governamental, no sentido de "políticas públicas, compostas de vários elementos, inclusive diplomas legais ('medidas legislativas'), a serem desenvolvidas no tempo ('que visem a assegurar, progressivamente'), com a utilização de '*todos os meios disponíveis*'", ou seja, "mediante o emprego dos recursos financeiros minimamente necessários" à consecução dessas medidas.

Realçando as obrigações estatais de organização e procedimento na efetivação do direito à saúde, Mathieu[560] interpreta os dispositivos

---

558 A citação encontra-se em PIOVESAN, 2000, p. 116 – sem outras referências.

559 COMPARATO, 2003, p. 250. Todavia, na esteira dos argumentos desenvolvidos por Ingo Sarlet, não se pode concordar com a afirmação de Fábio Comparato no sentido de que *"o objeto dos direitos econômicos, sociais e culturais é sempre uma política pública"*, como afirmado à página 248 do artigo referido. Na verdade, os direitos econômicos, sociais e culturais consagrados no PIDESC contemplam diferentes dimensões funcionais, podendo operar como direitos de defesa, direitos de proteção, direitos à organização e procedimento e, finalmente, direitos prestacionais em sentido estrito, excedendo, pois, a noção de políticas públicas. Além disso, e já no sistema pátrio, os direitos sociais englobam as denominadas liberdades sociais, cuja dimensão defensiva é prevalente, em que pese o evidente caráter social de que se revestem. Mencione-se, por fim, que a redução conceitual propugnada desconsidera a eficácia de tais direitos nas relações entre particulares – tese que conta com adesão crescente em doutrina e que não se subsume apenas à concepção de políticas públicas. Dessarte, conquanto possam exigir a consecução de políticas públicas, os direitos previstos pelo PIDESC e os direitos sociais consagrados na Constituição de 1988 não podem ser a estas reduzidos. Nesse sentido, consultar SARLET, 2005, p. 218 e 226-227.

560 MATHIEU, 1998.

da Constituição da Organização Mundial de Saúde – OMS – como normas que atribuem ao Estado a obrigação de criar um contexto social favorável ao desenvolvimento da saúde de qualquer indivíduo. Para ele, uma exegese que se limitasse a admitir o direito a prestações materiais transformaria o objeto da norma em direito à seguridade social, enquanto o direito, na verdade, pode traduzir-se apenas pela obrigação de disponibilizar os meios humanos e materiais apropriados à proteção da saúde. Tal proposta avançaria a orientação, fixada pela jurisprudência francesa, de que o direito à saúde dificilmente origina uma posição subjetiva exigível judicialmente, por configurar objetivo de valor constitucional, com eficácia predominantemente restritiva de direitos individuais. Ao mesmo tempo, recorre à noção de direitos fundamentais a prestações *lato sensu* e revela, com isso, a larga abrangência da norma internacional, porquanto mais do que a prestação material propriamente dita, ao Estado competiriam deveres de organizar instituições e procedimentos aptos a viabilizar a proteção concreta do direito à saúde da população.

Eis aqui o problema da efetividade dos direitos sociais. Situado o ser humano como centro do processo de desenvolvimento, e presentes os caracteres social e democrático da ordem constitucional instaurada, devem ser concebidas políticas públicas que, além da edição de leis, promovam a interação entre Estado e sociedade, com vista ao fortalecimento dos direitos econômicos, sociais e culturais.[561] "Conceitos, tais como direito de viver uma vida decente, somente podem se tornar operacionais numa sociedade construída de forma a torná-los possíveis, e podem ser abordados somente de forma indireta, por meio de políticas e mudanças institucionais permanentes", sem as quais tais direitos "são totalmente inúteis", acentua Hobsbawn.[562]

Em realidade, o problema da efetividade dos direitos sociais expõe a insuficiência do paradigma kelseniano, isto é, da concepção de um direito puro e neutro, alheio a questões empíricas, interações axiológicas ou considerações de justiça concreta, como explica Ariza. A efetividade dos direitos sociais depende de um enfoque necessariamente interdisciplinar, que abra o sistema jurídico aos dados econômicos e sociais. Outrossim, os problemas de inefetividade também decorreriam da carência de um desenvolvimento teórico da noção de Estado Social semelhante àquele existente para o conceito de Estado Liberal clássico, e não propriamente à ausência de mecanismos de tutela dos direitos sociais em si. Por tal motivo, embora representem o

---

561 RODRIGUEZ, 2002, p. 26-27.

562 HOBSBAWN, 2000, p. 435-436.

grande trunfo do constitucionalismo do século XX, os direitos sociais ainda enfrentam dificuldades de efetivação prática.[563]

O problema, todavia, não se esgota nisso; na verdade, os problemas de concretização constituem empecilho a todos os direitos, quer se reportem ao paradigma liberal-clássico, quer tenham fundamento no modelo estatal-social. A carência de procedimentos adequados, instrumentos jurídicos de defesa ou recursos orçamentários é comum a todos os direitos fundamentais, não havendo sentido em discriminá-los apenas quando se trate de direitos sociais a prestações materiais. A inefetividade tem relação bem mais estreita com o padrão de desenvolvimento alcançado, ou não, pela comunidade estatal, do que com a preponderante natureza prestacional de certos direitos. Por isso Dallari dá razão aos revolucionários franceses de 1789, ao terem explicitado, no preâmbulo da Declaração de Direitos do Homem e do Cidadão, que "a ignorância, o esquecimento ou o desprezo dos direitos do homem são as únicas causas das infelicidades públicas e da corrupção dos governos", pois o permanente respeito desses direitos é condição da democracia.[564] A caracterização dos direitos como sociais deve servir para iluminar as peculiaridades que detêm e não para negar-lhes efetivação sob o argumento de uma fundamentalidade ausente ou mitigada.

A partir dessas premissas, pode-se ingressar numa vertente mais pragmática e enfocar certos problemas de efetivação do direito à saúde. Para tanto, serão tecidas considerações em dois sentidos: num primeiro momento, atentar-se-á para a definição, ou pelo menos a busca de um delineamento do que seriam algumas das prestações correspondentes ao mínimo existencial em saúde; num segundo momento, a ênfase estará sobre o fornecimento de medicamentos ou a prestação de tratamentos de saúde pelo Estado, caso recorrente na jurisprudência brasileira, como recorte à discussão da eficácia do direito fundamental à saúde no sistema constitucional pátrio.

5.6.2. Mínimo existencial – prestações mínimas em saúde

Algumas referências feitas ao longo deste estudo, notadamente quanto aos exemplos retirados de casos concretos, indicam uma tendencial convergência para o entendimento acerca da existência de um padrão mínimo de prestações materiais na área da saúde, decorrentes diretamente da consagração constitucional do direito fundamental à saúde e, nessa condição, passíveis de exigibilidade judicial como pretensão subjetiva originária. Mesmo em países nos quais os direitos

[563] ARIZA, 2001, p. 253-255.

[564] DALLARI, S., 1988b, p. 327-334.

sociais obedecem a um regime constitucional diferenciado e têm questionada a respectiva fundamentalidade, doutrina e jurisprudência vêm reconhecendo o direito originário a prestações materiais mínimas – ou, para o que ora interessa, prestações mínimas em saúde. A pergunta que fica, entretanto, dirige-se à definição do conteúdo abrangido e daquele excluído do mínimo de existência: "como é que se pode dizer, com algum grau de comprovação intersubjectiva, qual é o mínimo de um mínimo?",[565] questiona Novais.

Acolhendo o entendimento de Sarlet,[566] pode-se partir da premissa de que "as condições mínimas para uma existência com dignidade constituem o objeto precípuo da prestação assistencial", e o direito ao mínimo existencial traduz-se numa "ajuda a auto-ajuda *(Hilfe zur Selbsthilfe)*", ou seja, no estabelecimento de condições que tornem viável e acessível o desenvolvimento individual da personalidade. Esse o sentido, parece, da conclusão de Scholler,[567] "para quem a dignidade da pessoa humana apenas estará assegurada 'quando for possível uma existência que permita a plena fruição dos direitos fundamentais, de modo especial, quando seja possível o pleno desenvolvimento da personalidade'" – na lição colacionada pelo jurista gaúcho.

Há de se consignar, no entanto, que ao legislador é atribuída ampla margem de liberdade de conformação na escolha dos instrumentos e do montante de auxílio em que consistirá a prestação estatal relacionada ao mínimo de existência, podendo moldá-los em função das circunstâncias e dos próprios critérios políticos. Tal fato prende-se ao princípio democrático, que supõe a possibilidade de escolhas e de opções que dêem significado ao pluralismo de idéias e à alternância no poder. Ao mesmo tempo, cumpre ao legislador observar o pressuposto de igualdade, a significar que as escolhas feitas devem assegurar eficácia jurídica suficiente à salvaguarda do direito a um mínimo de existência condigna para todos os casos.[568]

Com essas ressalvas e nada obstante se consinta com a idéia da impossibilidade de fixação prévia e abstrata das prestações que configurariam o mínimo existencial, mormente numa acepção absoluta e imutável, cumpre indicar alguns exemplos que, na área da saúde, certamente representam um patamar mínimo de garantia.

Em interessante estudo comparativo da jurisprudência sobre o assunto, Milanez informa que o direito a prestações mínimas em saúde,

---

[565] NOVAIS, 2004, p. 319.

[566] SARLET, 2005, p. 323-324.

[567] SCHOLLER, Heinrich. Die störung des urlaubsgenusses eines 'empfindsamen Menschen' durch einen Behinderten. *Juriszeitung, 1980*, p. 676. apud Ibidem, p. 323-324.

[568] Cfe. Acórdão nº 509/02, do Tribunal Constitucional português, referente ao Proc. nº 768/02, Plenário, Relator: Conselheiro Luís Nunes de Almeida. apud Ibidem, p. 91.

como decorrência da proteção à vida e à dignidade humana, foi objeto de construção jurisprudencial no direito indiano. Não obstante a ocorrência de uma certa contradição no posicionamento da Suprema Corte desse país, que ora sustentou a impossibilidade de obrigar-se o Estado a alcançar meios de subsistência adequados, ora proferiu decisões determinando exatamente o fornecimento de prestações materiais sociais pelo Estado; o fato é que se fixou "que o direito à vida não significa simplesmente 'uma existência animal'", mas "'*implica num direito à alimentação básica, água, ambiente decente, educação, assistência médica e abrigo*'". A partir dessa orientação, deflagrou-se a proteção do direito à saúde naquele contexto.[569]

Corroborando a afirmação de um direito ao mínimo existencial, e a despeito da natureza de valor constitucional de que se revestem os direitos sociais, registra Mathieu que o Conselho Constitucional francês admite a tutela de prestações mínimas em saúde, dando prevalência ao princípio da dignidade da pessoa humana na solução de hipóteses concretas. Ilustra a assertiva com o exemplo da assistência médica em casos vitais e de urgência, mesmo para pacientes estrangeiros: "[o]s cuidados de urgência e vitais estão ligados à dignidade da pessoa. Ora, não se pode renunciar à própria dignidade". Haveria então uma coerência própria ao conjunto da jurisprudência do Conselho Constitucional francês, "segundo a qual, quando o direito à saúde se identifica com a proteção da dignidade da pessoa, o paciente está no direito de obter as medidas positivas que permitam a proteção dessa exigência".[570]

Aprofundando a análise das prestações compreendidas num mínimo em saúde, Arango e Lamaitre[571] elencam sentenças da Corte Constitucional colombiana acerca do serviço estatal de saúde, no âmbito das quais há o reconhecimento do direito ao mínimo existencial. Na Sentença C-251/97, estabeleceu-se que "[o] Estado tem frente aos particulares não só deveres de abstenção, senão que deve igualmente realizar prestações positivas, sobretudo em matéria social, a fim de assegurar as condições materiais mínimas, sem as quais não é possível uma vida digna", donde se depreende que tais prestações positivas devem incluir os serviços de saúde. Já na Sentença T-271/95, foi estipulado que o acesso ao tratamento contra o vírus HIV supõe a

569 MILANEZ, 2004, p. 213-214.

570 Tradução livre do original francês: "Les soins d'urgence et vitaux sont liés à la dignité de la personne. Or on ne peut renoncer à sa dignité". Cfe. MATHIEU, 1998.

571 Tradução livre do original espanhol: "[...] 'El Estado tiene frente a los particulares no sólo deberes de abstención sino que debe igualmente realizar prestaciones positivas, sobre todo en materia social, a fin de asegurar las condiciones materiales mínimas, sin las cuales no es posible una vida digna' [...]."ARANGO, LAMAITRE, 2002, p. 21-22.

defesa de um "mínimo vital". Na Sentença T-571/95, afirmou-se que, por meio do acesso a serviços de saúde, pode-se em alguns casos proteger um "mínimo vital". Na Sentença T-236/98, entende-se, como correspondente ao mínimo, o serviço de saúde que permite a uma pessoa desenvolver as próprias faculdades (no caso, o sentido da audição). Em importante precedente quanto à admissão de prestações mínimas em políticas públicas coletivas, a Sentença SU-225/98 ordenou à Secretaria de Saúde de Bogotá vacinar um grupo de crianças contra a meningite, enfermidade que não estava prevista entre aquelas contempladas pelos planos básicos de vacinação, ampliando-se, com isso, o âmbito de proteção do direito à saúde.[572]

Consignam ainda os juristas[573] que os casos de tutela do "mínimo vital" em saúde normalmente dizem respeito ao fornecimento de medicamentos ou à prestação de tratamento não incluído na lista do Plano Obrigatório de Saúde da Colômbia; ou, se há essa previsão, às hipóteses em que tal prestação é negada pela entidade obrigada, porque o interessado não teria o direito legal de exigi-la. Nessas causas, a Corte Constitucional colombiana trabalha com "sub-regras constitucionais" – que, de modo resumidíssimo, poderiam ser compreendidas como orientações pacificadas, com função semelhantes à das súmulas no direito brasileiro – e reconhece a procedência das ações de tutela para salvaguarda do direito à saúde, quando posta em perigo a vida ou a integridade física da pessoa. Em tema de saúde, portanto, a jurisprudência constitucional colombiana transcende a lei e torna "efetiva a aplicação direta da Constituição, para proteger pessoas em casos urgentes, quando a lei ou o regramento da seguridade social em saúde não outorgavam a estas os benefícios de que necessitavam para evitar um prejuízo grave a sua integridade física, ou inclusive pôr em perigo a sua vida".[574] Essa posição reitera a idéia de que os cuidados vitais e de urgência estariam incluídos no mínimo existencial, à semelhança da jurisprudência francesa.

---

572 Cfe. Ibidem, p. 38. Para conceder a tutela, a Corte Constitucional fez expressa alusão ao direito à saúde: "se viola el contenido esencial del derecho fundamental a la salud de los menores cuando el Estado, puediendo evitar la afectación a la Salud, deja de hacerlo, generando una circunstancia de riesgo que de ninguna manera puede ser evitada o conjurada por el menor y que amenaza seriamente su vida, sus capacidades físicas o psíquicas o su proceso de aprendizaje o socialización" [...] "El Estado tiene la obligación constitucional de establecer una estructura mínima de sanidad para evitar contingencias dramáticas, conocidas y evitables, que amenazan el contenido mínimo no negociable del derecho a la Salud de los niños."

573 ARANGO; LAMAITRE, 2002, p. 36.

574 Tradução livre do original espanhol: "En conclusión la Corte en tema de salud ha hecho efectiva la aplicación directa de la Constitución para proteger a personas en casos urgentes cuando la ley o el reglamento de las seguridad social en salud no le otorgaban los beneficios de que necesitaban para evitar un perjuicio grave a su integridad física o incluso poner en peligro su vida." Cfe. Ibidem, p. 37.

Voltando a mira para o direito brasileiro vigente, Dallari[575] enumera o que poderiam ser consideradas atividades sanitárias mínimas, indicando um padrão essencial a orientar as políticas sanitárias e relacionando-o à gestão democrática dos serviços de saúde. De acordo com a jurista, "[q]uando o Estado garantir a participação da comunidade e dos indivíduos na organização dos serviços de saúde, para a prestação de determinadas atividades, consideradas mínimas, ele estará elevando o nível de saúde do povo". As atividades mínimas seriam a educação sanitária, a assistência nutricional, o saneamento básico, a assistência materno-infantil, as imunizações e a assistência curativa para os problemas comuns, em que incluído o fornecimento de medicamentos essenciais aos tratamentos médicos.

Na verdade, tais atividades mínimas podem ser reconduzidas à idéia de Cuidados Primários de Saúde, tal como proposto pela Organização Mundial de Saúde – OMS –, ainda em 1978. Trata-se dos "cuidados essenciais de saúde, baseados em métodos e tecnologias práticas, cientificamente bem fundamentadas e socialmente aceitáveis, colocadas ao alcance universal de indivíduos e famílias da comunidade, mediante sua plena participação e a um custo que a comunidade e o país podem manter", como explica Scliar.[576] As obrigações que constituem esse patamar mínimo concretizam oito elementos principais sobre as ações de efetivação do direito à saúde, conforme alude Gelis Filho:[577] educação sobre os problemas prevalentes de saúde e sobre os métodos de preveni-los e controlá-los; provisão de adequados suprimentos de alimentos e nutrição adequada; suprimento de água e saneamento básico; cuidados com as crianças e com as mães, incluindo-se o planejamento familiar; imunização contra as principais doenças infecciosas; prevenção e controle de doenças endêmicas; tratamento adequado de doenças e lesões comuns; e fornecimento de medicamentos essenciais.

Em direção semelhante, mas de modo mais específico, Sarlet[578] aduz que "negar ao particular o acesso ao atendimento médico-hospitalar gratuito, ou mesmo fornecimento de medicamentos essenciais, certamente não nos parece a solução mais adequada", ainda que possam ser contrapostos outros interesses legítimos. Outrossim registra que o reconhecimento de direitos subjetivos a prestações materiais não deve restringir-se somente às hipóteses de iminente risco da vida humana, sob pena de que acabe sendo esta sacrificada. Na definição

575 DALLARI, 1988c, p. 12.

576 SCLIAR, 1987, p. 86.

577 Cfe. GELIS FILHO, 2001, p. 65.

578 SARLET, 2002b, p. 65-66; .SARLET, 2005, p. 328-329.

das prestações sanitárias que consubstanciariam esse mínimo, pode-se tomar como critério de aferição a dignidade da pessoa humana, com base na qual, mediante um juízo concreto de ponderação, admite o jurista o reconhecimento da existência de um direito subjetivo originário *prima facie*.

Maranhão, examinando o direito à saúde pelo prisma consumeirista, encontra no "plano-referência" a discriminação de um conjunto mínimo de prestações a serem disponibilizadas pelos planos privados de seguro-saúde. "Haja ou não publicidade ou oferta de serviço, aquele 'cidadão' que queira (esperando-se que um dia todos possam) contratar um plano de saúde, no mínimo terá posto à sua disposição pela operadora tal plano-referência", que equivaleria ao conteúdo mínimo do contrato. Trata-se de um dever de oferta difusa, a impor evidente restrição à autonomia contratual das operadoras, pois basta o assentimento do interessado para que surja o dever de alcançar as prestações definidas no plano-referência. A regulação legal do plano consta dos artigos 10 e seguintes da Lei nº 9.656/98, em que detalhados os serviços básicos minimamente assegurados pelo plano-referência.

Os exemplos indicados, como referido, não têm a pretensão de exaustividade, servindo apenas à tentativa de enumerar concretamente algumas prestações materiais e ações, ou políticas públicas, que têm sido compreendidas como abarcadas na noção de mínimo existencial, pertinentemente ao direito à saúde. Nesse sentido, parece ter razão Milanez[579] que, ao aduzir à garantia de um "núcleo central", encara-o como "o nível mínimo essencial de saúde que deve ser fornecido pelo Estado aos indivíduos". Ressalva, todavia, que "[s]e for possível um fornecimento mais completo, naturalmente pode o Estado fazê-lo, mas nunca deve o mesmo fornecer menos do que este limite mínimo".

Em outras palavras, há de se ter presente que o reconhecimento de prestações materiais originárias mínimas em saúde não dispensa o sujeito passivo, Estado ou particular, do dever de direcionar esforços para a consolidação da máxima efetividade possível do direito – o que, em termos práticos, importa no oferecimento de prestações que excedam o mínimo, sempre que seja isso viável. Tal assertiva, contudo, acaba por conduzir ao problema dos limites à exigibilidade do direito à saúde – que, no âmbito deste estudo, será desenvolvido com enfoque nas pretensões ao fornecimento de medicamentos pelo Sistema Único de Saúde – SUS.

5.6.3. O caso do fornecimento de medicamentos e tratamentos

Como pontuado, o tópico que se inicia está voltado para a problemática do fornecimento de medicamentos e tratamentos normal-

[579] MILANEZ, 2004, p. 202-203.

mente não incluídos nas políticas prestacionais do Sistema Único de Saúde – SUS. A escolha do tema deve-se ao relevante número de ações judiciais sobre o assunto, já processadas em níveis ordinário e extraordinário de jurisdição que, não obstante as soluções comumente alcançadas, vêm suscitando a discussão da respectiva eficiência como instrumento de efetivação do direito fundamental à saúde.

A jurisprudência brasileira tem asseverado a existência de um direito subjetivo originário a prestações materiais em saúde, notadamente quanto ao fornecimento de medicamentos pelo SUS. Em decisão paradigmática, o Supremo Tribunal Federal decidiu que "[o] direito público subjetivo à saúde representa prerrogativa jurídica indisponível assegurada à generalidade das pessoas pela própria Constituição da República (art. 196)", consoante referência de Schwartz.[580] Apesar de endossar esse entendimento, o jurista gaúcho elenca dois pressupostos ao deferimento da tutela em saúde. O primeiro deles poderia ser reconduzido à idéia de mínimo existencial, já tratado anteriormente, no sentido de que o Estado deve intervir para assegurar condições mínimas de existência, sempre que a preservação da vida e o respeito à dignidade humana estiverem ameaçados. O segundo dos pressupostos, que se soma ao primeiro, atentaria para a exigência de que a pessoa interessada faça prova da necessidade, ou seja, de que não possui meios próprios para obter a prestação em saúde, sem que ponha em risco a subsistência, própria e/ou da família.

Adotando posicionamento um tanto radical, Slaibi[581] defende a idéia de que a obrigação de fornecimento de medicamentos teria natureza *rebus sic standibus* e, com isso, significaria um dever estatal não somente de alcançar esses compostos medicinais, "mas também os tratamentos que a Ciência reputar necessários", pois impossível limitar-se o juiz à "cega obediência à lista de remédios que serve, exclusivamente, para indicar os repasses da União para o Estado e para o Município". A autora não reconhece nessa orientação ofensa alguma aos limites objetivos da lide, justificando-a pela necessidade de acompanhamento do avanço da ciência e dos tratamentos disponibilizados, que não poderiam ser negados a quem postula prestação na área da saúde. Ainda em termos processuais, Slaibi[582] considera que a norma inserta no artigo 273, § 7° do Código de Processo Civil[583] encerraria um

---

580 Recurso Extraordinário 271.286/RS, STF, Rel. Min. Celso de Mello, Informativo STF n° 210, de 22/11/2000, p. 3 *apud* SCHWARTZ, 2001, p. 74.

581 SLAIBI, 2004, p. 431-432.

582 SLAIBI, 2004, p. 428.

583 Artigo 273, § 7°, do Código de Processo Civil: "Se o autor, a título de antecipação de tutela, requer providência de natureza cautelar, poderá o juiz, quando presentes os respectivos pressupostos, deferir a medida cautelar em caráter incidental do processo ajuizado".

dever, e não mera faculdade, a determinar que o juiz, perante um caso de pretensão de urgência relacionada ao direito à saúde, aplique o princípio da fungibilidade e defira a tutela processual adequada, dando prevalência ao princípio constitucional do acesso efetivo à jurisdição, em detrimento de questões processuais.

Igualmente preocupado com a tutela processual apta a efetivar de forma mais eficiente o direito à saúde, Maranhão[584] identifica no medicamento um caráter de instrumentalidade em relação ao serviço público de saúde: "a obrigação de fornecer o medicamento é instrumental à obrigação de não interromper o serviço". Com base nisso, pensa que o retardo no adimplemento pelo Estado seria passível de tutela específica, e não de tutela ressarcitória para compensação monetária do dano, com os mencanismos previstos na legislação consumeirista. Na verdade, o argumento parte da noção de que a saúde é direito não-patrimonial e, em caso de dano, é melhor protegido judicialmente por meio de tutela ressarcitória específica, quando seja esta ainda possível, do que a partir da tutela ressarcitória pelo equivalente. Dito de outro modo: havendo possibilidade de novo tratamento médico para reparar o dano, é preferível a condenação do agente neste ônus, do que a simples conversão da obrigação reparatória em ressarcimento pecuniário.

Oliveira,[585] por sua vez, acredita que exista um dever estatal de fornecimento de medicamentos decorrente da obrigação de assistência à saúde ao indivíduo, "que lhe garanta o direito de prorrogar o período de vida com melhor qualidade", competindo ao Estado, em respeito aos direitos à vida e à saúde, "o indeclinável dever de lhe proporcionar tais bens jurídicos". A prestação estatal restaria assegurada mesmo para medicamentos de alto custo, bem como para aqueles não incluídos nos programas do Ministério da Saúde, não sendo lícito ao Estado limitar a assistência apenas a hipóteses previamente determinadas. Nesse sentido, "[s]urgindo nova necessidade de salvar a espécie, claro está que o Estado tem o dever de atualizar seus programas assistenciais, para inclusão de novo atendimento que se mostre relevante e necessário", argumenta. Para tanto, chega a propor que a urgência do caso concreto possa tornar totalmente dispensáveis a prévia dotação orçamentária e o procedimento licitatório com finalidade de aquisição de medicamentos indispensáveis à subsistência, propondo a aplicação analógica do artigo 24, inciso IV, da Lei nº 8.666/93 – Lei de Licitações.[586]

---

584 MARANHÃO, 2003, p. 270 e 284.

585 OLIVEIRA, 2001, p. 51-53.

586 O artigo 24 da Lei nº 8.666/93 enumera as hipóteses de dispensa de licitação. Dispõe o inciso IV: "nos casos de emergência ou calamidade pública, quando caracterizada a urgência de

Apesar da clara intenção de resguardar ampla efetividade ao direito à saúde, a orientação adotada pelos autores indicados, com todas as vênias, parece desconsiderar a premissa de que os direitos não são absolutos, ainda que se trate de direito fundamental. Ao mesmo tempo, tais posicionamentos deixam de sopesar a circunstância de que o Estado deve atender a uma série de outras demandas, inclusive decorrentes da concretização de outros direitos fundamentais e, mesmo no caso do direito à saúde, sempre haverá a escolha quanto ao tratamento disponibilizado, pois o dever de proteção a esse direito é coletivamente prestado. Assim, o direito de um paciente individualmente considerado não pode, *a priori* e em termos abstratos, ser sempre preferente ao direito de outro(s) cidadão(s), igualmente tutelado(s) pelo direito à saúde ou por políticas sociais diversas, mas também essenciais.

Outrossim, conquanto se reconheça a possibilidade de ocorrência de situações de urgência que possam justificar a dispensa de licitação, tal solução não pode ser advogada sem quaisquer restrições, sob pena de serem colocados de lado todos os princípios norteadores da Administração Pública e do próprio Estado de Direito, como consagrados pela mesma Constituição Federal. Os objetivos de evitar a morte ou superar a doença não podem justificar a crença mágica de que ao Estado cabe sempre "curar", pois isso seria tremendamente ilusório. O efeito curativo atribuído aos novos fármacos vem agregado ao interesse econômico de empresas produtoras e comercializadoras, não se podendo deixar de lado os testes de eficiência e segurança realizados pelos órgãos sanitários, tecnicamente competentes na matéria.

Sem pretender esgotar o debate, nem tampouco apresentar solução definitiva, o problema do fornecimento de medicamentos e da prestação de tratamentos pelo Serviço Único de Saúde – SUS – demanda uma ponderação mais abrangente e o cotejo, sobretudo, dos outros interesses que possam eventualmente estar presentes. Nesse sentido, Rosemberg[587] traz dois aspectos para um juízo de ponderação: primeiro, a advertência de que o medicamento tem sido transformado em *commodity*, deixando em plano secundário o papel que pode desempenhar como elemento de prevenção ou recuperação da saúde; e segundo, o fato de que a política nacional de distribuição de medicamentos,

---

atendimento de situação que possa ocasionar prejuízo ou comprometer a segurança das pessoas, obras, serviços, equipamentos e outros bens, públicos ou particulares, e somente para os bens necessários ao atendimento da situação emergencial ou calamitosa e para as parcelas de obras e serviços que possam ser concluídas, no prazo máximo de 180 (cento e oitenta) dias consecutivos e ininterruptos à licitação anterior e esta, justificadamente, não puder ser repetida sem prejuízo para a Administração, mantidas, neste caso, todas as condições preestabelecidas".

587 ROSEMBERG, Felix J. Mecanismos legais de controle da segurança do medicamento. *Revista de Direito Sanitário*, v. 2, n. 1, p. 102-112, mar.2001, p. 106.

se ainda não atingiu patamares ideais quanto às necessidades da população, já se mostra digna de reconhecimento, principalmente se comparada à de outros países com características semelhantes às do Brasil.

Essa questão conduz ao controle de segurança dos medicamentos, que engloba problemas como o fornecimento de fármacos ainda não aprovados pelas autoridades nacionais, ou não incluídos nas listas oficiais de remédios alcançados pelo SUS, assim como de substâncias em fase experimental de uso. Para Rosemberg, os mecanismos internacionais de controle de segurança dos medicamentos não têm natureza supranacional, mas resultam do concerto harmônico de disposições legais entre as nações. É fato, contudo, que "os interesses e necessidades dos países, apesar do mundo globalizado, não são iguais"[588] – circunstância que se coaduna aos princípios definidos pela Organização Mundial de Saúde – OMS –, notadmente quanto à atuação regionalizada na proteção à saúde, pode-se lembrar.

A existência de diversos interesses em jogo, extrapolando a perspectiva estritamente prestacional do direito à saúde, também guarda relação com participação das organizações não-governamentais – ONGs – no Direito Internacional Sanitário. Dotadas apenas de personalidade de direito público interno, tais entidades vêm alcançando crescente relevância no cenário internacional, embora muitas vezes sejam subsidiadas ou mesmo representem poderosos interesses econômicos – distantes, pois, da preocupação com a saúde dos indivíduos.[589] Isso justifica e indica a necessidade de atenção redobrada aos pareceres "técnicos" e políticas desenvolvidas por tais entidades, mormente junto à opinião pública desavisada, que muitas vezes exige tratamentos de saúde inseguros ou bastante mais dispendiosos, sem que a realidade apontasse para uma tal necessidade.

Já Lefevre[590] trabalha o tema do fornecimento de medicamentos sob o ângulo coletivo, a partir do qual o direito à saúde envolveria problemas mais profundos, atinentes ao grau de desenvolvimento atingido por dada sociedade e que, conforme argumenta, são postos *a latere* pela ênfase na discussão sobre medicamentos, como se fossem esses a principal – e única – política de saúde. Refere que o medicamento tem-se transformado em algo parecido à droga ilícita, abreviando o caminho para alcançar situações muito desejadas (a cura) ou para evitar situações muito indesejadas (a doença). No plano coletivo, os medicamentos desenvolvidos para combater moléstias como a Síndro-

588 Ibidem, p. 103.

589 Cfe. SOARES, 2000, p. 65.

590 LEFEVRE, Fernando. Medicamento, lógica de mercado e interesse público. *Revista de Direito Sanitário*, v. 3, n. 3, p. 36-40, nov. 2002, p. 36 e 38.

me de Imunodeficiência Adquirida – SIDA/AIDS – deslocam a atenção para a natureza emergencial da doença, ou a ameaça que pode esta representar, deixando em segundo plano as causas sociais, econômicas e culturais que estão na raiz da enfermidade. Tratar-se-ia de uma vitória de Pirro, portanto, que traz dividendos políticos para poucos, mas que simultaneamente causa danos quase irremediáveis à saúde pública. Na maior parte do tempo, os medicamentos não estariam sendo usados no combate às causas mais básicas e fundamentais das doenças, mas tão-só aplicados para temporariamente apagar os sintomas, quando o uso racional pressupõe, em saúde pública, que não haja aplicação para remediar doenças evitáveis. Esse entendimento retoma a priorização de políticas públicas de prevenção e de cuidados primários em saúde, cujos custos econômico-financeiros são bastante mais reduzidos se comparados aos das ações em saúde curativa.

O controle de segurança dos medicamentos – considerados os diferentes aspectos ligados à eficácia das terapêuticas indicadas para cada fármaco, inclusive quanto a interações medicamentosas – sobreleva-se na discussão proposta pelo presente estudo e põe em xeque, ademais, a adequação de algumas decisões judiciais sobre o assunto. Pitelli e Muñoz[591] citam exemplos graves, colhidos na jurisprudência: (a) imposições judiciais de fornecimento de medicação carente de autorização pelos órgãos competentes brasileiros, "sendo costumeiro que se leve em conta, para tanto, apenas e tão somente o licenciamento da nova droga pela FDA americana"; (b) indicações de drogas, exames e terapêuticas, sem comprovação científica da correspondente eficácia – o que inclui todo tipo de remédio ou procedimento experimental, acrescente-se; (c) acolhimento, como fundamento da demanda, de "simples indicações médicas individuais, geralmente sob a forma de simples prescrição em receituário" – numa espécie de presunção *juris tantum* em favor do requerente, refira-se ainda.

Não se pode deixar de consignar, outrossim, que o sistema norte-americano de vigilância sanitária, em que inserida a *Food and Drug Administration* – FDA –, apresenta uma estrutura bastante diversa do sistema brasileiro, motivo por que o aval lá concedido à comercialização de certo medicamento não serve à comprovação de que o produto atende às exigências para liberação aqui no Brasil. Informa Rosemberg que, de fato, o sistema norte-americano estrutura-se a partir de três subsistemas de vigilância sanitária, a operarem de forma independente e muitas vezes paralela, nas ações de registro, fiscalização e controle: "o sistema municipal, para os produtos de circulação

[591] PITELLI, Sergio Domingos; MUÑOZ, Daniel Romero. Macroalocações de recursos em saúde por intermédio da atividade jurídico-processual: implicações bioéticas. *Revista de Direito Sanitário*, v. 4, n. 3, p. 43-56, nov. 2003, p. 48.

intramunicipal; o sistema estadual, para os produtos de circulação intraestadual; e o sistema federal, o FDA, para os produtos de circulação interestadual e internacional". Atualmente, contudo, a agência federal estaria sendo obrigada a subcontratar serviços das instâncias estaduais e municipais, ou mesmo de entidades privadas, com comprometimento das avaliações daí resultantes. Essa situação evidencia a fragilidade das ordens judiciais de fornecimento de remédios fundamentadas exclusivamente na liberação do produto pela FDA norte-americana, que trazem excessivo risco ao sistema de saúde pátrio, não apenas porque a atuação da vigilância sanitária estrangeira é isenta de qualquer controle pelas autoridades brasileiras, o que é evidente, mas porque a própria credibilidade no sistema ianque encontra-se afetada.[592]

Como lembra Horta,[593] há necessidade de atendimento a uma série de requisitos para que um medicamento possa ser liberado à população, via registro junto ao Ministério da Saúde. A finalidade desse ato "é garantir que sejam entregues à população medicamentos que contenham componentes eficazes e que atendam à destinação terapêutica indicada". Além disso, o registro serve ao controle das substâncias em uso no país, de modo a evitar a circulação de fármacos que contenham risco potencial à saúde, bem assim o uso de compostos menos benéficos em termos clínico-terapêuticos, possibilitando que a autoridade sanitária proíba a utilização de certo medicamento ou exija a modificação da respectiva fórmula. Conquanto se caracterize como ato vinculado e que, nessa condição, não justificaria atrasos por parte da autoridade administrativa no exame dos pedidos, Horta[594] alerta que o registro não deve ser substituído por decisão judicial concessiva, pois um medicamento equivocadamente liberado pode causar danos graves e indescritíveis à população. "A supremacia do interesse público, nesse caso, não permite que outra solução seja dada, por mais ilegal que seja a atitude do órgão competente para registro", finaliza.

Ainda sobre a temática do fornecimento de medicamentos pelo Estado, a efetivação do direito à saúde tem passado pela implementação de políticas públicas de redução de custos dos remédios, inclusive daqueles chamados de "última geração", de forma a facilitar o acesso da população, em termos de qualidade e quantidade das prestações materiais alcançadas. Uma das medidas que merecem destaque é o tratamento dado à proteção de patentes, em que o Brasil adota uma série de salvaguardas com escopo de impedir os possíveis abusos e

---

592 Cfe. ROSEMBERG, 2001, p. 107-108.

593 HORTA, Marcelo Palis. Aspectos formais sobre o registro de medicamentos e os limites da atuação judicial. *Revista de Direito Sanitário*, v. 3, n. 3, p. 52-68, nov. 2002, p. 54-55.

594 Ibidem, p. 63.

ilegalidades cometidos pelos titulares da propriedade intelectual, bem como para manter a competitividade do mercado de medicamentos. Tais instrumentos encontram-se estabelecidos no Tratado Internacional de Patentes (Acordo TRIPS – Aspectos dos Direitos de Propriedade Industrial Relacionados ao Comércio)[595] e na Lei nº 9.278/96 – Lei de Propriedade Industrial. Dentre os mecanismos jurídicos previstos, relevam a limitação da exclusividade de exploração da invenção ao período de vinte anos, a caducidade da patente em benefício do domínio público e a concessão de licenças compulsórias, em situação de emergência nacional ou na vigência de interesse público. Esta última medida, autorizada pela norma contida no artigo 71 da Lei nº 9.278/96,[596] permite ao Poder Público, nos casos que define, licenciar compulsoriamente o objeto da patente, transferindo o direito de fabricação de certo produto, do titular para outra empresa, ou laboratório oficial. Tal recurso vem sendo utilizado no Programa de Medicamentos Genéricos – PMG –, assim como na produção nacional do "coquetel" contra a Síndrome de Imunodeficiência Adquirida – SIDA/AIDS –, tendo sido apresentado à comunidade internacional como forma de mitigar as dificuldades de fornecimento de medicamentos às populações dos países mais pobres – fato amplamente noticiado pela imprensa.[597]

Os medicamentos, porque intrinsecamente ligados à manutenção da saúde da população, constituem importante elemento das políticas estatais de saúde, transcendendo a natureza civil para alcançarem a caracterização de coisa pública, enquanto "produtos de primeira necessidade", sustenta Cury. Nesse sentido, possuem relevância não meramente econômica, mas também social, justificando o controle do Estado sobre as políticas de acesso a medicamentos, especialmente quanto a distribuição, fiscalização e preço. Tal concepção guarda pertinência com uma interpretação conjugada das normas constantes

---

595 O Decreto Legislativo nº 30, de 15 de dezembro de 1994 (D.O.U. 19/12/1994) aprovou a Ata Final da Rodada Uruguai de Negociações Comerciais Multilaterais do GATT, as listas de concessões do Brasil na área tarifária (Lista III) e no setor de serviços e o texto do Acordo Plurilateral sobre Carne Bovina. Já pelo Decreto nº 1.355, de 30 de dezembro de 1994 (D.O.U. 31/12/1994), foi promulgada a Ata Final que Incorpora os Resultados da Rodada Uruguai de Negociações Comerciais Multilaterais do GATT. O Acordo sobre Aspectos dos Direitos de Propriedade Intelectual Relacionados ao Comércio (Acordo TRIPS OU Acordo ADPIC) (1994) constitui, originalmente o Anexo 1C do Acordo Constitutivo da Organização Mundial do Comércio – OMC –, concluído em Marraqueche em 15 de abril de 1994 e em vigor desde 10 de janeiro de 1995. Foi publicado no Suplemento ao Diário Oficial da União nº 248-A, de 31 de dezembro de 1994 Seção 1, páginas 93 a 103.

596 "Nos casos de emergência nacional ou interesse público, declarados em ato do Poder Executivo Federal, desde que o titular da patente ou seu licenciado não atenda a essa necessidade, poderá ser concedida, de ofício, licença compulsória, temporária e não exclusiva, para a exploração da patente, sem prejuízo dos direitos do respectivo titular." (Lei nº 9.278/96, art. 71)

597 CURY, 2005, p. 116. Cfe. MARANHÃO, 2003, p. 257.

do artigo 1°, inciso III; artigo 3°, inciso IV, e artigo 197, todos da Constituição Federal,[598] segundo a qual "o direito à saúde, por ser forma de preservar a dignidade humana, constitui um direito social diferente dos demais, pois detém a qualidade de relevância pública [...] das ações e serviços relacionados à saúde".[599]

A justiciabilidade do direito à saúde, como se depreende apenas dos problemas envolvidos na discussão do fornecimento de medicamentos e da prestação de tratamentos pelo Sistema Único de Saúde – SUS –, está longe de encontrar uma solução aprioristicamente definitiva. Pode-se afirmar, contudo, a existência de um dever de maximizar as possibilidades de reconhecimento de um direito subjetivo originário, e portanto passível de exigibilidade imediata em juízo, relativo às prestações materiais em saúde pública. Como frisado inicialmente, a lógica do "tudo ou nada" não deve presidir a orientação a ser adotada, sendo de assumir, com certeza e prudência, a admissão de um direito subjetivo em saúde, para alcançar posições jurídicas que excedam o mínimo existencial, podendo ser presumido como direito *prima facie*, sujeito sempre, no entanto, à ponderação concreta dos valores em jogo – tese propugnada, entre nós, por Sarlet.[600] Nesse juízo, ademais da contraposição com outros direitos, princípios, bens e valores constitucionais, hão de ser sopesadas variáveis como, *verbi gratia*, as condições de desenvolvimento do Estado brasileiro; as demais políticas públicas sociais e sanitárias implementadas pelo Estado; a preferência por ações preventivas e promocionais em saúde, sem predominância das ações curativas; a comprovação da necessidade da prestação reclamada e, nesse senso, o acompanhamento da fruição da tutela pelo beneficiário (mediante prova de que a cirurgia foi realizada, ou de que os remédios foram retirados no órgão de saúde competente, sob pena de multa, por exemplo); a comprovação mais estrita da eficácia do tratamento postulado em juízo, seja pela recondução da pretensão deduzida a protocolos públicos de saúde (em que enumerados remédios, posologia, terapêutica), seja pela exigência de contraposição a laudos médicos oficiais, seja ainda pela vedação a tratamentos experimentais ou não

598 Constituição Federal, artigo 1°, inciso III: "A República Federativa do Brasil, formada pela união indissolúvel dos Estados e Municípios e do Distrito Federal, constitui-se em Estado Democrático de Direito e tem como fundamentos: [...] a dignidade da pessoa humana;"; artigo 3°, inciso IV: "Constituem objetivos fundamentais da República Federativa do Brasil: [...] promover o bem de todos, sem preconceitos de origem, raça, sexo, cor, idade e quaisquer outras formas de discriminação"; artigo 197: "São de relevância pública as ações e serviços de saúde, cabendo ao Poder Público dispor, nos termos da lei, sobre sua regulamentação, fiscalização e controle, devendo sua execução ser feita diretamente ou através de terceiros e, também, por pessoa física ou jurídica de direito privado".

599 CURY, 2005, p. 111-112.

600 SARLET, 2005, p. 326 e 354.

corroborados cientificamente (pois o ser humano não é cobaia, nem pode ser tratado como "meio", pela dignidade que lhe é inerente); a existência de interesses econômicos e mercadológicos subjacentes à prescrição de certo medicamento ou tratamento, entre tantas.

Com razão Abramovich e Courtis sustentam que, apesar da complexa estrutura que os informa, não existe direito econômico, social ou cultural que não apresente ao menos alguma característica ou faceta que permita sua exigibilidade judicial em caso de violação.[601] Por isso, pode-se reconhecer, senão uma obrigação, pelo menos uma presunção em favor de uma interpretação progressiva acerca da justiciabilidade do direito à saúde, buscando alargar as hipóteses em que admitida a exigibilidade judicial desse direito fundamental social, originária ou derivada da legislação integradora. Não fossem pelos argumentos mencionados, relembre-se que a interpretação conferida às normas contidas nos §§ 1° e 2° do artigo 5° da Constituição Federal suportam uma tal orientação, sobremodo quanto ao dever de maximização da aplicabilidade de todos os direitos fundamentais – e também do direito à saúde, portanto.

---

[601] Cfe. ABRAMOVICH; COURTIS, 2003.

Conclusão

A pesquisa em torno das objeções suscetíveis de oposição à eficácia jurídica e à efetividade social dos direitos fundamentais, com destaque para os direitos sociais e, dentre estes, para o direito à saúde; bem como dos parâmetros que as devem minimanente balizar, enquanto garantia de posições subjetivas passíveis de exigibilidade judicial originária; longe de pretender delinear alguma solução definitiva e apriorística para a proteção dos direitos fundamentais, intentou dilargar os lindes da discussão normalmente travada pela doutrina e pela jurisprudência pátrias em torno desse tema. Nesse sentido, a única conclusão "fechada" deste trabalho talvez se ache na constatação de que subsistem, e cada vez mais se colocam, intrincadas questões à efetividade dos direitos fundamentais sociais, cuja resolução, num contexto como o brasileiro, passam pelo debate acerca do papel da jurisdição constitucional[602] (difusa e concentrada) e da sociedade que, também por meio dessa, pretende-se construir. Todavia, se alguma nova perspectiva puder ser depreendida das considerações apresentadas e, quem sabe, o aporte de mais elementos à consolidação de uma teoria normativa forte dos direitos fundamentais, o escopo deste trabalho já estará justificado.

A partir de uma análise histórica, procurou-se desenhar o contexto no âmbito do qual a proteção do ser humano tornou-se objeto e objetivo do constitucionalismo, primeiro sob a forma de direitos do homem, depois como direitos humanos e, finalmente, como direitos fundamentais. Da consagração nas Declarações burguesas do século XVIII, tais direitos guardam a pretensão de validade universal, de direitos reconhecidos a toda pessoa por sua só condição humana; bem como uma dimensão precipuamente defensiva, que ainda hoje sustenta

602 Nesse sentido, em percuciente observação, STRECK sinaliza que "Werner Kägi, já em 1945 dizia: *Sage mir Deine Einstellung zur Verfassungsgerichtsbarkeit und ich sage Dir, man für einem Verfassungsbegriff Du hast* (Diz-me a tua posição quanto à jurisdição constitucional e eu te direi que conceito tens da Constituição). A advertência de Kägi ainda hoje encontra ressonância quando se pretende discutir a problemática referente à (in)efetividade da Constituição no Brasil. A tradição de 'baixa constitucionalidade' está diretamente relacionada com uma prática *self restraint* de jurisdição constitucional em nosso país" (STRECK, 2003a, p. 219).

a pretensão de não-ingerência na esfera de autonomia individual. Uma vez proclamados pela comunidade internacional em instrumentos como a Declaração Universal dos Direitos Humanos – DUDH – e os Pactos Internacionais de Direitos Civis e Políticos e de Direitos Econômicos, Sociais e Culturais – PIDCP e PIDESC –, tais direitos se caracterizam pela indivisibilidade e interdependência, enquanto decorrência da proteção mais abrangente reconhecida à pessoa humana. À tutela defensiva dos direitos humanos agregou-se uma dimensão prestacional, por meio da qual se justificou a imposição, sobremodo ao Estado, de deveres de proteção e de fornecimento direto de prestações materiais, que também hoje respaldam pretensões subjetivas perante o Poder Público, inclusive por meio do Judiciário. Admitiu-se, assim, que a liberdade e a autonomia individuais são dependentes e reciprocamente relacionadas à manutenção de condições básicas de vida, sem as quais não é possível a ninguém alcançar o desenvolvimento da própria personalidade. Em conseqüência disso, dirimiu-se qualquer dúvida quanto à necessidade de garantia de eficácia a todos os direitos humanos, não havendo falar em hierarquia, como se os direitos individuais pudessem sobrepor-se aos direitos sociais, na medida em que a realização de todos é imprescindível à proteção integral da pessoa humana.

Outrossim, acentuou-se que essa concepção da universalidade, indivisibilidade e interdependência dos direitos humanos tem estreito elo com um movimento de simultânea explicitação do princípio da dignidade da pessoa humana, também internacional e internamente, pelo qual se sobrelevou a necessidade de proteção do homem e da vida humana, superando-se as concepções puramente formais do Direito com a abertura do sistema a novos valores e fins. O genocídio do último conflito bélico mundial demonstrou a insuficiência dos paradigmas eminentemente positivistas, incitando – pode-se até dizer – a ordem política e jurídica à criação de mecanismos que efetivamente priorizassem a proteção da pessoa humana, pelo resgate de um aparato teórico com raízes na filosofia oriental, na filosofia estóica e no humanismo renascentista, ademais de recuperar os conceitos de autonomia individual desenvolvidos por Kant.

Nesse contexto, a previsão de direitos sociais sempre almejou a supressão das desigualdades fáticas e, com isso, a conquista de liberdade real por todas as pessoas, discriminando-se para igualar, privilegiando-se para equalizar. Com razão, argumenta Ariza que os direitos sociais passaram a conformar uma nova dimensão de legitimidade enquanto constituem, eles mesmos, expressão de justiça, a operarem como critério de avaliação da atuação das instituições e do desenho normativo que se expressa no próprio Direito. Além de garantir segurança jurídica, ao Estado incumbiu-se o dever de evitar a pobreza, a doença e a ignorância – fatores que impedem que o homem possa alcançar seus próprios fins[603] e, portanto, de viver com dignidade. Dentre esses Poderes, certamente o Judiciário vem-se destacando pelo papel de fiscalização do cumprimento das medidas e políticas públicas direcionadas à efetivação dos direitos sociais ou, na ausência delas, pela intervenção direta para a garantia de concreta proteção desses direitos, "vivificando" a materialidade constitucional, na expressão de Streck.[604]

A relevância de tais questões converge exatamente sobre o respaldo teórico que fornecem à definição do regime constitucional dos direitos fundamentais no ordenamento brasileiro, notadamente dos direitos sociais. A fundamentalidade material e formal desses direitos, outorgada pela Constituição da República, mostra-se coerente às características atribuídas pelo modelo do direito internacional e, no que concerne a exemplos do direito estrangeiro, é inovadora. A estipulação de um mesmo e único regime jurídico a todos os direitos fundamentais, ainda que respeitadas as peculiaridades que os especifiquem, demonstra o acolhimento da concepção unitária de direitos humanos, permitindo interpretar as normas constitucionais segundo os mesmos cânones de universalidade, indivisibilidade e interdependência e, assim, reiterar a fundamentalidade dos direitos sociais no ordenamento pátrio. Ao mesmo tempo, determina a necessidade de contextualização dos institutos e mecanismos importados de ordens constitucionais estrangeiras, visto que a Constituição de 1988 assumiu uma posição de vanguarda ao dotar de fundamentalidade explícita os direitos sociais e, com isso, distanciou-se da orientação ainda vigente em outros sistemas constitucionais.

Não fosse isso bastante, lembre-se que a norma inserida no artigo 5º, § 2º, do texto constitucional, estabelece a abertura do catálogo de direitos fundamentais a outros direitos ali não contidos, quer se encontrem positivados ao longo da própria Constituição, quer decorram do regime e dos princípios por esta adotados, quer tenham sido pela mesma acolhidos implicitamente, quer, ainda, sejam subsumidos do direito internacional. Já por isso não se teria como afastar a fundamentalidade dos direitos sociais no contexto brasileiro; o constituinte, entretanto, foi mais além. Pela cláusula geral do § 1º do mesmo artigo 5º, prescreveu-se a aplicabilidade imediata de todas as normas de direitos fundamentais, a indicar um mandado de otimização aos

---

603 ARIZA, 2001, p. 258-259.

604 STRECK, Lenio Luiz. Quinze anos de Constituição – análise crítica da jurisdição constitucional e das possibilidades hermenêuticas de concretização dos direitos fundamentais-sociais. *Revista da AJURIS*, Porto Alegre, v. 30, n. 92, p. dez./2003a, p. 223.

intérpretes da Constituição, ordenando uma preferência pelo sentido normativo que mais efetividade assegure aos direitos fundamentais – entre os quais os direitos sociais, pois inexistente regra de exceção. A fundamentalidade formal dos direitos assim resguardados ainda se concretiza pela proteção reforçada contra as alterações constitucionais, seja pela cláusula de intangibilidade, seja pelas normas do dificultado processo legislativo das emendas constitucionais, todas previstas no artigo 60 da *Lex Superior*.[605]

A fundamentalidade material e formal dos direitos sociais, contudo, não significa a absolutização, nem tampouco uma eficácia ilimitada desses direitos. A incidência de direitos fundamentais de terceiros; a escassez real dos recursos financeiros e fáticos disponíveis à consecução dos direitos sociais; a adequação às regras constitucionais de distribuição do poder, horizontal e verticalmente, ou seja, os princípios da separação dos Poderes e da federação; as discriminações positivas a que se propõem os direitos sociais, enquanto direitos dirigidos à superação, "no ponto de chegada", das diferenças fáticas que separam as pessoas; e a necessidade de concordância harmônica, proporcional e razoável entre todas essas grandezas jurídica e constitucionalmente relevantes, enfim, antepõem-se como objeções à efetivação dos direitos sociais.

Ao mesmo tempo, garantias como a proteção do núcleo essencial dos direitos fundamentais sociais, sobremodo da parcela de conteúdo que se atrela à proteção dignidade da pessoa humana; o mínimo existencial, em especial quando permita o reconhecimento de posições subjetivas originárias, passíveis de exigibilidade judicial, por meio das quais se implemente o fornecimento de prestações materiais básicas à manutenção de uma vida condigna; a vedação ao esvaziamento da legislação conformadora, por insuficiência ou retrocesso dos níveis de proteção assegurados; enfim, tais construções teóricas indicam alternativas ao escopo maior de efetivação dos direitos fundamentais sociais. Num juízo concreto de ponderação, tais salvaguardas aparecem como parâmetros mínimos de eficácia, impedindo que a incidência das mencionadas objeções acarretem o aniquilamento dos próprios direitos.

Do cotejo de todos esses elementos, à luz do direito à saúde, algumas conclusões podem ser apontadas, com base na pesquisa empreendida. Refira-se, primeiramente, o reconhecimento de que o direito à saúde, como outros direitos fundamentais, titula o indivíduo em diferentes posições subjetivas, conformadas às distintas dimensões que funcionalmente pode assumir. Como direito de defesa, por exem-

[605] Com efeito, tais considerações arrimam-se nas teses lançadas por Ingo Wolfgang Sarlet, já em 1996, na Alemanha, e, a partir de 1998, também no Brasil. Para maiores esclarecimentos, consultar SARLET, 1998; SARLET, 2005.

plo, o direito à saúde veda ingerências na saúde da pessoa, quer sejam praticadas pelo Estado, quer decorram de atos de particulares, e nesse sentido é plenamente tutelável pelo Judiciário. Como direito à prestação, o direito à saúde desdobra-se nas dimensões protetiva e prestacional *stricto sensu*. No primeiro caso, demanda a organização de instituições, procedimentos e políticas públicas voltados à respectiva realização, individual e coletiva, tais como a edição de normas penais punindo condutas contrárias à saúde humana, a regulamentação das atividades e órgãos do Sistema Único de Saúde – SUS –, a execução de políticas de vigilância sanitária, bem como a consecução de tantas outras medidas voltadas à proteção da saúde. Já em sentido prestacional estrito, o direito à saúde estabelece o fornecimento de prestações materiais pelo Estado, como remédios, tratamentos médicos, vacinas, internação hospitalar, etc. Em termos protetivos, a tutela do direito à saúde dificilmente resulta em pretensões originárias passíveis de exigibilidade judicial, pois a atividade legiferante conformadora e regulamentadora é objeto dos instrumentos de controle das omissões inconstitucionais (ação direta de inconstitucionalidade por omissão e mandado de injunção), cuja eficácia foi muito reduzida pela *praxis* do Supremo Tribunal Federal. Quanto às prestações materiais decorrentes do direito à saúde, observa-se uma clara tendência, na doutrina e na jurisprudência pátrias, quanto à admissão de pretensões plenamente exigíveis em juízo, em especial quando a prestação requerida venha acrescida da urgência de proteção da vida humana. Nesse aspecto, então, pode-se asseverar a existência de uma presunção em favor do reconhecimento de posições subjetivas, suscetíveis de serem tuteladas judicialmente com arrimo exclusivo nas normas constitucionais, notadamente nas hipóteses em que demonstrada a urgência da tutela postulada.

Deve-se consentir, todavia, que a exacerbação dessas pretensões tem servido à desconsideração de outros valores relevantes e, muitas vezes, ao deslocamento, para o Judiciário, do foro de decisão a respeito das políticas públicas de efetivação dos direitos fundamentais sociais. Não se pode afastar, por exemplo, o óbice relativo à escassez de recursos, não apenas financeiro-orçamentários, mas dos próprios recursos de saúde. A decisão que determina o internamento em leitos de Centro ou Unidade de Tratamento Intensivo – CTI/UTI –, assim como aquelas que ordenam a realização de transplante em desrespeito ao critério estabelecido para a "fila" são casos que comprovam a relevância dessa limitação dos recursos em saúde; em termos financeiros-orçamentários, são comuns as ordens judiciais de fornecimento de medicamentos, muitas vezes raros ou com similar mais acessível, que tomam por respaldo unicamente o receituário médico apresentado pelo interessado e que, somadas, impõem a realocação de vultosos recursos antes destinados ao atendimento de outras ações sociais, inclusive em saúde. Como referido ao longo do estudo, é mais eficiente e barato investir em políticas de prevenção e promoção da saúde, do que em medidas simplesmente curativas, ainda mais quando não comparadas a protocolos terapêuticos apropriados.[606]

A preservação da unidade e supremacia da Constituição deve dar-se pela garantia de efetividade não apenas aos direitos fundamentais, mas ao conjunto de valores, bens e interesses que integram o sistema constitucional brasileiro. A efetivação do direito à saúde, dessarte, não pode desprezar princípios constitucionais como a separação dos Poderes, a federação, a igualdade, a razoabilidade. Diversamente, deve-se primar por soluções que procurem maximizar tanto os direitos fundamentais, como a principiologia instituída constitucionalmente. Nessa linha, algumas soluções foram cogitadas. No que concerne ao fornecimento de fármacos ou à prestação de tratamento em saúde, a elaboração de protocolos terapêuticos pode indicar uma diretriz segura a todas as partes envolvidas, trazendo a opção pela conduta sanitária a ser seguida para foros públicos e científicos. Além disso, a criação de mecanismos de controle das prestações oferecidas, por meio de instrumentos simples como a exigência de prestação de contas da tutela judicial outorgada, podem afastar os abusos e, a final, colaborar para o emprego adequado das verbas públicas. O direcionamento do sistema público de saúde para uma gratuidade tendencial, à semelhança daquele adotado no direito português, cobrando-se de quem pode arcar com os custos financeiros das prestações materiais e na medida do que possa suportá-las, pode configurar uma alternativa à sobrecarga do sistema, justificada pela discriminação positiva que é da essência dos direitos sociais. Outrossim, a mencionada fixação da subsidiariedade entre os entes federados, afastando-se a solidariedade como critério de responsabilização pelas ações de saúde, preserva as regras constitucionais de distribuição de competências e permite, com isso, a adequada exigibilidade do próprio direito fundamental à saúde.

Parafraseando o que Holmes e Sunstein[607] advertiram a respeito da análise dos custos dos direitos, pode-se afirmar que o aprofundamento no exame das objeções e dos parâmentros mínimos, que demarcam os lindes dentro dos quais se efetivam os direitos fundamentais

---

606 Como adverte Vieira de Andrade, "[e]ste processo de alargamento, intensivo e extensivo, natural num ambiente de socialização, corre o risco de exceder-se e de se tornar num 'jusfundamentalismo', quando é dominado por uma preocupação maximalista de enquadramento e de proteção – mas pode e deve ser contido dentro dos limites do razoável, para que não provoque o amolecimento e a descaracterização do conceito de direito fundamental" (ANDRADE, 2001, p. 77).

607 Cfe. HOLMES; SUNSTEIN, 2000, p. 226.

sociais, leva ao coração da teoria moral e das discussões em torno da justiça distributiva. Perquirir, investigar, discutir tais circunstâncias é, enfim, incentivar a que sejam estudadas e sopesadas na realidade, na medida em que se destaca a relação entre a eficácia e efetividade dos direitos fundamentais, de uma parte, e democracia, igualdade e justiça distributiva, de outra.

Referências Bibliográficas

ABRAMOVICH, Víctor Ernesto. Estratégias de litígio em direitos econômicos, sociais e culturais. *PROPOSTA: Revista Trimestral de Debate FASE*, v. 31, n. 92, p. 28-38, mar./maio de 2002.

——; COURTIS, Christian. *Hacia la exigibilidad de los derechos económicos, sociales e culturales:* estándares internacionales y criterios de aplicación ante los tribunales locales. Disponível em: http://www.pnud.org.ve/archivo/documentos/data/300/332o.htm. Acesso em: 14 ago. 2003.

——; ——. *Los derechos sociales como derechos exigibles*. Madrid: Trotta, 2002.

ALEXY, Robert *Teoria de los derechos fundamentales*. Tradución Ernesto Garzón Valdés. Madrid: Centro de Estúdios Constitucionales, 1997.

——. Direitos fundamentais no estado constitucional democrático. Tradução Luís Afonso Heck. *Revista de Direito Administrativo,* Rio de Janeiro, n. 217, p. 55-66, jul./set. 1999.

ALVES, José Augusto Lindgren. *Os direitos humanos como tema global*. 2 ed. rev. e ampl. São Paulo: Perspectiva, 2003.

AMARAL, Gustavo. *Direito, escassez e escolha*: em busca de critérios jurídicos para lidar com a escassez de recursos e as decisões trágicas. Rio de Janeiro: Renovar, 2001.

ANDRADE, José Carlos Vieira de. *Os direitos fundamentais na Constituição Portuguesa de 1976*. 2. ed. Coimbra: Almedina, 2001.

ARANGO, Rodolfo. Estado social de derecho y derechos humanos. Disponível em: http://www.revistanumero.com/39sepa6.htm. Acesso em: 28 mar. 2005.

——; LAMAITRE, Julieta (Org.). *Jurisprudencia constitucional sobre el mínimo vital*. Bogotá: Universidad de los Andes. Facultad de Derecho. Centro de Investigaciones Soci-jurídicas, 2002.

ARANHA, Márcio Iorio. Conteúdo essencial das cláusulas pétreas. *Notícia do Direito Brasileiro,* Brasília, n. 7, p. 389-402, 2000.

ARIZA, Santiago Sastre. Hacia una teoría exigente de los derechos sociales. *Revista de Estudios Políticos,* Madrid, n. 112, p. 253-270, abr./jun. 2001.

ARNAU, Juan Andrés Muñoz. *Los límites de los derechos fundamentales en el derecho constitucional español*. Pamplona: Aranzadi, 1988.

ASSIS, Araken de (org.). *Aspectos Polêmicos e Atuais dos Limites da Jurisdição e do Direito à Saúde*. Sapucaia do Sul: Notadez, 2007.

ÁVILA, Ana Paula Oliveira. Razoabilidade, proteção do direito fundamental à saúde e antecipação de tutela contra a Fazenda Pública: uma análise problemática sobre o efeito vinculante e o controle concreto de constitucionalidade no Brasil. *Revista Brasileira de Direito Público,* Belo Horizonte, v. 2, n. 7, p. 33-48, out./dez. 2004.

ÁVILA, Humberto. A distinção entre princípios e regras e a redefinição do dever de proporcionalidade. *Revista Diálogo Jurídico*. Salvador v. 1, n. 4, jul. 2001. Disponível em: http://direitopublico.locaweb.com.br/pdf_4/DIALOGO-JURIDICO-040JULHO-2001-HUMBERTO-ÁVILA.pdf. Acesso em: 04 ago. 2003.

BARACHO JÚNIOR, José Alfredo de Oliveira. A interpretação dos direitos fundamentais na Suprema Corte dos EUA e no Supremo Tribunal Federal. In: SAMPAIO, José Adércio Leite (Org.). *Jurisdição constitucional e direitos fundamentais*. Belo Horizonte: Del Rey, 2003.

BARCELLOS, Ana Paula de. *A eficácia jurídica dos princípios constitucionais: o princípio da dignidade da pessoa humana*. Rio de Janeiro: Renovar, 2002.

——. Normatividade dos princípios e o princípio da dignidade da pessoa humana na Constituição de 1988. *Revista de Direito Administrativo*, Rio de Janeiro, n. 221, p. 159-188, jul./set. 2000.

——. O mínimo existencial e algumas fundamentações: John Rawls, Michael Walzer e Robert Alexy. In TORRES, Ricardo Lôbo (Org.). *Legitimação dos direitos humanos*. Rio de Janeiro: Renovar, 2002. p. 11-50.

BARRETTO, Vicente Paulo. Reflexões sobre os direitos sociais. In: SARLET, Ingo Wolfgang (Org.). *Direitos fundamentais sociais: estudos de direito constitucional, internacional e comparado*. Rio de Janeiro: Renovar, 2003. p. 107-134.

BARROS, Suzana de Toledo. *O princípio da proporcionalidade e o controle de constitucionalidade das leis restritivas de direitos fundamentais*. 2 ed. Brasília: Brasília Jurídica, 2000.

BARROSO, Luís Roberto. *Interpretação e aplicação da constituição: fundamentos de uma dogmática constitucional transformadora*. São Paulo: Saraiva, 1996.

BERCOVICI, Gilberto. A descentralização de políticas sociais e o federalismo cooperativo brasileiro. *Revista de Direito Sanitário*, v. 3, n. 1, p. 13-28, mar. 2002.

BONAVIDES, Paulo. Curso de direito constitucional. 10 ed. São Paulo: Malheiros, 2000.

BRASIL. Conselho Nacional de Secretários de Saúde. *Para entender a gestão do SUS*. Brasília: CONASS, 2003.

BRUYN JÚNIOR., Herbert Cornelio Pieter de. A proteção da liberdade e o controle sanitário. *Revista de Direito Sanitário*, v. 3, n. 2, jul. 2002.

BUCHABQUI, Jorge Santos. Os direitos sociais e a ética da convicção. *Revista de Direito Social*, v. 2, n. 5, p. 34-38, 2002.

BUECHELE, Paulo Arminio Tavares. *O princípio da proporcionalidade e a interpretação da constituição*. Rio de Janeiro: Renovar, 1999.

CABRILLAC, Rémy; FRISON-ROCHE, Marie-Anne; REVET, Thierry. *Libertés et droits fondamentaux*. 6 ed. rev. e ampl. Paris: Dalloz, 2000.

CANARIS, Claus-Wilhelm. A influência dos direitos fundamentais sobre o direito privado na Alemanha. *DATADEZ*, n. 23, 2005.

——. *Pensamento sistemático e conceito de sistema na ciência do direito*. Introdução e tradução A. Menezes Cordeiro. 2 ed. Lisboa: Calouste, 1996.

CANÇADO TRINDADE, Antônio Augusto. Apresentação. In ALVES, José Augusto Lindgren. *Os direitos humanos como tema global*. 2 ed. rev. e ampl. São Paulo: Perspectiva, 2003.

CANOTILHO, José Joaquim Gomes. O círculo e a linha: da 'liberdade dos antigos' à 'liberdade dos modernos' na teoria republicana dos direitos fundamentais (I Parte). In: ——. *Estudos sobre direitos fundamentais*. Coimbra: Ed. Coimbra, 2004.

——. Constituição e défice procedimental. In: CANOTILHO, José Joaquim Gomes. *Estudos sobre direitos fundamentais*. Coimbra: Coimbra, 2004.

——. *Direito constitucional e teoria da constituição*. 7. ed. Coimbra: Almedina, 2003a.

——. *Direito Constitucional*. 6 ed. rev.. Coimbra: Livraria Almedina, 1993.

——. O direito ao ambiente como direito subjectivo. In: CANOTILHO, José Joaquim Gomes. *Estudos sobre direitos fundamentais*. Coimbra: Coimbra, 2004.

——. O direito constitucional entre o moderno e o pós-moderno. *Revista Brasileira de Direito Comparado*, v. 5, n. 9, p. 76-90. jul./dez. 1990.

——. Dogmática de direitos fundamentais e direito privado. In: CANOTILHO, José Joaquim Gomes. *Estudos sobre direitos fundamentais*. Coimbra: Coimbra, 2004.

——. *Estudos sobre direitos fundamentais*. Coimbra: Coimbra, 2004.

——. Metodologia 'fuzzy' e 'camaleões normativos' na problemática actual dos direitos económicos, sociais e culturais. In: CANOTILHO, José Joaquim Gomes. *Estudos sobre direitos fundamentais*. Coimbra: Coimbra, 2004.

——. Métodos de protecção de direitos, liberdades e garantias. *Boletim da Faculdade de Direito da Universidade de Coimbra*, Coimbra, p. 793-814, 2003b, número especial.

——. Tópicos de um curso de mestrado sobre direitos fundamentais, procedimento, processo e organização. *Boletim da Faculdade de Direito de Coimbra*, Coimbra, v. 66, 1990.

——. O tom e o dom na teoria jurídico-constitucional dos direitos fundamentais. In: CANOTILHO, José Joaquim Gomes. *Estudos sobre direitos fundamentais*. Coimbra: Coimbra, 2004.

——. Tomemos a sério dos direitos económicos, sociais e culturais. *Boletim da Faculdade de Direito da Universidade de Coimbra*, Coimbra, p. 460-500, 1991, número especial.

CARELLI, Rodrigo de Lacerda. Direitos constitucionais sociais e os direitos fundamentais: são os direitos sociais constitucionais direitos fundamentais? *Revista de Direito Constitucional e Internacional*, v. 11, n. 42, p. 252-257, jan./mar. 2003.

CARVALHO, Mariana Siqueira de. A saúde como direito social fundamental na Constituição Federal de 1988". *Revista de Direito Sanitário*, v. 4, n. 2, p. 15-31, jul. 2003.

CIETTO, Luiz. Proteção dos direitos humanos e o direito à saúde. *Revista Jurídica*, Campinas, v. 18, n. 2, p. 118-168, 2002.

CLÈVE, Clèmerson Merlin. A eficácia dos direitos fundamentais sociais. *Boletim Científico*, Escola Superior do Ministério Público da União, v. 2, n. 8, p. 151-161, jul./set. 2003.

COMANDUCCI, Paolo. Problemi di compatibilità tra diritti fondamentali. In: COMANDUCCI, Paolo; GUASTINI, Riccardo (org.). *Analisi e diritto 2002-2003:* ricerche di giurisprudenza analitica. Torino: G. Giappichelli, 2004, p. 322. Disponível em: http://www.giuri.unige.it/intro/dipist/digita/filo/testi/analisi_2002/. Acesso em: 18 abr. 2005.

COMPARATO, Fábio Konder. O Ministério Público na defesa dos direitos econômicos, culturais e sociais. In: CUNHA, Sérgio Sérvulo da; GRAU, Eros Roberto. (Org.) *Estudos de direito constitucional em homenagem a José Afonso da Silva*. São Paulo: Malheiros, 2003.

——. *A afirmação histórica dos direitos humanos*. 3 ed. rev. e ampl. 2 tiragem. São Paulo: Saraiva, 2004.

CORSO, Guido. I diritti sociali nella Costituzione italiana. *Rivista Trimestrale di Diritto Pubblico*, n. 3, p. 755-784, 1981.

COSTA, Sérgio Ibiapina Ferreira; OSELKA, Gabriel; GARRAFA, Volnei (coord.). *Iniciação à bioética*. Brasília: Conselho Federal de Medicina, 1998.

CURY, Ieda Tatiana. *Direito fundamental à saúde:* evolução, normatização e efetividade. Rio de Janeiro: Lumen Juris, 2005.

DALLARI, Adilson Abreu. A participação popular no Município contemporâneo. In: *El Municipio*. Buenos Aires: Ciudad Argentina, 1996.

DALLARI, Dalmo de Abreu. Bioética e direitos humanos. In COSTA, Sérgio Ibiapina Ferreira; OSELKA, Gabriel; GARRAFA, Volnei (Coord.). *Iniciação à bioética*. Brasília: Conselho Federal de Medicina, 1998. p. 231-241.

DALLARI, Sueli Gandolfi. Advocacia em saúde no Brasil contemporâneo. *Revista de Saúde Pública*, v. 30, n. 06, p. 592-601, dez. 1996. Disponível em: http://www.scielosp.org/scielo.php?script=sci_arttext&pid=S0034-89101996000600014&lng=en&nrm=isso. Acesso em: 09 abr. 2005.

——. A bioética e a saúde pública. In COSTA, Sérgio Ibiapina Ferreira; OSELKA, Gabriel; GARRAFA, Volnei (Coord.). *Iniciação à bioética*. Brasília: Conselho Federal de Medicina, 1998. p. 205-216.

——. Direito à saúde: rede brasileira de educação em direitos humanos. Disponível em: http://www.dhnet.org.br/educar/redeedh/bib/dallari3.htm Acesso em: 09 abr. 2005.

——. O direito à saúde. *Revista de Saúde Pública*, São Paulo, v. 22, n. 1, p. 57-63, fev. 1988a. Disponível em: Disponível em: http://www.scielosp.org. Acesso em 09 abr. 2005.

——. Direito e ciência. *Revista do Centro de Estudos Judiciários*, n. 16, p. 64-68. jan./mar. 2002, Disponível em: http://www.cjf.gov.br/revista/numero16/mesaredonda41.pdf. Acesso em: 09 abr. 2005.

——. *A saúde do brasileiro*. São Paulo: Moderna, 1988c.

——. Uma nova disciplina: o direito sanitário. *Revista de Saúde Pública*, São Paulo, v. 22, n. 4, p. 327-334, ago. 1988b. Disponível em: http://www.scielosp.org. Acesso em 09 abr. 2005.

——; VENTURA, Deisy de Freitas Lima. Reflexões sobre a saúde pública na era do livre comércio. SCHWARZT, Germano (Org.). *A saúde sob os cuidados do direito*. Passo Fundo: UPF, 2003.

DORNELLES, João Ricardo W. Ajustes neoliberais, direitos econômicos, sociais e culturais e o descaso com os princípios constitucionais no Brasil. In: PEIXINHO, Manoel Messias; GUERRA, Isabella Franco; NASCIMENTO FILHO Firly (Org).*Os princípios da Constituição de 1988*. Rio de Janeiro: Lumen Juris, 2001. p. 475-482.

DWORKIN, Ronald. *Los derechos en serio*. Tradución Marta Guastavino. Barcelona: Ariel, 1999.

ENGISH, Karl. *Introdução ao pensamento jurídico*. Tradução J. Baptista Machado. 6. ed. Lisboa: Calouste, 1988.

ESPÍNDOLA, Ruy Samuel. *Conceito de princípios constitucionais:* elementos teóricos para uma formulação constitucionalmente adequada. São Paulo: Revista dos Tribunais, 1999.

FAGOT-LARGEAULT, Anne. Reflexões sobre a noção de qualidade de vida. *Revista de Direito Sanitário*, v. 2, n. 2, p. 82-107, jul. 2001.

FARIA, José Eduardo (Org.) *Direitos humanos, direitos sociais e justiça*. São Paulo: Malheiros, 1994.

——. O judiciário e os direitos humanos e sociais: notas para uma avaliação da justiça brasileira. In FARIA, José Eduardo (Org.) *Direitos humanos, direitos sociais e justiça*. São Paulo: Malheiros, 1994, p. 94-112.

FARIAS, Edilsom. Restrição a direitos fundamentais. *Seqüência:* Revista do Curso de Pós-Graduação em Direito da UFSC, Florianópolis, v. 21, n. 41, p. 67-82, dez. 2000.

FERRAJOLI, Luigi. Diritti fondametali e democrazia costituzionale. In: COMANDUCCI, Paolo; GUASTINI, Riccardo (Org.). *Analisi e diritto 2002-2003:* ricerche di giurisprudenza analitica. Torino: G. Giappichelli, 2004, p. 331-350. Disponível em: http://www.giuri.unige.it/intro/dipist/digita/filo/testi/analisi_2002/. Acesso em: 18 abr. 2005.

——. *Derechos y garantías: la ley del más débil*. Tradución Perfecto Andrés Ibañez y Andrea Greppi. 2 ed. Madrid: Trotta, 2001.

FERREIRA FILHO, Manoel Gonçalves. A cultura dos direitos fundamentais. In: SAMPAIO, José Adércio Leite (Org.). *Jurisdição constitucional e direitos fundamentais*. Belo Horizonte: Del Rey, 2003.

FIORATI, Jete Jane. Os direitos do homem e a condição humana no pensamento de Hannah Arendt. *Revista de Informação Legislativa*, Brasília, v. 36, n. 142, p. 53-64, abr./jun. 1999.

FRAISSEIX, Patrick. Les droits fondamentaux, prolongement ou dénaturation des droits de l'Homme? *Revue du Droit Public*, v. 117, n. 2, p. 531-553, mar./abr. 2001.

FREITAS, Juarez. *A interpretação sistemática do direito*. 3 ed. rev. e ampl. São Paulo: Malheiros, 2002.

GABARDO, Emerson. Os direitos humanos fundamentais em face das reformas neoliberais. *A & C*: Revista de Direito Administrativo e Constitucional, n. 3, p. 75-116, [s.d.]

GELIS FILHO, Antonio. Globalização, serviços de saúde e direito internacional. *Revista de Direito Sanitário*, v. 2, n. 3, p. 59-74, nov. 2001.

GIALDINO, Rolando E. El derecho al disfrute del más alto nivel posible de salud. *Investigaciones*, Buenos Aires, n. 3, p. 493-537, 2001.

GLANZ, Aída. Os direitos sociais e a moderna teoria da constituição. *Cidadania e Justiça*, v. 5, n. 12, p. 109-114, jul./dez. 2002.

GOGLIANO, Daisy. Direito civil sanitário e o novo Código Civil. *Revista de Direito Sanitário*, v. 3, n. 2, p. 34-53, jul. 2002.

GOLDIM, José Roberto. *Dever prima facie*. Disponível em: http://www.bioetica.ufrgs.br/primadf.htm. Acesso em: 27 set. 2005.

——. *Princípio da beneficência*. Disponível em: http://www.bioetica.ufrgs.br/primafd.htm. Acesso em: 27 set. 2005.

——. *Princípio da justiça*. Disponível em: http://www.bioetica.ufrgs.br/justica.htm. Acesso em: 27 set. 2005.

——. *Princípio da não-maleficência*. Disponível em: http://www.bioetica.ufrgs.br/primafd.htm. Acesso em: 27 set. 2005.

GRACIA GUILLÉN, Diego. Democracia y bioética. *Acta Bioethica 2001*, v. 7, n 2, p. 343/354. Disponível em: http:// www.sorbi.org.br. Acesso em: 27 set. 2005.

GRAU, Eros Roberto. *Ensaio e discurso sobre a interpretação/aplicação do direito*. 2 ed. São Paulo: Malheiros, 2003.

HABERMAS, Jürgen. Sobre a legitimação baseada nos direitos humanos. Tradução Gisele Guimarães Cittadino e Maria Celina Bodin de Moraes. *Direito, Estado e Sociedade*, v. 9, n. 17, p. 190-208. ago./dez. 2000.

HECK, Luís Afonso. O modelo das regras e o modelo dos princípios na colisão de direitos fundamentais. *Direito e Democracia*, Canoas, v. 1, n. 1, p. 113-122, 1. sem. 2000.

HENRIQUES, Cláudio Maierovitch Pessanha. Regulação sanitária sem fronteiras. *Revista de Direito Sanitário*, v. 2, n. 1, p. 113-126, mar. 2001.

HOBSBAWN, Eric J. *Mundos do trabalho: novos estudos sobre história operária*. Tradução Waldea Barcellos e Sandra Bedan. São Paulo: Paz e Terra, 2000.

HOFMANN, Hasso. La promessa della dignità umana. La dignità dell'uomo nella cultura tedesca. Tradução para o italiano de Simona Rossi. *Rivista Internazionale di Filosofia del Diritto*, n. 76, p. 620-650, 1999.

HOLMES, Stephen; SUNSTEIN, Cass R. *The cost of rights:* why liberty depends on taxes. New York: W. W. Norton, 2000.

HORTA, Marcelo Palis. Aspectos formais sobre o registro de medicamentos e os limites da atuação judicial. *Revista de Direito Sanitário*, v. 3, n. 3, p. 52-68, nov. 2002.

JIMÉNEZ, Heidi V. "El derecho a la salud en las Américas: reconocimiento constitucional y derechos afines". Disponível em: http://www.smu.org.uy/publicaciones/noticias/noticias91/saludas.htm. Acesso em: 15 abr. 2005.

KIPPER, Délio José; CLOTET, Joaquim. Princípios da beneficência e não-maleficência. In: COSTA, Sérgio Ibiapina Ferreira; OSELKA, Gabriel; GARRAFA, Volnei (Coord.). *Iniciação à bioética*. Brasília: Conselho Federal de Medicina, 1998. p. 37-51.

KIST, Dario José. O estado social e o surgimento dos direitos fundamentais de segunda geração. *Revista da AJURIS*, Porto Alegre, n. 80, p. 82-103, dez. 2000.

KRELL, Andreas J. *Direitos sociais e controle judicial no Brasil e na Alemanha*: os (des)caminhos de um direito constitucional "comparado". Porto Alegre: Fabris, 2002.

LAFER, Celso. Prefácio. In ALVES, José Augusto Lindgren. *Os direitos humanos como tema global*. 2 ed. rev. e ampl. São Paulo: Perspectiva, 2003.

LARENZ, Karl. *Derecho justo:* fundamentos de ética jurídica. Tradução e apresentação Luis Díez-Picazo. Madrid: Civitas, 2001.

LEAL, Rogério Gesta. O Poder Judiciário e os direitos humanos no Brasil. *Revista da AJURIS*, Porto Alegre, v. 30, n. 90, p. 259-284, jul. 2003.

LEFEVRE, Fernando. Medicamento, lógica de mercado e interesse público. *Revista de Direito Sanitário*, v. 3, n. 3, p. 36-40, nov. 2002.

LEITE, George Salomão. *Dos princípios constitucionais:* considerações em torno das normas da Constituição. São Paulo: Malheiros, 2003.

LEMAITRE RIPOLL, Julieta. La redistribución del acceso a la justicia: análisis de la jurisprudencia del mínimo vital. In: *Jurisprudencia constitucional sobre el mínimo vital*. Bogotá: Universidad de los Andes, Facultad de Derecho, 2002.

LOBATO, Anderson Cavalcante. Os desafios da proteção jurisdicional dos direitos sociais, econômicos e culturais. *Estudos Jurídicos*, Porto Alegre, v. 32, n. 86, p. 5-24, set./dez. 1999.

LOPES, Ana Maria D'Ávila. Os direitos humanos: última tentativa de salvação da teoria do direito subjetivo. *Revista de Informação Legislativa*, Brasília, v. 37, n. 148, p. 127-139, out./dez. 2000.

LOPES, José Reinaldo de Lima. Juízo jurídico e a falsa solução dos princípios e das regras. *Rtevista de Informação Legislativa*, Brasília, v. 40, n. 160, p. 49-64, out./dez. 2003.

MARANHÃO, Clayton. *Tutela jurisdicional do direito à saúde:* (arts. 83 e 84, CDC). São Paulo: Revista dos Tribunais, 2003.

MARTÍNEZ-PUJALTE, Antonio-Luis. *La garantía del contenido esencial de los derechos fundamentales*. Madrid: Centro de Estudios Constitucionales, 1997.

MARTINS-COSTA, Judith. A universidade e a construção do biodireito. *Revista de Direito Sanitário*, v. 2, n. 2, p. 61-81, jul. 2001.

MATHIEU, Bertrand. La protection du droit à la santé par le juge constitutionnel. A propos et à partir de la décision de la Cour constitutionnelle italienne nº 185 du 20 mai 1998. *Cahiers du Conseil Constitutionnel*, n. 6, 1998. Disponível em: http://www.conseil-constitutionnel.fr/cahiers/ccc6/mathieu.htm. Acesso em: 18 abr. 2005.

MELLO, Celso Albuquerque. A proteção dos direitos humanos sociais nas Nações Unidas. In: SARLET, Ingo Wolfgang (Org.). *Direitos fundamentais sociais:* estudos de direito constitucional, internacional e comparado. Rio de Janeiro: Renovar, 2003. p. 215-232.

MENDES, Gilmar Ferreira. COELHO, Inocêncio Mártires; BRANCO, Paulo Gustavo Gonet. *Hermenêutica constitucional e direitos fundamentais*. Brasília: Brasília Jurídica, 2000.

MILANEZ, Daniela. O direito à saúde: uma análise comparativa da intervenção judicial. *Revista de Direito Administrativo*, Rio de Janeiro, v. 237, p. 197-221, jul./set. 2004.

MIRANDA, Jorge. *Manual de direito constitucional.* Coimbra: Coimbra, 1996 v. 3: Constituição e inconstitucionalidade.

——.——. 2 ed. Coimbra: Coimbra, 1998. v. 4: Direitos Fundamentais.

MORAIS, José Luis Bolzan de. De sonhos feitos, desfeitos e refeitos vivemos a globalização. In: SARLET, Ingo Wolfgang (Org.). *Direitos fundamentais sociais:* estudos de direito constitucional, internacional e comparado. Rio de Janeiro: Renovar, 2003a.

——. O direito da saúde! In: SCHWARZT, Germano (Org.). *A saúde sob os cuidados do direito.* Passo Fundo: UPF, 2003b.

MOREIRA NETO, Diogo de Figueiredo. Globalização, regionalização, reforma do Estado e da Constituição. *Revista de Direito Administrativo,* Rio de Janeiro, v. 211, p. 1-20, [s.d].

NABAIS, José Casalta. Algumas considerações sobre a solidariedade e a cidadania. *Boletim da Faculdade de Direito da Universidade de Coimbra,* Coimbra, n. 75, p. 145/174, 1999.

——. Os direitos fundamentais na jurisprudência do Tribunal Constitucional. *Boletim da Faculdade de Direito da Universidade de Coimbra,* Coimbra, v. 65, p. 61-120, 1989.

——. A face oculta dos direitos fundamentais: os deveres e os custos dos direitos. Disponível em: https://www.agu.gov.br/Publicacoes/Artigos/05042002JoseCasaltaAfaceocultadireitos_01.pdf. Acesso em 05 abr. 2002.

NASCIMENTO, Paulo Roberto do; ZIONI, Fabíola. Relações federativas no SUS: autonomia nas relações intergovernamentais da CIB-SP. *Revista de Direito Sanitário,* v. 3, n. 2, p. 11-33, jul. 2002.

NETTO, Menelick de Carvalho. A hermenêutica constitucional e os desafios postos aos direitos fundamentais. In: SAMPAIO, José Adércio Leite (Org.) *Jurisdição constitucional e direitos fundamentais.* Belo Horizonte: Del Rey, 2003.

NOVAIS, Jorge Reis. *Os princípios constitucionais estruturantes da República Portuguesa.* Coimbra: Coimbra, 2004.

OLIVEIRA, Euclides Benedito de. Direito à saúde: garantia e proteção pelo Poder Judiciário. *Revista de Direito Sanitário,* v. 2, n. 3, p. 36-58, nov. 2001.

PAULI, Liane Teresinha Schuh; ARTUS, Scheila Cristina; BALBINOT, Rachelle A.A. A perspectiva do processo saúde/doença na promoção de saúde da população. *Revista de Direito Sanitário,* v. 4, n. 3, p. 24-42, nov. 2003.

PAVIA, Marie-Lucie. La dignite de la personne humaine. In: CABRILLAC, Rémy; FRISON-ROCHE, Marie-Anne; REVET, Thierry (Org). *Libertés et droits fondamentaux.* 6 ed. rev. e ampl. Paris: Dalloz, 2000. p. 121-139.

PECES-BARBA MARTINEZ, Gregorio. *Derechos sociales y positivismo jurídico:* escritos de filosofía jurídica y política. Madrid: Instituto de Derechos Humanos Bartolomé de las Casas, Universidad Carlos III de Madrid, Dykinson, 1999.

——. Diritti sociali: origini e concetto. *Sociologia del Diritto,* v. 28, n. 1, p. 33-50, 2000.

——. *La dignidad de la persona desde la filosofía del derecho.* Madrid: Dykinson, 2002.

——. Nuevas reflexiones sobre la teoría democrática de la justicia: los derechos fundamentales entre la moral y la justicia In: *Escritos sobre derechos fundamentales.* Madrid: Eudema, 1988. p. 215-226.

——. Reflexiones sobre los derechos económicos, sociales y culturales. In: *Escritos sobre derechos fundamentales.* Madrid: Eudema, 1988. p. 195-213.

PERLINGIERI, Pietro. *Manuale di diritto civile.* 2 ed. rev. e ampl. Napoli: Edizioni Scientifiche Italiane, 2000.

PESSINI, Léo; BARCHIFONTAINE, Christian de Paul de. Bioética: do principialismo à busca de uma perspectiva latino-americana. In: COSTA, Sérgio Ibiapina Ferreira; OSELKA, Gabriel; GARRAFA, Volnei (Coord.). *Iniciação à Bioética*. Brasília: Conselho Federal de Medicina, 1998.

PILAU SOBRINHO, Liton Lanes. O direito à saúde em um contexto autopoiético. In: SCHWARZT, Germano (Org.). *A saúde sob os cuidados do direito*. Passo Fundo: UPF, 2003.

PIOVESAN, Flávia. A desconstitucionalização dos direitos sociais na América Latina. *Genesis:* Revista de Direito do Trabalho, Curitiba, v. 16, n. 92, p. 213-223, ago. 2000, p. 215-206.

——. Proteção internacional dos direitos econômicos, sociais e culturais. In: SARLET, Ingo Wolfgang (Org.). *Direitos fundamentais sociais:* estudos de direito constitucional, internacional e comparado. Rio de Janeiro, Renovar, 2003. p. 233-262.

PITELLI, Sergio Domingos; MUÑOZ, Daniel Romero. Macroalocações de recursos em saúde por intermédio da atividade jurídico-processual: implicações bioéticas. *Revista de Direito Sanitário,* v. 4, n. 3, p. 43-56, nov. 2003.

RAWLS, John. *Uma teoria da justiça*. Tradução Almiro Pisetta e Lenita M. R. Esteves. São Paulo: Martins Fontes, 1997.

RIVERO, Jean. As garantias constitucionais dos direitos humanos no direito francês. *Revista da Procuradoria-Geral do Estado do Rio Grande do Sul – RPGE,* Porto Alegre, v. 11, n. 31, p. 11-25, 1981.

ROBLES, Gregorio. *Los derechos fundamentales y la ética en la sociedad actual*. Madrid: Civitas, 1997.

ROCHA, Leonel Severo; HERMANY, Ricardo. Globalização e direitos humanos. *Revista de Direito,* Santa Cruz do Sul, n. 14, p. 95-101, jul./dez. 2000.

RODRIGUEZ, Maria Helena. Os direitos econômicos, sociais e culturais: uma realidade inadiável. *PROPOSTA:* Revista Trimestral de Debate FASE, v. 31, n. 92, p. 18-38, mar./maio 2002.

ROSEMBERG, Felix J. Mecanismos legais de controle da segurança do medicamento. *Revista de Direito Sanitário,* v. 2, n. 1, p. 102-112, mar.2001.

ROSSI, Júnia Marise Lana de. Auto composição x proteção legislativa: a densificação do princípio da dignidade da pessoa humana pelo direito ao trabalho. *Revista Anamatra,* v. 14, n. 42, p. 33-45, jun. 2002.

ROTHENBURG, Walter Claudius. *Princípios constitucionais*. Porto Alegre: Fabris, 1999.

SALDANHA, Nelson. Direitos humanos: considerações, histórico-críticas. *Revista da Esmape,* Recife, v. 3, n. 8, p. 317-334, jul./dez. 1998.

SAMPAIO, José Adércio Leite. O retorno às tradições: a razoabilidade como parâmetro constitucional. In: SAMPAIO, José Adércio Leite (Org.). *Jurisdição constitucional e direitos fundamentais*. Belo Horizonte: Del Rey, 2003.

SANTOS, Fernando Ferreira. *Princípio constitucional da dignidade da pessoa humana*. São Paulo: Celso Bastos, 1999.

SARLET, Ingo Wolfgang. Algumas considerações em torno do conteúdo, eficácia e efetividade do direito à saúde na Constituição de 1988. *Revista Diálogo Jurídico,* Salvador, n. 10, p. jan. 2002b, p. 8-9. Disponível em: http://www.direitopublico.com.br. Acesso em: 04 ago. 2003.

—— (Org.). *Constituição, direitos fundamentais e direito privado*. Porto Alegre: Livraria do Advogado, 2003a.

——. *Dignidade da pessoa humana e direitos fundamentais na Constituição Federal de 1988*. Porto Alegre: Livraria do Advogado, 2001.

——. "Constituição e Proporcionalidade: o Direito Penal e os Direitos Fundamentais entre proibição de retrocesso e de insuficiência". *Revista de Estudos Criminais*, p. 86. In: Datadez, 2006.

——. "As dimensões da dignidade da pessoa humana: construindo uma compreensão jurídico-constitucional necessária e possível". In SARLET, Ingo Wolfgang (Org.). *Dimensões da dignidade: ensaios de Filosofia do Direito e Direito Constitucional*. Porto Alegre: Livraria do Advogado Ed., 2005, p. 13/43.

——. Os direitos fundamentais sociais na ordem constitucional brasileira. *Revista da Procuradoria-Geral do Estado do Rio Grande do Sul*, Porto Alegre, v. 25, n. 55, p. 29-74, 2002.

——. Direitos fundamentais e direito privado: algumas considerações em torno da vinculação dos particulares aos direitos fundamentais. SARLET, Ingo Wolfgang (Org.) *Constituição concretizada:* construindo pontes entre o público e o privado. Porto Alegre, Livraria do Advogado, 2000.

—— (Org.). *Dimensões da dignidade: ensaios de Filosofia do Direito e Direito Constitucional*. Porto Alegre: Livraria do Advogado, 2005, 184 p.

——. *Direitos fundamentais sociais:* estudos de direitos constitucional internacional e comparado. Rio de Janeiro: Renovar, 2003b.

——. Direitos fundamentais sociais e proibição de retrocesso: algumas notas sobre o desafio da sobrevivência dos direitos sociais num contexto de crise. In: *(Neo)constitucionalismo*. Porto Alegre: Instituto de Hermenêutica Jurídica, 2003c. p. 121-168.

——. *A eficácia dos direitos fundamentais*. Porto Alegre: Livraria do Advogado, 1998.

——. ——. 5 ed., rev., atual. e ampl. Porto Alegre: Livraria do Advogado, 2005.

SARMENTO, Daniel. A dimensão objetiva dos direitos fundamentais: fragmentos de uma teoria. In: SAMPAIO, José Adércio Leite (Org.) *Jurisdição constitucional e direitos fundamentais*. Belo Horizonte: Del Rey, 2003. p. 251-314.

——. *Direitos fundamentais e relações privadas*. Rio de Janeiro: Lumen Juris, 2004.

SCHMIDT, Walter. I diritti fondamentali sociali nella Republica Federale Tedesca. *Rivista Trimestrale di Diritto Pubblico*, n. 3, p. 785-807, 1981.

SCHULTE, Bernd. Direitos fundamentais, segurança social e proibição de retrocesso. In: SARLET, Ingo Wolfgang (Org.). *Direitos fundamentais sociais:* estudos de direito constitucional, internacional e comparado. Rio de Janeiro: Renovar, 2003. p. 301-332.

SCHWARTZ, Germano André Doederlein. *Direito à saúde:* efetivação em uma perspectiva sistêmica. Porto Alegre: Livraria do Advogado, 2001.

——. Gestão compartida sanitária no Brasil – possibilidade de efetivação do direito à saúde. SCHWARZT, Germano (Org.). *A saúde sob os cuidados do direito*. Passo Fundo: UPF, 2003.

—— (Org.). *A saúde sob os cuidados do direito*. Passo Fundo: UPF, 2003.

SCLIAR, Moacyr. *Do mágico ao social:* A trajetória da saúde pública. Porto Alegre: L&PM, 1987.

SILVEIRA NETO, Antônio. Limites da tutela antecipada em face dos direitos humanos. *Revista Nacional de Direito e Jurisprudência*, v. 29, n. 3, p. 35-54, maio 2002.

SLAIBI, Maria Cristina Barros Gutiérrez. Direito fundamental à saúde: tutela de urgência. *Revista Forense*, v. 373, p. 421-434, maio/jun. 2004.

SOARES, Guido F. S. O direito internacional sanitário e seus temas: apresentação de sua incômoda vizinhança. *Revista de Direito Sanitário*, v. 1, n. 1, p. 49-88, nov. 2000.

SORIA, José Vida. Las cartas sociales europeas en la construccion de la Europa social. *RELASUR:* Revista de Relaciones Laborales en América Latina – Cono Sur, n. 1, p. 13-43.

SOUZA, Celina. Dez anos de descentralização: a experiência dos municípios brasileiros. In: FACHIN, Roberto Costa e CHANLAT, Alain (Org.). *Governo Municipal na América Latina:* inovações e perplexidades. Porto Alegre: Sulina, Editora da Universidade/UFRGS, 1998.

SOUZA, Leomar Barros Amorim de. Os direitos humanos como limitações ao poder constituinte. *Revista de Informação Legislativa,* v. 28, n. 110, p. 69-86, abr./jun. 1991.

STRECK, Lenio Luiz. *Hermenêutica jurídica e(m) crise: uma exploração hermenêutica da construção do Direito.* Porto Alegre: Livraria do Advogado, 1999.

——. A crise da hermenêutica e a hermenêutica da crise: a necessidade de uma nova crítica do direito (NCD). In: SAMPAIO, José Adércio Leite (Org.). *Jurisdição constitucional e direitos fundamentais.* Belo Horizonte: Del Rey, 2003c.

——. O papel da jurisdição constitucional na realização dos direitos sociais-fundamentais. In: SARLET, Ingo Wolfgang (Org.). *Direitos fundamentais sociais*: estudos de direito constitucional, internacional e comparado. Rio de Janeiro: Renovar, 2003b. p. 169-214.

——. Quinze anos de Constituição – análise crítica da jurisdição constitucional e das possibilidades hermenêuticas de concretização dos direitos fundamentais-sociais. *Revista da AJURIS,* Porto Alegre, v. 30, n. 92, p. dez./2003a.

STUMM, Raquel Denize. *Princípio da proporcionalidade no direito constitucional brasileiro.* Porto Alegre: Livraria do Advogado, 1995.

SUNDFELD, Carlos Ari. Vigilância epidemiológica e direitos constitucionais. *Revista de Direito Sanitário,* v. 3, n. 2, p.90-106, jul. 2002.

TELLES, Vera da Silva. Direitos sociais: afinal, do que se trata? *Revista de Direito Social,* n. 9, p. 11-22, 2003.

TORRES, Ricardo Lôbo. A cidadania multidimensional da era dos direitos. In TORRES, Ricardo Lôbo (Org.) *Teoria dos direitos fundamentais.* Rio de Janeiro: Renovar, 1999a.

——. (Org.) *Legitimação dos direitos humanos.* Rio de Janeiro: Renovar, 2002.

——. A metamorfose dos direitos sociais em mínimo existencial.

—— (Org.). *Teoria dos direitos fundamentais.* Rio de Janeiro: Renovar, 1999.

——. *Tratado de direito constitucional financeiro e tributário.* Rio de Janeiro: Renovar, 1999b. v. 3: Os direitos humanos e a tributação: imunidades e isonomia.

——.——. 2 ed. rev. e atual. Rio de Janeiro: Renovar, 2000. v. 5: O orçamento na Constituição.

UBILLOS, Juan María Bilbao. *Los derechos fundamentales en la frontera entre lo público y lo privado:* la noción de *state action* en la jurisprudencia norteamericana. Madrid: McGrawHill, 1997.

VIEIRA, Oscar Vilhena. A conta dos direitos sociais ainda não foi paga pelo governo FHC. *Em tempo:* Revista da Faculdade de Direito de Marília, Marília, v. 3, p. 9-12, ago. 2001.

WEICHERT, Marlon Alberto. *Saúde e federação na Constituição brasileira.* Rio de Janeiro: Lumen Juris, 2004.

WEIS, Carlos. O pacto internacional dos direitos econômicos, sociais e culturais. In: *DIREITOS humanos: construção da liberdade e da igualdade.* São Paulo: Centro de Estudos da Procuradoria-Geral do Estado, Grupo de Trabalho de Direitos Humanos, 1998. p. 289-317.

Impressão:
Evangraf
Rua Waldomiro Schapke, 77 - P. Alegre, RS
Fone: (51) 3336.2466 - Fax: (51) 3336.0422
E-mail: evangraf.adm@terra.com.br